विचार और वितर्क

विचार और वितर्क

रामचन्द्र तिवारी

वाणी प्रकाशन

वाणी प्रकाशन का 'लोगो'
विख्यात चित्रकार मक़बूल फ़िदा हुसेन की
कूची से

ISBN : 978-93-5000-043-4

वाणी प्रकाशन
21-ए, दरियागंज, नयी दिल्ली-110002
द्वारा प्रकाशित

फोन : 0091#11#23273167, 23275710
फैक्स : 0091#11#23275710
वेबसाइट : www.vaniprakashan.in
ई-मेल : vaniprakashan@gmail.com
vani_prakashan@yahoo.com

प्रथम संस्करण : 2009

मूल्य : 200.00

मुद्रक
आर. टेक ऑफसेट प्रिंटर्स, दिल्ली-110095

VICHAR AUR VITARK
by : Ramchandra Tiwari

प्राक्कथन

प्रस्तुत कृति समय-समय पर डॉ. रामविलास शर्मा के सम्बन्ध में लिखे गये हमारे निबन्धों का संग्रह है। सभी निबन्ध उनके आलोचक व्यक्तित्व के विविध पक्षों के उद्‌घाटन के निमित्त लिखे गये हैं। मैं अनुभव करता हूँ कि आचार्य रामचन्द्र शुक्ल के बाद हिन्दी आलोचना के क्षेत्र में डॉ. रामविलास शर्मा ही ऐसे व्यक्ति हैं जो अपने व्यापक अध्ययन और गम्भीर चिन्तन से पाठकों को प्रभावित करते हैं। इन निबन्धों को लिखने के क्रम में मुझे भी बहुत कुछ सीखने और समझने का अवसर मिला है। मेरा भी मानसिक क्षितिज विस्तृत हुआ है। मैं समझता हूँ कि यह कृति हिन्दी के सामान्य पाठकों और विद्यार्थियों के लिए उपयोगी सिद्ध होगी।

रामचन्द्र तिवारी

सरस्वती सदन
बेतियाहाता
गोरखपुर-273001

विषय-सूची

भारतीय संस्कृति और हिन्दी-प्रदेश : डॉ. रामविलास शर्मा

रामविलास शर्मा हिन्दी-जगत् में प्रखर मार्क्सवादी समीक्षक और विचारक के रूप में प्रख्यात रहे हैं। दिवंगत होने के बाद आदरवश अब उन्हें कभी-कभी ऋषि मार्क्सवादी भी कहा जाने लगा है। उनकी सुदीर्घ रचना-यात्रा के अन्तिम चरण में लगभग 1500 पृष्ठों में मुद्रित उनकी विशाल कृति 'भारतीय संस्कृति और हिन्दी-प्रदेश' दो जिल्दों में प्रकाशित हुई है। इस कृति में भारतीय समाज, साहित्य, दर्शन साधना, शासन-व्यवस्था, राजनीति, व्याकरण, चिकित्सा विज्ञान, संगीत शास्त्र, आदि के सम्बन्ध में उनका समस्त चिन्तन और अध्ययन साकार हो उठा है। रामविलासजी 'संस्कृति' के अन्तर्गत इन सभी विषयों को समाहित करते हैं। भारतीय संस्कृति क्या है? उसके मूल स्रोत क्या हैं? उसके प्रगतिशील तथ्यों की पहचान क्यों जरूरी है? पश्चिमी एशिया से उसके क्या सम्बन्ध रहे हैं? नये समाज के निर्माण में उसकी क्या भूमिका हो सकती है? उसके निर्माण में हिन्दी-प्रदेश की क्या भूमिका रही है? लोक-मानस से उसका क्या सम्बन्ध है? आज उसका अध्ययन क्यों आवश्यक और प्रासंगिक है? भारतीय संस्कृति की उदात्त परम्परा किस रूप में आधुनिक भारतीय साहित्य में सुरक्षित है? इन प्रश्नों पर उन्होंने इस कृति में पूरी सजगता के साथ विस्तार से विचार किया है। इस सन्दर्भ में उनकी स्थापनाओं का विवेचन-विश्लेषण करने के लिए आवश्यक है कि पहले हम उनकी स्थापनाओं के मूल बिन्दुओं को सामने रखें।

रामविलास शर्मा ऋग्वेद को भारतीय संस्कृति का मूल स्रोत मानते हैं। यह विश्व की प्राचीनतम रचना है। इसकी रचना ईसापूर्व 1700 वर्ष से लेकर ईसापूर्व 5000 वर्ष के बीच किसी कालखण्ड में हुई होगी। उनके अनुसार इसकी रचना के पूर्व भी काव्य, दर्शन और इतिहास-रचना की एक सुदीर्घ परम्परा थी। ऋग्वेद इस परम्परा की परिणति है। ऋग्वैदिक सभ्यता 'हड़प्पा' सभ्यता के पहले की सभ्यता है। ऋग्वेद में जिन 'गणों' और 'जनों' का उल्लेख है, वे उसी क्षेत्र में थे, जिसमें बाद में 'हड़प्पा' सभ्यता का विकास हुआ। उनके अनुसार ऋग्वैदिक काल में कृषि-तन्त्र का विकास हो चुका था। कृषि-तन्त्र की आवश्यकताओं की पूर्ति के लिए उद्योग-धन्धों का विकास भी हो चुका था। कुछ उद्योग स्वतन्त्र रूप से भी विकसित हुए थे। इनमें

वस्त्र-उद्योग, धातु-उद्योग, तथा गृह-निर्माण एवं पुर-निर्माण जैसे उद्योगों का विकास विशेष रूप से उल्लेखनीय है। इस युग के समाज में देव-भावना विकसित हो चुकी थी। प्राकृतिक शक्तियों को देव-रूप में स्वीकार किया जाता था। 'इन्द्र' और 'अग्नि' दो महत्त्वपूर्ण देवता थे। 'इन्द्र' का सम्बन्ध कृषि से और 'अग्नि' का उद्योग-धन्धों से था। इस क्रम में रामविलासजी की महत्त्वपूर्ण स्थापना यह है कि वैदिक संस्कृति श्रम की संस्कृति है। वे कहते हैं–"वैदिक ऋषि श्रम करते हैं, श्रम से घबराते नहीं हैं। वे समझते हैं कि श्रम करने से ही 'देव' मनुष्य के मित्र बनते हैं।" **न कृते श्रान्तस्य सख्याय देवाः** (4-33-11)। इसी क्रम में वे आगे कहते हैं–"बड़ी बात यह कि जो देवता परिश्रम नहीं करते, वे संसार के रहस्य भी नहीं जानते। मनुष्य श्रम करता है और वह अग्नि का रहस्य जान लेता है। **इच्छतः**, इच्छा करने पर भी, **देवता न विन्दन**, उसका रहस्य नहीं जानते। **श्रमयुतः** श्रम करनेवाले बुद्धिमान लोग **अग्नेः चारु परमे पदे तस्थुः**, जो अग्नि का सुन्दर परम पद है, वहाँ प्रतिष्ठित होते हैं।'' (1.72.2) उपर्युक्त पूरे सन्दर्भ पर रामविलासजी की टिप्पणी है–"यहाँ दार्शनिक बोध के लिए श्रम का महत्त्व देखा जा सकता है। श्रम के महत्त्व की घोषणा 'ऋग्वेद' में मानव संस्कृति की श्रेष्ठ उपलब्धि है" (भारतीय संस्कृति और हिन्दी-प्रदेश, पृ. 40)।

रामविलास शर्मा स्वीकार करते हैं कि, ऋग्वेद में व्यक्तिगत सम्पत्ति की स्थापना हो गयी है किन्तु मनुष्य अभी अपने उत्पादन के साधन का स्वामी है। श्रम-फल हड़पने वाला वर्ग अभी उत्पन्न नहीं हुआ है। परिवार संस्था का जन्म हो चुका है। परिवार में पितृसत्ता प्रधान हो चुकी है, किन्तु स्त्रियों का सम्मान बना हुआ है। सामाजिक विकास-क्रम में गण-व्यवस्था पीछे छूट चुकी है, किन्तु उसकी स्मृतियाँ बनी हुई हैं। राजाओं की स्थिति है, किन्तु वे सामन्ती समाज के राजाओं से भिन्न हैं। राजा का अर्थ है 'प्रकाशमान'। 'अग्नि राजति', 'वरुण राजति', 'इन्द्र राजति', यहाँ राजा शब्द प्रकाशित या शोभित होने के अर्थ में प्रयुक्त है। राजा का दूसरा अर्थ 'संचालक' या शासक भी है। **इन्द्र विश्वस्य भुवनस्य एकः राजा** (3-46-2)। यहाँ संचालक या शासक होने का अर्थ भी है। यह राजा जनता द्वारा चुना जाता है। **विशो न राजानं वृणानाः** अर्थात् विश या जन समुदाय राजा को वरण करता है। इस सन्दर्भ में रामविलासजी की टिप्पणी है–"राजा चाहे निर्वाचित हो, चाहे बल-प्रयोग से राजा बन गया हो, मूल प्रश्न यह है कि ऋग्वेद के रचनाकाल में भूमि का केन्द्रीकरण हुआ था या नहीं? कृषक हल जोतते हैं, कारीगर माल बनाते हैं। किसी बड़े भूस्वामी का उल्लेख नहीं है। शूद्रों या दासों से श्रम करानेवाले कहीं हों तो वे ऋग्वेद में दिखाई नहीं देते" (भारतीय संस्कृति और हिन्दी-प्रदेश, पृ. 48)। वे 'वैदिक इंडेक्स' के साक्ष्य पर यह अवश्य स्वीकार करते हैं कि–"ऋग्वेद में और अक्सर बाद को राजा को खिराज के अर्थ में, या देवता को भेंट के अर्थ में 'बलि' शब्द का अनेक बार व्यवहार हुआ है।" किन्तु त्सिमर के मत को सही मानकर वे इस निर्णय पर पहुँचते हैं कि,

यह 'बलि' स्वेच्छा से दी जाती थी। बलात् वसूल नहीं की जाती थी।

वैदिक आर्यों की सभ्यता घुमन्तू जनों की सभ्यता नहीं थी। यह गाँवों और नगरों में रहने वालों की सभ्यता थी। ये लोग गायों और बैलों के साथ घोड़े पालते थे। उनका जीवन गतिशील था। आर्यजन पुरों या दुर्गों में भी रहते थे। युद्धों में घोड़ों और रथों का उपयोग होता था। इन रथों के पहिये अरायुक्त होते थे। अरायुक्त होना भारतीय रथों के पहियों की अपनी विशेषता थी। ये शीघ्रगामी होते थे। युद्धों में इनका उपयोग विशेष रूप में होता था। ये व्यापार के लिए भी उपयोगी थे। दस रथों की श्रेणी को 'सार्थ' कहते थे। दूर-दूर के प्रदेशों तक माल लाने, ले जाने के लिए 'सार्थ' का उपयोग होता था। नदियों के मार्ग से नावों द्वारा भी व्यापार होता था। ऋग्वेद में व्यापार करने वालों के लिए 'पणि' और 'वणिक्' बड़े स्तर के व्यापारी थे। रामविलासजी की टिप्पणी है—"विश्व साहित्य में पहली बार व्यापारी का उल्लेख ऋग्वेद में हुआ है। कवि अश्विनी देवों की शक्तियों के प्रसंग में कहता है—**औशिजाय दीर्घ श्रवसे वणिजे याभिः मधुकोशो अक्षरत्**—हे अच्छे दान देने वाले अश्वि देवो! कुशिक पुत्र दीर्घश्रवा नामक व्यापारी के लिए जिन शक्तियों से तुम दोनों ने शहद का भण्डार दिया" (1.112.11)—(भारतीय संस्कृति और हिन्दी-प्रदेश, पृ. 81)। मधुकोश का अर्थ 'जल' किया जाता है। रामविलासजी के अनुसार ऋग्वैदिक काल में सबसे महत्त्वपूर्ण भरतगण थे। यह सरस्वती और यमुना के बीच वाले भूभाग में बसे थे। इसी भाग में आज का कुरुक्षेत्र है। यह भरतगण सप्तसिन्धु की नदियों से परिचित थे। इनकी संस्कृति उन्नत थी। यह कुशल व्यापारी भी थे। इन्होंने व्यापार की सुविधा के लिए 'विनिमय' के माध्यम का विकास कर लिया था। आरम्भ में गायें विनिमय का माध्यम थीं। क्रमशः 'निष्क' विनिमय का माध्यम बना। सातवलेकर के साक्ष्य पर रामविलास शर्मा ने 'निष्क' को सोने का सिक्का माना है। इससे प्रमाणित होता है कि ऋग्वैदिक समाज में कृषि के साथ वाणिज्य का भी पूरा विकास हो गया था और भरतगण का प्रभाव दूरवर्ती प्रदेशों तक व्याप्त था। भरतगण ही ऋग्वेद के रचयिता थे। इन्हीं के नाम पर पूरे देश को 'भारत' माना गया। भारत का सम्बन्ध यूनान के दक्षिण में स्थित 'क्रेते' द्वीप तथा 'इराक' से भी था। इराक में ईसापूर्व 3000 वर्ष में सुमेरी सभ्यता का विकास हुआ था। वहाँ सिन्धु घाटी की मुद्राएँ प्राप्त हुई हैं। सुमेरी सभ्यता के विशेषज्ञ कैमर ने इन मुद्राओं के आधार पर यह अनुमान लगाया था कि सुमेरी लोगों ने हड़प्पा सभ्यता का विकास किया था। रामविलासजी उनके मत को भ्रान्त सिद्ध करते हैं। वे कहते हैं कि 'अपस', 'पुर', 'उर' जैसे वैदिक शब्द अपने मूल अर्थ में सुमेरी भाषा में प्रयुक्त हैं। इसके अतिरिक्त मिस्र और भारत के मानव सभ्यताओं के प्रवर्तकों के नाम मिलते-जुलते हैं। इससे यह प्रमाणित होता है कि सुमेरी सभ्यता पर भारतीय सभ्यता का प्रभाव है।

रामविलास शर्मा विश्वासपूर्वक यह भी प्रमाणित करते हैं कि सप्त सिन्धु और

सारस्वत प्रदेश का सम्बन्ध कोसल और मगध से था। कोसल की गोमती और सरयू नदियों के नाम सप्तसिन्धु प्रदेश में भी आये हैं। 'गोमती' के लिए कहा गया है कि वह उत्तर-पश्चिम की नदी है जो सिन्धु में मिलती है। 'सरयू' का नाम 'सिन्धु' और 'कुभा' आदि उत्तर-पश्चिम की नदियों के साथ आया है। सरयू नदी के तट पर कोसल के इक्ष्वाकु वंश का राज्य था। इक्ष्वाकु का नाम ऋग्वेद में आयो है। वसिष्ठ और विश्वामित्र रामकथा से सम्बद्ध दो ऋषियों के नाम ऋग्वेद में उल्लिखित हैं। **ऋग्वेद** के तीसरे मण्डल में विश्वामित्र का बार-बार उल्लेख है और सातवें मण्डल के सूक्त वसिष्ठ के रचे हैं। रामविलास शर्मा का अनुमान है कि कोसल के ऋषिगण उत्तर में जाकर बस गये होंगे और अपने साथ नदियों के नाम भी ले गये होंगे। निष्कर्ष रूप में वे कहते हैं—"जो भी हो, भरतजन के सारस्वत प्रदेश का घनिष्ठ सम्बन्ध कोसल से था और कोसल से ही नहीं मगध से भी था, इसके अनेक प्रमाण भाषा-अध्ययन से प्राप्त हो जाते हैं" (भारतीय संस्कृति और हिन्दी-प्रदेश, पृ. 88)।

ऋग्वैदिक काल में भाषा में एकरूपता नहीं थी। वह संस्कृत या व्याकरणनिष्ठ नहीं थी, लोकभाषा थी। उसमें शब्दों और क्रियाओं की विविधता थी। लोगों के रंग-रूप में भी विविधता थी। कुछ लोग गौर वर्ण के थे, कुछ श्याम वर्ण के। आचार-विचार में भी वैविध्य था। यज्ञ करने वाले भी थे और नहीं करने वाले भी थे। भरत जन यज्ञ करते। यज्ञ न करने वालों को दस्यु या 'नास्तिक' कहा जाता था। क्रमशः यज्ञ का महत्त्व बढ़ता गया। वह सृष्टि का प्रतीक बन गया। यज्ञों से अलग देवस्तुति और देवपूजा भी होती थी। यज्ञ करने वालों को विशेष महत्त्व दिया जाता था। इन्द्र की उपासना प्रचलित थी। क्रमशः उनका महत्त्व बढ़ा और उन्हें ऐसी सत्ता के रूप में देखा जाने लगा; जिसके बाहर और परे कुछ नहीं है। देवताओं के साथ उनके विरोधी दानवों की कल्पना भी की गयी है। दानवों को अयाजक (यज्ञ न करनेवाला) कहा गया है। इन्द्र के शत्रु वृत्र को भी अयाजक माना गया है। इससे यज्ञ के महत्त्व की सूचना मिलती है। वृत्र को मारने के बाद इन्द्र का महत्त्व बढ़ गया। वे सर्वव्यापी और सर्वशक्तिमान समझे जाने लगे। मन्त्रद्रष्टा कवियों में धीरे-धीरे यह चेतना जगी कि देवताओं के पहले के युग में सृष्टि की क्या स्थिति थी? इस सन्दर्भ में रामविलासजी कहते हैं—"ऋग्वेद में एक क्रान्तिकारी घोषणा है—**देवानां पूर्वे युगे असतः सत् अजायत** देवों से पहले के युग में असत् से सत् उत्पन्न हुआ। (10.72.3)" उपर्युक्त क्रान्तिकारी घोषणा के सम्बन्ध में उनकी टिप्पणी है—"यहाँ कोई प्रजापति नहीं है। जो अव्यक्त प्रकृति है, उसी से व्यक्त जगत् उत्पन्न होता है। अव्यक्त से व्यक्त का सृजन और उसी अव्यक्त में उसका विलयन, यह क्रम बराबर चलता है। इसी क्रम को ध्यान में रखकर कवि ने कहा है—**असत् च सत् मुहुः आचक्रिः इन्द्रः,** जो असत् और सत् का चक्र है उसे इन्द्र बार-बार चलाते हैं (6-24-5)"—(भारतीय संस्कृति और हिन्दी-प्रदेश, पृ. 102)।

ऋग्वेद के कुछ मन्त्रद्रष्टा कवि ऐसे भी थे जो यह मानते थे कि सृष्टि के पहले **न असत् आसीत् न सत् आसीत्** (10.129.1) सृष्टि के पहले न तो असत् था न सत्। इस स्थिति की व्याख्या करते हुए रामविलास शर्मा कहते हैं–"जब सत् नहीं था, असत् नहीं था, तब वह एक था; '**एक**' अर्थात् अव्यक्त प्रकृति अथवा जो अव्यक्त से भी परे हो वह यथार्थ। यह **एक** स्पंदित है–**'आनीदवातं स्वधया तदेकं।'** अवात, हवा नहीं है, फिर भी **स्वधया** स्वयं अपनी शक्ति से वह **आनीत्** स्पंदित है" (भारतीय संस्कृति और हिन्दी-प्रदेश, पृ. 102)। सातवलेकर के अनुसार अपनी शक्ति से स्पंदित होने वाला वह तत्त्व 'प्राण' है। यह प्राण साधारण वायु नहीं है, यह एक व्यापक तत्त्व है, जो अव्यक्त प्रकृति में भी विद्यमान है। प्राण के लिए एक पुराना शब्द 'असु' है। इसी 'असु' से 'असुर' शब्द बना है। कभी-कभी इन्द्र, वरुण आदि को भी 'असुर' कहा गया है। यह इसलिए कहा गया कि ये भी अत्यन्त शक्तिशाली थे। सृष्टि-पूर्व आदितत्त्व की खोज में कभी उस तत्त्व को 'जल' कहा गया, कभी 'वायु' और कभी 'अग्नि'। जिस समय उसे 'वायु' कहा जाता रहा होगा उसी समय 'असुर' शब्द का प्रचलन रहा होगा। आगे चलकर जब लोग 'अग्नि' या 'प्रकाश' को आदितत्त्व मानने लगे होंगे तब 'देव' शब्द का विशेष प्रचलन हुआ होगा और 'असुर' शब्द पीछे छूट गया होगा। ऋग्वेद के रचनाकाल में असुर शब्द हीनतासूचक हो गया था। ऋग्वेद में 'वायु' की अपेक्षा 'अग्नि' का महत्त्व अधिक है। ऋग्वैदिक संस्कृति का विवेचन समाप्त करते हुए रामविलासजी ने कहा है–"**ऋग्वेद** में वैचारिक विविधता है। देवोपासक हैं, देवोपासना के विरोधी भी हैं। आदितत्त्व की खोज करने वाले हैं। असत् से सत् की उत्पत्ति माननेवाले भी हैं। इसी विविधता में एक धारा 'अद्वैतवाद' की है। उसे किसी नाम से पुकारें, परम सत्ता एक है। यह ऋग्वेद की श्रेष्ठ दार्शनिक उपलब्धि है" (भारतीय संस्कृति और हिन्दी-प्रदेश, पृ. 105)।

इस प्रकार ऋग्वैदिक संस्कृति को यथार्थपरक, ऐहिक, लोकोन्मुख, समृद्ध, समुन्नत, सर्वप्राचीन वैविध्यपूर्ण और सब मिलाकर श्रममूलक प्रमाणित करने के बाद रामविलास शर्मा आगे बढ़ते हैं और अनेक साक्ष्यों के आधार पर इस कृति में विस्तारपूर्वक यह प्रतिपादित करते हैं कि ऋग्वैदिक संस्कृति के आधारभूत तत्त्वों की परम्परा **उपनिषद्, रामायण, महाभारत, गीता, भागवत महापुराण** से होती हुई आधुनिक काल के महाकवियों रवीन्द्रनाथ टैगोर, सुब्रह्मण्यम् भारती और महाप्राण 'निराला' तक चली आयी है। इस नैरन्तर्य प्रतिपादन को भी उनकी प्रमुख स्थापनाओं में से एक माना जा सकता है। कहना न होगा कि उपनिषदों की विचारधारा **ऋग्वेद** की स्थापनाओं को आधार बनाकर विकसित हुई है। **रामायण** और **महाभारत** का गहरा सम्बन्ध ऋग्वेद से है। **ऋग्वेद** के मन्त्रद्रष्टा कवि 'वसिष्ठ' और 'विश्वामित्र' रामायण में महत्त्वपूर्ण भूमिका अदा करते हैं। उपनिषदों को आधार बनाकर शंकराचार्य अपने अद्वैत दर्शन का प्रतिपादन करते हैं। उनके बाद आने वाला

भक्ति-आन्दोलन उनके अद्वैत को आंशिक रूप से स्वीकार करते हुए और भक्ति के अनुरूप उसमें आंशिक सुधार करते हुए आगे बढ़ता है। भक्ति-आन्दोलन पर शंकर के प्रभाव का विवेचन करते हुए रामविलास शर्मा कहते हैं—"भक्तों के संसार पर शंकर का यथेष्ट प्रभाव है। 'भागवत' भक्ति का महत्त्वपूर्ण ग्रन्थ है। भारत की अनेक भाषाओं के साहित्यकारों पर उसका प्रभाव है।" इसके पहले स्कन्ध के पहले ही अध्याय में कवि ने ईश्वर की वन्दना करते हुए कहा है—"जिससे इस जगत् की सृष्टि, स्थिति और प्रलय होते हैं... जैसे तेजोमय सूर्य-रश्मियों से जल का, जल में स्थल का और स्थल में जल का भ्रम होता है, वैसे ही जिसमें यह त्रिगुणमयी जाग्रत्, स्वप्न, सुषुप्ति रूपा सृष्टि मिथ्या होने पर भी अधिष्ठान सत्ता से सत्यवत प्रतीत हो रही है, उस अपनी स्वयंप्रकाश ज्योति से सर्वदा और सर्वथा माया और मायाकार्य से पूर्णतः मुक्त रहने वाले परम सत्यरूप परमात्मा का हम ध्यान करते हैं।" भागवत की उपर्युक्त वन्दना को उद्धृत करने के बाद वे उस पर टिप्पणी करते हैं—"यहाँ ब्रह्म और संसार के बारे में शंकर के दृष्टिकोण को दुहराया गया है।" किन्तु वे जानते हैं कि यह भागवत की मुख्य स्थापना नहीं है। भागवत में ज्ञान और वैराग्य के साथ 'प्रेम' को महत्त्व दिया गया है। भागवत का वैशिष्ट्य 'प्रेम' को सर्वोपरि मानने के कारण है। भागवत के अनुसार—**ज्ञान वैराग्य संयुक्ता भक्तिः प्रेमरसावहा**(2.63)।

इसी 'प्रेम' के बल पर भागवत गर्जना करता है—

किं श्रुतैर्बहुभिः शास्त्रैः पुराणैश्च भ्रमावहैः।
एवं भागवतं शास्त्रं मुक्तिदानेन गर्ज ति।। (3.28)

अर्थात् बहुत से शास्त्र और पुराण सुनने से क्या लाभ है। इससे तो व्यर्थ का भ्रम बढ़ता है। मुक्ति देने के लिए तो एकमात्र भागवत शास्त्र ही गरज रहा है। इस सन्दर्भ को आगे बढ़ाते हुए रामविलास शर्मा कृष्ण के प्रति उद्धव का यह कथन प्रस्तुत करते हैं—"उद्धव ने कृष्ण से कहा—भगवन्, आपने निराकार और चिन्मय होकर भी भक्तों के लिए ही तो यह सगुण रूप धारण किया है। फिर भला आपका वियोग होने पर वे भक्तजन पृथ्वी पर कैसे रह सकेंगे! निर्गुणोपासना में तो बड़ा कष्ट है। इसलिए कुछ और विचार कीजिए।"—(उपर्युक्त, 3.57.58) उपर्युक्त कथन पर टिप्पणी करते हुए वे कहते हैं—"निर्गुणोपासना में बड़ा कष्ट है, यह कहनेवाला भक्त शंकर के मायावाद से काफी दूर हट जाता है" (भारतीय संस्कृति और हिन्दी-प्रदेश, पृ. 435)। इसके बाद निष्कर्ष रूप में कहते हैं—"इस तरह शंकर की विचारधारा को अंशतः स्वीकार करते हुए और अंशतः उसका विरोध करते हुए भक्ति-आन्दोलन का विकास हुआ" (वही, पृ. 435-36)। इस पूरे सन्दर्भ पर ध्यान दें। भागवत पुराण भक्ति-आन्दोलन का उपजीव्य है। इसके आरम्भ में ईश्वर के जिस स्वरूप की वन्दना की गयी है, वह शंकराचार्य के मायावाद के अनुकूल है, किन्तु आगे चलकर भगवान् के निर्गुण रूप की तुलना में सगुण रूप को महत्त्व देकर, ज्ञान-वैराग्य की अपेक्षा 'प्रेम' को श्रेयस्कर

मानकर और शास्त्रज्ञान को मुक्ति के लिए व्यर्थ बताकर भागवतपुराण अपने को 'मायावाद' से अलग कर लेता है। इस प्रकार शंकर की विचारधारा का उसमें स्वीकार और अस्वीकार दोनों है। **ऋग्वेद** से लेकर आधुनिक हिन्दी के 'निराला' तक स्वीकार-अस्वीकार का यह द्वन्द्वात्मक प्रवाह देखा जा सकता है। रामविलासजी ने ऋग्वैदिक संस्कृति के जिस नैरन्तर्य की बात कही है, वह इसी कोटि की है। निरन्तरता से तात्पर्य यथावत् उपस्थिति या आवृत्ति नहीं, द्वन्द्वात्मक प्रवाह है।

भारतीय संस्कृति के निर्माण में गौतम बुद्ध का अविस्मरणीय योगदान है। बुद्ध ने हिंसात्मक यज्ञों का विरोध किया। कर्मकाण्ड का विरोध किया। मनुष्य के शील को विशेष महत्त्व दिया। रामविलास शर्मा ने विस्तार से दिखाया है कि बुद्ध के चिन्तन पर उपनिषदों का प्रभाव है। उपनिषदों की तर्क-पद्धति से भी वे प्रभावित हैं। उपनिषदों की विचारधारा से गौतम की विचारधारा विच्छिन्न नहीं है। इसे प्रमाणित करते हुए वे कहते हैं—"जरा और मृत्यु से जैसे बुद्ध मुक्ति चाहते थे वैसे ही कर्मकाण्डी भी मुक्ति चाहते थे। किन्तु **मुंडकोपनिषद्** में ऋषि ने कहा—कर्मकाण्ड के द्वारा **जरा मृत्युं ते पुनरेवापि यान्ति**, जरा-मृत्यु को वे फिर प्राप्त होते हैं। (1.2. 7) बुद्ध मनुष्य के सदाचरण पर जोर देते थे। वृहदारण्यक में ऋषि का संकेत भी इसी ओर है। इन्द्रियों का दमन करो, संसार की वस्तुओं का संग्रह न करते हुए दान दो और प्राणिमात्र पर दया करो" (5.2.3)—(भारतीय संस्कृति और हिन्दी-प्रदेश, पृ. 580)। यही नहीं, बुद्ध की सबसे शानदार घोषणा से मिलती-जुलती घोषणा भी रामविलास शर्मा तैत्तिरीय उपनिषद् में लक्षित करते हैं। बुद्ध की शानदार घोषणा है—बुद्ध ने कालामो से कहा—"हे कालामो, आओ। तुम किसी बात को केवल इसलिए मत स्वीकार करो कि यह बात परम्परागत है, केवल इसलिए मत स्वीकार करो कि यह बात इसी प्रकार कही गयी है, केवल इसलिए मत स्वीकार करो कि यह हमारे धर्मग्रन्थ के अनुकूल है, केवल इसलिए मत स्वीकार करो कि यह तर्कसम्मत है, केवल इसलिए मत स्वीकार करो कि यह न्याय (शास्त्र)-सम्मत है, केवल इसलिए मत स्वीकार करो कि आकार-प्रकार सुन्दर है, केवल इसलिए मत स्वीकार करो कि यह हमारे मत के अनुकूल है, केवल इसलिए मत स्वीकार करो कि कहनेवाले का व्यक्तित्व आकर्षक है, केवल इसलिए मत स्वीकार करो कि कहने वाला श्रमण हमारा हे पूज्य है। कालामो, जब तुम आत्मानुभव से अपने आप ही यह जानो कि ये बातें अकुशल हैं, ये बातें सदोष हैं, ये बातें विज्ञ पुरुषों द्वारा निन्दित हैं, इन बातों के अनुसार चलने से अहित होता है, दुःख होता है तो हे कालामो, तुम उन बातों को छोड़ दो" (अंगुत्तर निकाय, भाग-1, पृ. 192)। **तैत्तिरीय उपनिषद्** में कहा गया है—**यानि अनवघानि कर्माणि तानि सेवितव्यानि नो इतराणि। यानि अस्माकं सुचरितानि तानि त्वया उपास्यानि नो इतराणि**। यहाँ गुरु ने यह नहीं कहा कि जो कुछ मैं करूँ तुम उसका अनुसरण करना। बहुत-सी बातें वह शिष्य के विवेक पर

छोड़ देता है। यहाँ श्रद्धा का निषेध नहीं है, अंधश्रद्धा का विरोध है। शिष्य के विवेक को महत्त्व दिया गया है। बुद्ध ने इसी विवेक-दृष्टि को महत्त्व दिया है। निश्चय ही बुद्ध की सम्पूर्ण विचारधारा उपनिषद्-सम्मत नहीं है, किन्तु औपनिषदीय चिन्तन के बहुत से सूत्र उनके विचारों में अन्तर्भुक्त हैं। यहाँ भी स्वीकार-अस्वीकार की द्वन्द्वात्मक स्थिति लक्षित की जा सकती है।

महाभारत भारतीय संस्कृति का विश्वकोश है। कहा जाता है कि जो **महाभारत** में नहीं है, वह भारतवर्ष में नहीं है। रामविलास शर्मा इसका वैचारिक सम्बन्ध सीधे **ऋग्वेद** और **उपनिषदों** से जोड़ते हुए कहते हैं—"ऋग्वेद के और उपनिषदों के ऋषि जल, वायु, अग्नि, आकाश इनमें किसी को आदितत्त्व मानते हैं। एक आदितत्त्व से संसार का विकास हुआ है, यह धारणा प्राचीन साहित्य में अनेक बार दुहरायी गयी है। **ऋग्वेद** के सृष्टि सूक्त में कहा गया है—आरम्भ में चारों ओर अन्धकार और जल ही था। यह बात दूसरे ढंग से शान्ति पर्व में कही गयी है। पृथ्वी के अन्त में समुद्र है। समुद्र के अन्त में घोर अन्धकार है। अन्धकार के अन्त में जल है और जल के अन्त में अग्नि की स्थिति बतायी गयी है" (182.26)।

महाभारत के अन्तर्गत **गीता** है। गीता का सांस्कृतिक महत्त्व सर्वविदित है। रामविलास शर्मा ने 'गीता' का विवेचन लगभग 158 पृष्ठों में किया है। गीता का वेदों और उपनिषदों से सीधा सम्बन्ध सर्वमान्य है। उनकी विशेषता यह है कि उन्होंने **गीता** का विवेचन यथार्थवादी दृष्टि से किया है और उसमें दार्शनिक यथार्थवाद के अनेक रूपों को लक्षित किया है। **ऋग्वेद** में अव्यक्त प्रकृति से व्यक्त जगत् के उत्पन्न होने की बात कही गयी है। सांख्य दर्शन में यही विचार केन्द्र में आ गया है। **गीता** का सम्बन्ध सांख्य दर्शन से जोड़ते हुए वे कहते हैं—"कृष्ण अनेक स्थानों पर अव्यक्त का नाम लेते हैं। अव्यक्त से व्यक्त प्रकृति के विकास की बात सांख्य दर्शन की विशेषता है। ऐसे स्थानों पर कृष्ण सांख्य को वेदान्त के अथवा भागवत धर्म के अन्तर्गत ले आते हैं। कहते हैं—'(ब्रह्मदेव के) दिन का आरम्भ होने पर अव्यक्त ये सब व्यक्त (पदार्थ) निर्मित होते हैं और रात्रि होने पर उसी पूर्वोक्त अव्यक्त में लीन हो जाते हैं। हे पार्थ, भूतों का यही समुदाय (इस प्रकार) बार-बार उत्पन्न होकर अवश होता हुआ, अर्थात् इच्छा हो या न हो—रात होते ही लीन हो जाता है और दिन होने पर (फिर) जन्म लेता है'(8.18.19)। **गीता** में इसी क्रम में कृष्ण सांख्य के तत्त्वदर्शन को वेदान्त और भागवत धर्म से जोड़ देते हैं।" वे आगे कहते हैं—"किन्तु इस ऊपर बताये हुए अव्यक्त से परे दूसरा सनातन अव्यक्त पदार्थ है, कि जो सब भूतों के नाश होने पर भी नष्ट नहीं होता, जिस अव्यक्त को 'अक्षर' (भी) कहते हैं, वही परम अर्थात् उत्कृष्ट या अन्त की गति भी कहा जाता है, (और) जिसे पाकर फिर (जन्म में) लौटते नहीं हैं, (वही) मेरा परम स्थान (भी) है। हे पार्थ! जिसके भीतर (सब) भूत है और जिसने इन सबको फैलाया अथवा व्याप्त कर रखा

है वह परम अर्थात् श्रेष्ठ पुरुष अनन्य भक्ति से ही प्राप्त होता है" (8.20.22)। रामविलासजी ने लक्षित किया है–"यहाँ प्रकृति के समस्त विकास और परिवर्तन को वेदान्त के अन्तर्गत माना गया है और फिर उस वेदान्त को भागवत धर्म के अन्तर्गत समेट लिया गया है" (भारतीय संस्कृति और हिन्दी-प्रदेश, पृ. 305-6)। तात्पर्य यह कि **गीता** में स्वीकार और अस्वीकार की द्वन्द्वात्मक स्थिति का सातत्य बना हुआ है।

अव्यक्त प्रकृति से व्यक्त जगत् की उत्पत्ति की ऋग्वैदिक अवधारणा की परम्परा को आगे बढ़ाते हुए रामविलास शर्मा ने चरक, कौटिल्य और कालिदास की चर्चा की है। **चरक संहिता** की रचना वैशेषिक दर्शन के आधार पर हुई है। वैशेषिक और सांख्य एक-दूसरे के बहुत निकट हैं। वैशेषिक दर्शन के अनुसार चिकित्सा विज्ञान में जो भूमिका 'वात', 'पित्त', 'कफ' की है, सांख्य के अनुसार प्रकृति विज्ञान में वही भूमिका सत्व, रज और तम, इन तीनों गुणों की है। उनके अनुसार वैशेषिक और सांख्य दोनों यथार्थवादी दर्शन हैं। कौटिल्य को इस परम्परा में इसलिए रखा गया है कि वे भी यथार्थवादी हैं और उन्होंने 'सांख्य' और 'लोकायत' के साथ 'योग' का नाम लिया है। कालिदास कवि हैं। कल्पनाशील हैं। **रामायण**, **महाभारत** से तो उनका सम्बन्ध है ही, वे "वेदान्ती हैं, ब्रह्म को प्रकृति में निहित मानते हैं। इस ब्रह्म को वे 'शिव' कहते हैं। वे शिव के प्रति भक्तिभाव भी प्रदर्शित करते हैं किन्तु कुल मिलाकर प्रधानता योग की है" (भारतीय संस्कृति और हिन्दी-प्रदेश, पृ. 669)। भारतीय संस्कृति और हिन्दी-प्रदेश के दूसरे खण्ड में तुर्क आक्रमण के बाद से लेकर आज तक की सांस्कृतिक स्थिति का विवेचन किया गया है। रामविलास शर्मा के अनुसार तुर्क विजेता के रूप में आये थे, किन्तु–"भारत में वे अपने तुर्कपन की रक्षा न कर सके। वे जिस प्रदेश में बस गये वहीं की भाषा का व्यवहार करने लगे। राजनीतिक और सांस्कृतिक कार्यों के लिए वे ईरानियों की भाषा फ़ारसी से काम लेते थे और उनमें बहुतों ने भारतीय भाषाओं में काव्य-रचना की। बाहर से आनेवाले मुसलमान (तुर्क, अरब, ईरानी, पठान) तो बहुत थोड़े थे, अधिकांश मुसलमान, सिंधी, कश्मीरी, पंजाबी, हिन्दी, बंगाली तो यहीं के थे। धर्म बदलने से उनकी भाषा और संस्कृति बदलनेवाली नहीं थी" (भारतीय संस्कृति और हिन्दी-प्रदेश-2, भूमिका)। वे आगे जोड़ते हैं–"प्रारम्भिक लूटमार के बाद यहाँ का आर्थिक जीवन निर्बाध गति से चलता रहा। इसी से यहाँ जातीय संस्कृतियों को विकास का ठोस भौतिक आधार मिला। इसी से तुर्क आक्रमणकारी अपना तुर्कपन खोकर यहाँ की प्रादेशिक जातियों में घुल-मिल गए" (वही, भूमिका)।

जातीय संस्कृतियों के इस विकास-काल में पारम्परिक भारतीय संस्कृति का गतिशील प्रवाह विच्छिन्न नहीं हुआ। योगियों और भक्तों के साहित्य में शीलगत उच्चता और प्रेमगर्भित मानवता का स्वरूप उभरकर सामने आया। कबीर, सूर और तुलसी ने सम्पूर्ण पूर्ववर्ती सांस्कृतिक प्रवाह की निर्मलता को सुरक्षित रखा। आगे चलकर आधुनिक नवजागरण काल में पारम्परिक सांस्कृतिक मूल्यों को उदात्त रूप

जीवन को शक्ति और प्रेरणा देता रहा। आधुनिक काल के तीन महान् कवियों–रवीन्द्रनाथ टैगोर, सुब्रह्मण्यम् भारती और 'निराला'–ने जातीय चेतना के साथ-ही-साथ अपनी सम्पूर्ण सांस्कृतिक विरासत से अपने को समृद्ध बनाये रखा और इस विश्वास को बल दिया कि लोकमानस से जुड़ने के लिए देश की उपार्जित सांस्कृतिक उपलब्धियों के प्रति आस्था अनिवार्य है। **भारतीय संस्कृति और हिन्दी-प्रदेश** में रामविलास शर्मा ने संस्कृति के जिस तीसरे मूल बिन्दु पर बल दिया है, वह है–दार्शनिक यथार्थवाद का अन्वेषण और प्रतिपादन। 'दार्शनिक यथार्थवाद' से तात्पर्य पदार्थ और भौतिक जगत् को सत्य माननेवाले दर्शनों से है। वे अपने पूरे अनुशीलन में यह प्रतिपादित करने की कोशिश करते हैं कि **ऋग्वेद** के समय से लेकर जातीय संस्कृति के विकास-काल तक यथार्थवादी दर्शनों या भौतिक जगत् को सत्य माननेवाले दर्शनों की विचारधारा प्रवहमान रही है। भारतीय दर्शनों में सांख्य योग, वैशेषिक और न्याय दर्शनों को यथार्थवादी माना जाता है। समझा जाता है कि योगदर्शन में ईश्वरवाद का सन्निवेश बाद में हुआ। इनके अतिरिक्त चार्वाक या 'लोकायत' दर्शन है, जिसे निखालिस भौतिकवादी दर्शन माना जाता है। गौतम बुद्ध के समय में भी 'पूर्ण काश्यप', 'मक्खलि गोसाल', 'अजित केश कम्बल' आदि अनेक विचारक भौतिकवादी थे। स्वयं गौतम बुद्ध का 'प्रतीत्यसमुत्पाद' का सिद्धान्त संसार को क्षण-क्षण परिवर्तनशील मानता है और किसी शुद्ध शाश्वत चेतन सत्ता में विश्वास नहीं करता। रामविलासजी **ऋग्वेद** में सांख्य दर्शन के मूल सूत्र लक्षित करते हैं। उपनिषदों में भौतिक अद्वैत की आधारभूमि और 'द्वन्द्ववाद' की तलाश करते हैं। **महाभारत** के 'शान्ति पर्व' में 'सांख्य' और 'योग' दर्शनों की महत्ता और विशदता को रेखांकित करते हैं। बुद्ध के विवेकवाद को महत्त्व देते हैं। गीता में दार्शनिक यथार्थवाद के कई रूपों की ओर ध्यान आकृष्ट करते हैं। परमाणुवादी और निरीश्वरवादी वैशेषिक दर्शन और उससे प्रेरित **चरक संहिता** की विस्तार से चर्चा करते हैं। भौतिकवादी दर्शनों में निष्ठा रखनेवाले कौटिल्य, उनके अर्थशास्त्र और उनके समय के समाज की उपलब्धियों का बखान करते हुए इस बात के लिए सन्तोष प्रकट करते हैं कि अनेक सीमाओं के रहते हुए भी **अर्थशास्त्र** में उत्पादन और वितरण की व्यवस्था की दिशा सामन्तविरोधी है। यही नहीं, शास्त्रकार कौटिल्य के साथ वे कवि कालिदास की चर्चा इसलिए करते हैं कि वे स्वच्छन्द कल्पना के कवि हैं। रूप, रस, गन्ध और स्पर्श के संसार में विश्वास करते हैं। भारत की एकता का स्वप्न देखते हैं। ब्रह्म को सत्य मानते हैं, किन्तु संसार को मिथ्या नहीं मानते और अपनी सीमाओं के बावजूद व्यवस्थाविरोधी भी हैं। भारतीय संस्कृति के ऐतिहासिक विश्लेषण के क्रम में यथार्थवादी दर्शनों की भूमिका को रेखांकित करते हुए रामविलासजी बीच-बीच में याद दिलाते चलते हैं कि भारतीय संस्कृति का इतिहास लोक-विरोधी रूढ़ियों और प्रगतिशील विचारधाराओं के सतत संघर्ष का इतिहास है। वे इस ओर भी ध्यान

आकृष्ट करते हैं कि जिस समाज-व्यवस्था में शूद्र छोटे हैं, ब्राह्मण बड़े हैं, स्त्रियाँ शूद्रों के समान हैं, वह व्यवस्था पुरोहितों की रची है, संस्कृति के मूल स्रोतों से उसका कोई सम्बन्ध नहीं है। अनेक स्थानों पर वे इस बात पर भी बल देते हैं कि संन्यास भारतीय संस्कृति की मूलधारा नहीं है। संसार को सत्य माननेवाले प्रत्येक विचारक ने निवृत्ति की तुलना में प्रवृत्ति पर बल दिया है और गृहस्थ धर्म को श्रेयस्कर माना है। रामविलास शर्मा की यथार्थवादी दर्शन को पुष्ट करनेवाली सभी बातों के समर्थन में तथ्यात्मक साक्ष्य प्रस्तुत करना यहाँ सम्भव नहीं है। इस सन्दर्भ में हम इतना ही कह सकते हैं कि उन्होंने जो कुछ कहा है, विस्तारपूर्वक तथ्यों से पुष्ट करते हुए कहा है और इस दृष्टि से हम **भारतीय संस्कृति और हिन्दी-प्रदेश** को भौतिकवादी चिन्तन-परम्परा का सन्दर्भ-ग्रन्थ भी कह सकते हैं।

भारतीय संस्कृति और हिन्दी-प्रदेश के दूसरे खण्ड में तुर्क आक्रमण से लेकर आज तक के सांस्कृतिक विकास का विवेचन किया गया है। यों तो इस खण्ड में तुर्क आक्रमण के बाद के सांस्कृतिक लोक-जागरण और अंग्रेज़ी राज कायम होने के बाद के 'नवजागरण' को आधार बनाकर आनुषंगिक रूप से बहुत कुछ कहा गया है, किन्तु इस खण्ड का मुख्य प्रतिपाद्य है—जातीय संस्कृति का स्वरूप और उसका विकास। इसे हम रामविलास शर्मा के सांस्कृतिक चिन्तन का चौथा मूल बिन्दु कह सकते हैं। 'जातीय संस्कृति' को समझने के लिए 'जाति' अवधारणा को समझना जरूरी है। रामविलासजी ने 'जाति' को परिभाषित करते हुए कहा है—"जाति वह मानव-समुदाय है जो व्यापार द्वारा पूँजीवादी सम्बन्धों के प्रसार के साथ गठित होती है। सामाजिक विकास-क्रम में मानव-समाज पहले 'जन' या 'गण' के रूप में गठित होता है। सामूहिक श्रम और सामूहिक वितरण गण-समाज की विशेषता है और उसके सदस्य आपस में एक-दूसरे से रक्त-सम्बन्ध के आधार पर सम्बद्ध माने जाते हैं। इन गण-समाजों के टूटने पर लघु जातियाँ बनती हैं, जिनमें उत्पादन छोटे पैमाने पर होता है और नये श्रम-विभाजन के आधार पर भारतीय वर्ण-व्यवस्था जैसी समाज-व्यवस्था का चलन होता है। पूँजीवादी युग में इन्हीं लघु जातियों से आधुनिक जातियों का निर्माण होता है" (भारतीय साहित्य के इतिहास की समस्याएँ, पृ. 14)। उनके अनुसार—"जातीयता की सबसे बड़ी पहचान भाषा है।" इसी आधार पर वे यह मानते हैं कि—" 'हिन्दी', 'बांग्ला', 'मराठी','तमिल' आदि भाषाएँ बोलने वाले समुदायों को 'जाति, कहते हैं।" वे यह मानते हैं कि ईसा की तेरहवीं शताब्दी के आसपास भारत में व्यापारिक पूँजीवाद का उदय हुआ। इससे सामन्ती समाज का ढाँचा ढीला पड़ने लगा। यह प्रक्रिया यों तो तुर्कों के आक्रमण के पहले ही शुरू हो गयी थी, किन्तु "तुर्क बादशाहों ने बाजार, तौलने के बाँट, सिक्कों आदि के बारे में जो सुधार किये, उनसे सौदागरों को फायदा पहुँचा।" शेरशाह ने सड़कों का निर्माण कराया। उससे व्यापार में सुविधा हुई। पूरे देश में व्यापार की मंडियाँ कायम हुईं।

व्यापार की उन्नति से पुराने जनपदों का अलगाव दूर हुआ। पटना, बनारस, इलाहाबाद, आगरा, दिल्ली ऐसे केन्द्र बन गये जिनके चारों तरफ एक कौमी बाजार कायम हुआ। इन बाजारों में विनिमय के लिए जिस भाषा का प्रयोग किया गया वह खड़ी बोली या हिन्दी थी। सामन्ती समाज के शिथिल पड़ने से कई बातें हुईं। वर्ण-व्यवस्था कमजोर हुई। व्यापार के लिए माल बनाने वाली पिछड़ी जातियों को महत्त्व प्राप्त हुआ। सामन्तों द्वारा पोषित प्राकृत और अपभ्रंश भाषाओं को पीछे ठेलकर लोकभाषाएँ आगे आयीं। पिछड़ी जातियों की वाणी मुखर हुई। पूरे देश में व्यापक लोकजागरण हुआ। जनता के बीच से आनेवाले योगियों और भक्तों की अटपटी वाणी से भक्ति काव्य-धारा का प्रवाह फूट पड़ा। इन्हीं ऐतिहासिक, सामाजिक और आर्थिक परिवर्तनों के फलस्वरूप हिन्दी, बांग्ला, मराठी, गुजराती आदि भाषओं और उनको बोलने वाली जातियों का गठन हुआ। यह प्रक्रिया तमिल प्रदेश में पहले ही पूरी हो चुकी थी। रामविलासजी 'जाति' का सम्बन्ध धर्म से नहीं मानते। एक ही धर्म के भीतर भाषा के आधार पर अलग-अलग जातियाँ हो सकती हैं। तुर्क, अरब, ईरानी सभी मुसलमान हैं किन्तु उनकी जातीयता अलग-अलग है, क्योंकि उनकी भाषाएँ अलग-अलग हैं। इसी प्रकार एक ही जाति के भीतर दो धर्मों के माननेवाले हो सकते हैं। उदाहरण के लिए हिन्दी जाति है। इसके अन्तर्गत हिन्दू और मुसलमान दो अलग-अलग धर्मों के माननेवाले आते हैं। वे 'जाति' शब्द का प्रयोग लगभग 'नेशन' के अर्थ में करते हैं। वे यह मानते हैं कि आज उत्तर प्रदेश, बिहार, मध्य प्रदेश, राजस्थान, दिल्ली, हरियाणा, हिमाचल प्रदेश--इन सात राज्यों की राजभाषा हिन्दी है। इन्हीं को मिलाकर हिन्दी-प्रदेश बनता है। इसी हिन्दी-प्रदेश को हिन्दी जाति की भौगोलिक इकाई मान सकते हैं।

जातीय संस्कृति के लिए जातीय चेतना आवश्यक है। यहाँ यह ध्यान रखना होगा कि भाषा के आधार पर अपनी पहचान बनाने वाली किसी जाति का किसी विशेष काल-खण्ड में लिखा गया सारा काव्य उसका जातीय काव्य नहीं होता और न वह उसकी जातीय चेतना का प्रतिनिधित्व करता है। जातीय चेतना की पहचान उस काव्य से होती है जो रूढ़िवादिता और स्थितिशीलता के विरुद्ध संघर्ष करके अपनी पहचान बनाता है। यही काव्य जातीय संस्कृति का विकास करता है। हिन्दी जाति के साहित्य को सामने रखकर देखें तो उसमें चारण काव्य और रीति काव्य भी है और भक्ति काव्य भी। निश्चय ही इसमें भक्ति काव्य ही हिन्दी जाति की सांस्कृतिक मूल्यवत्ता का परिचायक है। **भारतीय संस्कृति और हिन्दी-प्रदेश** में हिन्दी जाति के सांस्कृतिक स्वरूप का विवेचन इसी दृष्टि से किया गया है। रामविलास शर्मा ने हिन्दी साहित्य के प्रारम्भिक चरण के लोकजागरण के काव्य और भक्ति काव्य को भारतीय संस्कृति की उदात्त परम्परा से जोड़ते हुए उसके मानवतावादी पक्ष को उजागर किया है। इसी प्रकार दूसरे चरण के उस काव्य को महत्त्व दिया है, जो

साम्राज्यविरोधी, राष्ट्रीय, लोक-संग्रही और जनवादी है। उन्होंने इसी आधार पर सबाल्टर्न इतिहासकारों और उनके भारतीय अनुयायियों का विरोध किया है। सबाल्टर्न इतिहासकारों में ऐंडरसन प्रमुख हैं। रणजीत गुहा, पार्थ चटर्जी आदि इनके अनुयायी हैं। रामविलासजी की दृष्टि में इन इतिहासकारों की तुलना में भारतेन्दु और बंकिम का इतिहास-बोध अधिक वैज्ञानिक है। दोनों की एक साथ चर्चा करते हुए वे कहते हैं—''दोनों में अनेक समानताएँ हैं। वे अंग्रेजी राज्य के शोषक के रूप में परिचित थे, देश के बारे में भी सोचते थे। और अपनी भाषा, अपने प्रदेश के बारे में भी सोचते थे। वे जातीय चेतना के संवाहक थे। राष्ट्र और जाति परस्पर-विरोधी नहीं हैं। राष्ट्र की संज्ञा अधिक व्यापक है। भारतीय सन्दर्भ में प्रादेशिक जातियाँ राष्ट्र की अन्तर्वस्तु हैं। इनके बिना राष्ट्र की संज्ञा खोखली है। इसी तरह वर्ग—पूँजीपति, मजदूर आदि—जाति की अन्तर्वस्तु हैं। विभिन्न जातियों के समान धर्म, वर्ग आपस में जुड़कर राष्ट्रीय एकता को सुदृढ़ करते हैं'' (भारतीय संस्कृति और हिन्दी-प्रदेश-2, भूमिका, पृ. 7)।

यहाँ रामविलास शर्मा ने बंकिम और भारतेन्दु की समानता दिखाते हुए प्रकारान्तर से जातीय चेतना के आधार-तत्त्वों की ओर भी संकेत कर दिया है। जिन कवियों एवं साहित्यकारों में जातीय चेतना प्रखर होती है, उन्हें अपनी सांस्कृतिक विरासत पर गर्व होता है। वे अपनी धरती और अपने लोगों को प्यार करते हैं। अपनी भाषा और साहित्य के विकास के लिए समर्पित होकर संघर्ष करते हैं। वे शासकों और शोषकों का विरोध करते हैं। सभी प्रकार की विषमताओं को मिटाकर मानवीय मूल्यों को चरितार्थ करने की चेष्टा करते हैं। धर्म, सम्प्रदाय, जाति एवं क्षेत्रगत संकीर्णताओं से ऊपर उठकर जनहित और लोकहित में सोचते हैं। बंगाल में राजा राममोहन राय ने जातीय चेतना की पृष्ठभूमि निर्मित की थी। बंकिम और रवीन्द्रनाथ टैगोर ने उसे पुष्ट किया। हिन्दी में भारतेन्दु के पहले किसी ने यह भूमिका अदा नहीं की। 'निराला' में अवश्य जातीय चेतना के तत्त्व प्रखर हैं। रामविलासजी ने पूरे देश से तीन महाकवियों—रवीन्द्रनाथ टैगोर, सुब्रह्मण्यम् भारती और 'निराला'—को चुनकर लगभग 250 पृष्ठों में उनके काव्य में व्यक्त होनेवाली जातीय चेतना का विस्तार से विवेचन किया है। इन तीनों महाकवियों में बहुत-सी बातें समान हैं। थोड़ा-बहुत अन्तर भी लक्षित किया जा सकता है। 'भारती' और 'निराला' में अधिक साम्य है। मुख्य बात यह है कि तीनों ही कवि अपनी धरती और अपनी भाषा को प्यार करते हुए भी पूरे देश की खुशहाली और स्वतन्त्रता की कामना करते हैं। तीनों ही शोषणमुक्त समाज देखना चाहते हैं और तीनों को ही अपनी सांस्कृतिक विरासत पर गर्व है। तीनों ही कवियों ने अपनी प्रतिभा से आधुनिक नवजागरण को बहुत कुछ दिया है। जातीय संस्कृति के विकास में तीनों ही का योगदान अप्रतिम है।

भारतीय संस्कृति और हिन्दी-प्रदेश शीर्षक देकर भारतीय संस्कृति के सन्दर्भ में

हिन्दी-प्रदेश को विशेष महत्त्व देने का कारण स्पष्ट करते हुए रामविलास शर्मा ने कहा है कि, विशाल हिन्दी-प्रदेश भारत के सुदूरवर्ती प्रान्तों को जोड़ता है। **वेदों, उपनिषदों, रामायण, महाभारत, अर्थशास्त्र** आदि ग्रन्थों की रचना इसी प्रदेश में हुई है। कालिदास और भवभूति जैसे कवि यहीं हुए। मौर्य और गुप्त साम्राज्यों की आधार-भूमि यही प्रदेश था। उत्तर काल में दिल्ली-आगरा जैसे नगर इसी प्रदेश में बसे और उन्नत हुए। विद्यापति, कबीर, सूर, तुलसी जैसे कवि यहीं हुए। प्रसिद्ध संगीतकार तानसेन यहीं के थे। अपने स्थापत्य के लिए विश्वप्रसिद्ध ताजमहल इसी प्रदेश के आगरा नगर में निर्मित हुआ। इसलिए भारतीय संस्कृति के विकास में हिन्दी-प्रदेश की निर्णायक भूमिका मान्य होनी चाहिए। रामविलासजी का तर्क अपनी जगह सही हो सकता है, किन्तु भारतीय संस्कृति में आर्येतर तत्त्व कम नहीं हैं और स्वयं हिन्दी-प्रदेश का लोकमानस सांस्कृतिक दृष्टि से अन्य प्रान्तों से जुड़कर संश्लिष्ट हो चुका है।

भारतीय संस्कृति और हिन्दी-प्रदेश जैसे ग्रन्थ का समापन करते हुए रामविलास शर्मा ने देश की वर्तमान स्थिति की ओर हमारा ध्यान आकृष्ट किया है। देश के स्वतन्त्र होने के 50 वर्षों बाद भी उसकी आधी आबादी गरीबी की रेखा के नीचे है। अंग्रेजी का वर्चस्व बढ़ रहा है। राजनीतिक पार्टियों में अनुशासन और जनतान्त्रिक पद्धति समाप्त हो गयी है। अपराध बढ़ रहे हैं। इजारेदार पूँजी पर देश की निर्भरता बढ़ रही है। आज भी साम्राज्यवाद, उसका सहायक पूँजीवाद और सामन्ती अवशेष आपस में तालमेल बिठाये हुए हैं। साम्प्रदायिक ताकतें अपना प्रभाव बढ़ा रही हैं। ऐसी स्थिति में देश का यथार्थ और वैज्ञानिक सांस्कृतिक इतिहास लिखा जाना चाहिए। हमारा देश बहुजातीय राष्ट्र है। जातीय संस्कृतियों के बाहर भारतीय संस्कृति जैसी कोई चीज नहीं है। आज हिन्दू-इतिहास और मुस्लिम-इतिहास की जगह हिन्दी-इतिहास लिखा जाना चाहिए। हिन्दी-भाषी क्षेत्र में हिन्दी की जातीय चेतना का मान जाग्रत होना चाहिए। हिन्दी और उर्दू को हिन्दुओं और मुसलमानों से जोड़कर हिन्दी-प्रदेश की मानसिकता में दरार पैदा करने की साजिश की एक ही दवा है—हिन्दी की जातीय चेतना को सही परिप्रेक्ष्य में सामने रखना। देश की युवा-शक्ति के सामने प्रमुख समस्या जाति-बिरादरी और हिन्दू-मुसलमान की नहीं है, जनता के उत्थान की है। उसे महाकवि सुब्रह्मण्यम् भारती के इस प्रश्न का उत्तर देना है—

एक मनुज का कौर दूसरा छीने
यह क्या अब भी सम्भव?
दूजे का दुःख मूक भाव से देखे,
यह क्या अब भी सम्भव?

रामविलास शर्मा के उपर्युक्त सम्पूर्ण विवेचन को सामने रखकर विचार करने पर कुछ प्रश्न उठते हैं। सबसे पहला प्रश्न उनकी विचार-दृष्टि को लेकर उठता है। विचार की एक पद्धति यह है कि हम विचारणीय विषय से सम्बद्ध सारे तथ्यों को

सामने रखें, उन पर मनन करें और उनके भीतर से उभरनेवाले सत्य को निष्कर्ष रूप में सामने रखें। दूसरी पद्धति यह है कि हम अपनी पूर्व-दृष्टि के अनुसार तथ्यों में से कुछ को चुन लें और अपनी मान्यताओं के अनुकूल उनकी व्याख्या करके निष्कर्ष निकाल लें। रामविलासजी ने प्रायः इस दूसरी पद्धति का अनुसरण किया है। उदाहरण के लिए **ऋग्वेद** की इस उक्ति को लें–**देवानां पूर्वे युगे असतः सत् अजायत।** इसकी व्याख्या करते हुए उन्होंने 'असत्' का अर्थ अव्यक्त प्रकृति लिया है। यह सांख्यवादियों की दृष्टि है। रामविलासजी ने इसे बराबर महत्त्व दिया है। वे इस बात की चिन्ता नहीं करते कि 'असत्' के और भी अर्थ हैं। 'असत्' को 'अव्यक्त प्रकृति' न बौद्ध शून्यवादी मानते हैं, न अद्वैत वेदान्तवादी। 'अजातिवादी' तो न 'सत्' की उत्पत्ति मानते हैं न 'असत्' की। वे कहते हैं कि जो 'सत्' है, उसकी उत्पत्ति क्या होगी और जो 'असत्' है, वह तो वन्ध्यापुत्र के समान है। वह तो है ही नहीं। तात्पर्य यह कि वे अपनी तथाकथित दार्शनिक यथार्थवादी दृष्टि से आच्छन्न होकर तथ्यों की व्याख्या करते हैं।

दूसरा प्रश्न आर्यों के भारतीय होने की मान्यता को लेकर उठता है। आर्यों के भारतीय होने के प्रश्न को लेकर रामविलास शर्मा आग्रह की सीमा तक पहुँच गये हैं। रामशरण शर्मा के अनुसार–"1960 के बाद जो शोधकार्य हुआ है, उसके आधार पर हिन्द-यूरोपियों के मूल वासस्थल के विषय में एक दर्जन से अधिक प्रकार के मत दिये गये हैं। यदि यूरोप से प्रारम्भ करें तो उत्तरी यूरोप, मध्य यूरोप, वल्कन प्रायद्वीप, यूक्रेन और दक्षिणी रूस, बैक्ट्रिया इत्यादि में से प्रत्येक को भारतीयों के मूल निवास का क्षेत्र माना गया है।" (आर्य संस्कृति की खोज, भूमिका)। रामविलासजी को इस विषय में थोड़ा खुले मन से विचार करना चाहिए था। "अठारहवीं-उन्नीसवीं शताब्दी के यूरोपीय बुद्धिजीवी अपना प्रभुत्व स्थापित करने के लिए हमारे इतिहास को तोड़-मरोड़कर प्रस्तुत कर रहे थे", यह सत्य हो सकता है, किन्तु आर्यों के मूल निवास के प्रश्न पर लोकमान्य तिलक, रमेशचन्द्र मजूमदार, के.ए. नीलकंठ शास्त्री, रामकृष्ण भंडारकर, हेमचन्द्रराय चौधुरी आदि राष्ट्रीय विचारधारा के भारतीय विद्वानों के मत पर तो ध्यान दिया ही जा सकता है।

तीसरी बात यह विचारणीय है कि रामविलास शर्मा ने अनुवादों के आधार पर अपना मत स्थिर किया है। वेदों की व्याख्या में वे सातवलेकर का और **गीता** की व्याख्या में बालगंगाधर तिलक का आधार लेते हैं। सातवलेकर निश्चय ही बड़े पण्डित हैं। उन्हें आधुनिक सायणाचार्य माना जाता है, किन्तु ध्यान रखना होगा कि वे दयानन्द से प्रभावित हैं और राष्ट्रीय दृष्टि से वेदों की व्याख्या करते हैं। अनुवादों पर निर्भर होने पर किसी भी विचारक के निष्कर्ष विवादास्पद हो सकते हैं।

चौथी बात रामविलासजी की लेखन-पद्धति को लेकर उठती है। उन्होंने सामग्री को इस प्रकार फैला दिया है, जैसे किसी विषय पर लिखने के लिए नोट्स तैयार

कर रहे हों। यह पद्धति उबाऊ है। इसमें भटकाव भी कम नहीं है। उसके भीतर से गुजरते हुए उनके मन्तव्य तक पहुँचने में कठिनाई होती है। उन्होंने स्वीकार किया है कि उनका विवेचन क्रमबद्ध नहीं है।

इन प्रश्नों और आपत्तियों के बावजूद यह तो मानना ही होगा कि रामविलास शर्मा ने हिन्दी-प्रदेश को केन्द्र में रखकर ऋग्वेद से लेकर 'निराला' तक की जो सांस्कृतिक यात्रा की है, वह हिन्दी-प्रदेश और विशेषतः 'अवध' के प्रति ईषत् पक्षपातपूर्ण होने पर भी श्लाघ्य और स्पृहणीय है।

लोकमंगल की अवधारणा और जातीय चेतना

आचार्य रामचन्द्र शुक्ल और डॉ. रामविलास शर्मा दोनों हिन्दी के लब्ध-प्रतिष्ठ शिखर आलोचक हैं। आचार्य शुक्ल का 'काव्य में लोकमंगल की साधना' का प्रतिमान विवादों के बावजूद प्रतिष्ठित है। डॉ. शर्मा ने 'हिन्दी-जाति' और 'हिन्दी की जातीय चेतना' पर विचार करते हुए 'काव्य में जातीय चेतना' को एक प्रतिमान के रूप में पेश किया है। शताब्दी के अन्त में हिन्दी-आलोचना के क्षेत्र में चर्चित इन दोनों काव्य-प्रतिमानों पर एकसाथ विचार करना इसलिए आवश्यक है कि आचार्य शुक्ल के लोकमंगल के प्रतिमान ने हिन्दी-आलोचना की उस प्रगतिशील धारा को प्रभावित किया है, डॉ. शर्मा जिसके प्रतिनिधि समझे जाते थे। आचार्य शुक्ल के 'लोकमंगल' से हिन्दी-जगत् परिचित है। इसलिए उसकी चर्चा बाद में, पहले हम डॉ. शर्मा के 'काव्य में जातीय चेतना' के प्रतिमान पर विचार करना चाहेंगे।

डॉ. शर्मा 'जाति' की पहचान भाषा-विशेष की विस्तार-सीमा के आधार पर करते हैं। उदाहरण के लिए बंगला भाषा का विस्तार-क्षेत्र, 'बांग्ला जाति', मराठी भाषा का विस्तार-क्षेत्र, 'मराठी जाति' और तमिल भाषा का विस्तार क्षेत्र 'तमिल जाति' की विस्तार-सीमा है। डॉ. शर्मा 'उर्दू' को 'हिन्दी' से अलग नहीं मानते। 'जाति' की अवधारणा के विकास-सूत्र को मानव-सभ्यता के विकास-सूत्र के साथ जोड़ते हुए डॉ. शर्मा कहते हैं—"समाज के बिना भाषा का अस्तित्व नहीं होता और हर समाज का अपना एक गठन होता है। हमारे देश में बहुत से आदिवासी क्षेत्र हैं, वहाँ के लोग अर्द्ध-कबीलाई जीवन बिताते हैं। कबीले के लिए पुराना भारतीय शब्द 'गण' है। इन गण-समाजों के अस्तित्व के बहुत से प्रमाण महाभारत में हैं। इन 'गणों' के टूटने पर 'जन' का निर्माण होता है। 'जनपद' में यह 'जन' सुरक्षित हैं। बौद्धकाल से अब तक ये जनपद चले आ रहे हैं। इनकी भाषाओं में बहुत परिवर्तन हुआ है, किन्तु जनपदों के बिना जन भाषाओं का अस्तित्व नहीं था। मिथिला, अवध, मालवा, ब्रज आदि जनपद आज हिन्दी-प्रदेश के अन्तर्गत हैं। इनकी सामान्य अन्तर्जनपदीय भाषा 'हिन्दी' है, उसे हम उनकी जातीय भाषा कहते हैं। महाराष्ट्र, बंगाल, तमिलनाडु आदि प्रदेशों में रहने वाले लोग अपनी जातीय भाषाओं में बोलते हैं, वैसे ही हिन्दी-प्रदेश

में रहने वाले हिन्दी बोलते हैं" (भारतीय संस्कृति और हिन्दी-प्रदेश-2, पृ. 548)। डॉ. शर्मा का तात्पर्य यह है कि जैसे मराठी, बंगाली, तमिल आदि भाषायी चेतना के आधार पर अपनी पहचान कायम करने वाली जातियाँ हैं, वैसे ही हिन्दी भी एक 'जाति' है।

डॉ. शर्मा यह मानते हैं कि 'जाति' का निर्माण एक दिन में नहीं होता। यह मानव-समाज और सभ्यता के विकास की लम्बी प्रक्रिया का परिणाम होता है। उनका कहना है कि 13वीं और 14वीं सदियों में जब उत्तर भारत में तुर्कवंशी मुसलमान शासन कर रहे थे, तब हिन्दी-भाषा और हिन्दी-जाति अस्तित्व में आ चुकी थी। वे कहते हैं–"13वीं-14वीं सदियों में हिन्दी-जाति का अस्तित्व था। इसका सबसे बड़ा प्रमाण तुर्क आक्रमणकारियों का अपनी जातीयता खोकर हिन्दी-जातीयता में खप जाना था। तुर्कों ने यूनान पर अधिकार किया, परन्तु वहाँ वह यूनानी जातीयता के अंग न बन पाये। यूनान की अपेक्षा हिन्दी-प्रदेश का आर्थिक और भाषायी विकास आगे बढ़ा हुआ था। इसलिए तुर्क अपनी भाषा और अस्मिता खोकर यहाँ जातीयता में विलीन हो गये" (वही, पृ. 548)। डॉ. शर्मा के अनुसार 'जाति' की संरचना में सामान्य भाषा, सामान्य संस्कृति, सामान्य प्रदेश और सामान्य आर्थिक सम्बन्ध इन उपकरणों का संश्लेष आवश्यक है। इन उपकरणों को संघटित और परिवर्तित करने में सबसे महत्त्वपूर्ण भूमिका आर्थिक विकास की होती है। भारत में सामन्तीय अर्थतन्त्र का समाज 'जन' कहलाता था। उसकी निवास-भूमि 'जनपद' कहलाती थी। सामन्तीय अर्थतन्त्र के बाद 'व्यापारिक पूँजीवाद' का युग आता है। इस युग में चीजों का उत्पादन बढ़ जाता है और उसे बेचने के लिए विनिमय-क्षेत्र का विस्तार होता है। विनिमय के नये केन्द्र कायम होते हैं। जनपदों की सीमाएँ टूटती हैं। जनपदीय भाषाओं में कोई एक भाषा उभरकर सामने आती है। वह भाषा विनिमय के नये केन्द्रों को जोड़ती है और जातीय भाषा का रूप लेती है। डॉ. शर्मा पूँजीवाद के तीन रूपों–व्यापारिक, औद्योगिक और महाजनी–में प्रथम अर्थात् व्यापारिक को 'जाति' के निर्माण का मूल कारक मानते हैं। वे कहते हैं–"जातीय निर्माण के लिए जैसा महत्त्व व्यापारिक पूँजीवाद के युग का है, वैसा अन्य किसी पूँजीवाद के युग का नहीं है। जैसे दार्शनिक कहते हैं, अव्यक्त प्रकृति से व्यक्त प्रकृति का विकास हुआ, वैसे ही जाति के अव्यक्त उपकरणों से उसके व्यक्त रूप का विकास होता है" (वही, पृ. 703)।

13वीं-14वीं सदियों के पूर्व हिन्दी-जाति को अस्तित्व में आने का अर्थ यह हुआ कि इस समय के पूर्व ही जनपदीय सीमाओं को तोड़कर एक विस्तृत प्रदेश में व्यापारिक पूँजीवादी अर्थव्यवस्था के प्रभाव से एक सामान्य भाषा और सामान्य संस्कृति का जन्म हो चुका था। तुर्क शासन-व्यवस्था की प्रतिष्ठा के बाद परिवर्तन यह हुआ कि व्यापारिक पूँजीवाद और शक्तिशाली हुआ। दिल्ली, आगरा, काबुल

आदि विनिमय के बड़े केन्द्र सत्ता में आये। सामन्तीय ढाँचा ढीला हुआ। माल उत्पादन में लगी हुई छोटी जातियों—जुलाहा, मोची, खत्री, रँगरेज, धुनियाँ, दर्जी आदि का महत्त्व बढ़ा। उनकी बोली फूटी। लोकभाषाओं में साहित्य रचा जाने लगा। पूरे देश में सामन्तीय वर्ण-व्यवस्था को पीछे ठेलकर मानवीय एकता का उद्घोष करता हुआ भक्ति-आन्दोलन फैल गया। इस आन्दोलन में हिन्दू और मुसलमान दोनों शामिल थे। इस आन्दोलन ने विद्यापति, कबीर, रैदास, नानक, जायसी, सूर, तुलसी, मीरा, दादू जैसे कवियों को जन्म दिया। डॉ. शर्मा इसे 'लोक-जागरण' कहते हैं। इस 'लोक-जागरण' से हमारी जातीय चेतना और जातीय संस्कृति पुष्ट हुई। इन कवियों की चर्चा करते हुए डॉ. शर्मा कहते हैं—"इस तरह हिन्दी-प्रदेश के सांस्कृतिक एकीकरण और जातीय चेतना के विकास में इन कवियों का बहुत बड़ा योगदान है। साथ ही यह जातीय चेतना राष्ट्रीय चेतना के विकास में सहायक हुई" (वही, पृ. 549)। जातीय चेतना, राष्ट्रीय चेतना के विकास में किस प्रकार सहायक हुई? इसे स्पष्ट करते हुए डॉ. शर्मा ने दो अलग-अलग अवसरों पर दो अलग-अलग कारणों का उल्लेख किया है। परम्परा का मूल्यांकन करते हुए वे कहते हैं—"संत-साहित्य भारतीय जनता के प्रेम, घृणा, आशाओं और वेदना का दर्पण है, वह उसके हृदय की सबसे कोमल भावनाओं का प्रतिबिम्ब है। वह उसकी मानवीय सहृदयता, लौकिक जीवन में आस्था और उज्ज्वल भविष्य की कामना का प्रमाण है" (परम्परा का मूल्यांकन, पृ. 49)। तात्पर्य यह कि संत-साहित्य भावना के स्तर पर पूरे भारत का प्रतिबिम्ब है। वह जाति, सम्प्रदाय और क्षेत्र की सीमाओं से ऊपर उठकर सम्पूर्ण भारतीय जनता के हृदय को एकता के सूत्र में बाँधता है। इन्हीं संत और भक्त कवियों के संगीत-प्रेम की चर्चा करते हुए वे यह स्पष्ट करते हैं कि इनका संगीत राष्ट्रीय स्तर पर एकता-विधायक है। वे कहते हैं—"भारत में खासतौर से हिन्दी-प्रदेश में हिन्दू और मुसलमानों ने मिलकर एक बहुत बड़ी संगीत की संस्कृति रची है। कोई राग हिन्दू-राग नहीं है। कोई राग मुस्लिम-राग नहीं है। जो राग हिन्दू गाते हैं, वही राग मुसलमान गाते हैं। हमारी सांस्कृतिक एकता की बहुत ही पुष्ट जमीन हमारा संगीत है" (भारतीय साहित्य की भूमिका, पृ. 371)। डॉ. शर्मा के उपर्युक्त विवेचन से यह स्पष्ट है कि उनकी जातीय चेतना की अवधारणा संकीर्ण नहीं है। वे जातीय चेतना पर विशेष बल क्यों देते हैं? इसे स्पष्ट करते हुए वे कहते हैं—"हिन्दू-जाति का विकल्प केवल 'हिन्दी-जाति' है। हिन्दू-राष्ट्रवाद से लड़ना है तो 'हिन्दी-जातीयता' की भावना को पुष्ट करना होगा और इसके लिए सही इतिहास बोध अत्यन्त आवश्यक है" (भारतीय साहित्य की भूमिका, पृ. 371)। सही इतिहास-बोध क्या है? सही इतिहास-बोध है—'अपनी सामान्य सांस्कृतिक परम्परा की पहचान'। इस सांस्कृतिक परम्परा की पहचान, जिसमें हिन्दू-मुसलमान और हिन्दुओं में द्विज और शूद्र सब मिलकर इतिहास और संस्कृति रचते हैं। हमारी यही ऐतिहासिक परम्परा

हमारी 'जातीय चेतना' का निर्माण करती है। डॉ. शर्मा के शब्द हैं—"गाँधीजी ने जब आन्दोलन चलाया, उससे पहले अवध में किसान-आन्दोलन चलाया गया था। उसकी विशेषता यह थी कि उसमें हिन्दू-मुसलमान, और हिन्दुओं में द्विज और शूद्र, सबने मिलकर भाग लिया था। यह हमारी सामान्य सांस्कृतिक परम्परा है, जिस पर हमें गर्व करना चाहिए। लेखकों के लिए उचित है कि इस परम्परा पर साहित्य रचें और जनता तक उसे ले जाएँ। सबसे शानदार मिसाल 1857-58 के स्वाधीनता संग्राम की है। पूरे हिन्दी-प्रदेश में हिन्दुओं और मुसलमानों ने मिलकर अंग्रेजों का मुकाबला किया। यह हमारी ऐतिहासिक परम्परा है, जिसने हमारी 'जातीय चेतना' का निर्माण किया है" (भारतीय साहित्य की भूमिका, पृ. 371)। अपनी भाषा की चिन्ता, अपनी जातीयता पर गर्व न तो राष्ट्रीयता-विरोधी है, न विश्व मानवता का। इसे ही प्रमाणित करने के लिए डॉ. शर्मा 'भारतीय संस्कृति और हिन्दी-प्रदेश' भाग-2 में रवीन्द्रनाथ टैगोर, सुब्रह्मण्यम् भारती और 'निराला' की जातीय चेतना का विश्लेषण करते हैं। वे दिखाते हैं कि रवीन्द्रनाथ में बंगला जाति, भारत-देश और विश्वमानवता के हित की कामना एकसाथ विद्यमान है। यही स्थिति 'निराला' और सुब्रह्मण्यम् भारती की है। इन दोनों की तुलना करते हुए वे कहते हैं—"भारती की तरह ही 'निराला' का चिन्तन भी समाजवादी विचारधारा के बहुत निकट था। दोनों ही कवियों ने अपने-अपने प्रदेश और भारत के बारे में जो कुछ लिखा है, वह आगे बहुत समय के लिए हमारा मार्गदर्शक है" (भारतीय संस्कृति और हिन्दी-प्रदेश, भाग--2, पृ. 547)। यहाँ एक बात स्पष्ट कर लेनी है कि 'हिन्दी-जाति और हिन्दी की जातीय-परम्परा और चेतना' दोनों एक नहीं हैं। 'हिन्दी-जाति का निर्माण व्यापारिक पूँजीवादी अर्थतन्त्र के विकास के साथ हुआ था। उस समय सामन्तीय व्यवस्था मात्र शिथिल हुई थी। सामन्तीय ढाँचे के भीतर ही व्यापारिक पूँजीवादी व्यवस्था अपना प्रभाव-विस्तार कर रही थी। इसलिए हिन्दी-भाषा के लोक-व्यवहार में आने पर उसमें मात्र भक्ति-साहित्य या लोक-जागरण का ही साहित्य नहीं लिखा गया। सामन्तीय समाज द्वारा पोषित और प्रशासित रीति-काव्य भी लिखा गया, तुलसी के समय में केशवदास भी हिन्दी-भाषा में काव्य-रचना कर रहे थे। वे हिन्दी-जाति के कवि हैं, किन्तु हिन्दी की 'जातीय परम्परा' के कवि नहीं हैं। 'त्रिलोचन' की कविता की समीक्षा करते हुए डॉ. शर्मा ने इस तथ्य को स्पष्ट कर दिया है। वे कहते हैं—"जिस समाज में अनेक वर्ग हों, रहन-सहन और व्यवहार के अनेक स्तर हों, उसमें साहित्य की परम्परा भी अनेक होती है। मोटे तौर पर जैसे एक दरबारी परम्परा, दूसरी गैर-दरबारी परम्परा। इनमें जो परम्परा किसी जाति के सांस्कृतिक विकास में सहायक होती है, उसे हम 'जातीय परम्परा' कहते हैं। दरबारों से बाहर हमारे यहाँ भक्ति साहित्य की परम्परा है और उसके साथ भक्ति से अलग हटकर रहीम जैसे कवियों की धारा है। इन दोनों को मिलाकर हम उसे 'लोकजागरण की धारा' कह सकते हैं।

भारतेन्दु-युग में प्रतापनारायण मिश्र, बालकृष्ण भट्ट जैसे लोगों ने, आगे चलकर 'प्रेमचंद' और 'निराला' जैसे लेखकों ने साहित्य की सामन्त-विरोधी धारा को आगे बढ़ाया। साहित्य की जातीय परम्परा के निर्माता इन लेखकों का साहित्य ही नहीं, उनका जीवन-संघर्ष भी हमारे लिए प्रेरणा का स्रोत है" (संकल्प समीक्षा-दशक, पृ. 207)। इसी निबन्ध के आरम्भ में डॉ. शर्मा ने यह संकेत दिया है कि आधुनिक काल में हिन्दी-जाति के भीतर कौन-कौन से वर्ग हैं और किस वर्ग के हितों से जुड़ी हुई परम्परा को वे हिन्दी जातीय-परम्परा मानते हैं। वे कहते हैं–"जैसे पूँजीपति-जमींदार, किसान-मजदूर, उच्च और निम्न मध्य वर्ग हिन्दी-जाति में हैं, वैसे ही भारत की अन्य जातियों में हैं।" भारत की अन्य जातियों से उनका तात्पर्य बांग्ला, तमिल, मराठी, कन्नड़, तेलुगु, गुजराती आदि भाषाओं को बोलने वालों से है। जाहिर है कि जब हिन्दी-जाति के भीतर इतने सारे वर्ग हैं तो इनके अलग-अलग वर्ग-चरित्र भी होंगे और वर्गीय हित भी। यही स्थिति अन्य जातियों में भी होगी। यह भी स्पष्ट है कि इन सारे वर्गों में पूँजीपति, जमींदार और उच्च वर्ग के लोगों की संख्या अपेक्षाकृत कम होगी। किसान, मजदूर और निम्न मध्य वर्ग के लोगों की संख्या अधिक होगी। डॉ. शर्मा का कहना है–"जो कविता हिन्दी-जाति के बहुसंख्यक भाग की संघर्षशील चेतना की जड़ों को सींचती है, वह इस भाग को अहिन्दी जातियों के बहुसंख्यक भाग से जोड़ती है, हिन्दी-जाति की संघर्षशील चेतना समूचे राष्ट्र की प्रगतिशील चेतना का अंश है, वह इससे समृद्ध होती है और उसे समृद्ध करती है।" अगली पंक्ति में डॉ. शर्मा 'जातियों के बहुसंख्यक भाग' के स्थान पर 'सारी दुनिया के किसान-मजदूर' शब्द रखकर हिन्दी-जाति की संघर्षशील चेतना की जड़ों को सींचने वाली कविता को अन्तर्राष्ट्रीय महत्त्व प्रदान कर देते हैं। वे कहते हैं– "सारी दुनिया के किसान-मजदूर साम्राज्यवादी दासता से मुक्त होकर शान्ति और स्वाधीनता की हवा में साँस लेते हुए सुखी जीवन बिताना चाहते हैं। इस तरह हिन्दी-जाति की संघर्षशील चेतना की जड़ों को सींचने वाली कविता का अन्तर्राष्ट्रीय महत्त्व है" (संकल्प समीक्षा-दशक, पृ. 187)। डॉ. शर्मा के उपर्युक्त विश्लेषण पर ध्यान दें तो हम देखेंगे कि वे बड़े कौशल से हिन्दी की जातीय परम्परा का सम्बन्ध 'हिन्दी-जाति के बहुसंख्यक भाग की' संघर्षशील चेतना से फिर इस संघर्षशील चेतना का सम्बन्ध सारे संसार के किसान-मजदूरों की शान्ति-सुख और मुक्ति-कामना से जोड़कर हिन्दी की जातीय-परम्परा की कविता को प्रगतिशील कविता का पर्याय बना देते हैं। इस क्रम में 'हिन्दी की जातीय-परम्परा', 'बहुसंख्यक शोषित वर्ग' का पर्याय बन गयी है और प्रगतिशील काव्य-मूल्यों की ही पुनःप्रतिष्ठा हो गयी है। अब हम आचार्य शुक्ल के काव्य में लोकमंगल की साधना के 'प्रतिमान' पर विचार करेंगे और देखेंगे कि डॉ. शर्मा के चिन्तन को उनसे कहाँ तक उत्तेजना प्राप्त हुई है, क्योंकि डॉ. शर्मा ने आचार्य शुक्ल के इतिहास को ही सामने रखकर 'लोक जागरण' की चेतना को रेखांकित किया है और 'लोक जागरण'

उनकी 'जातीय परम्परा' की अवधारणा से जुड़ा है।

आचार्य शुक्ल ने 'लोकमंगल की साधना' को काव्य की श्रेष्ठता के प्रतिमान के रूप में प्रतिष्ठित किया है। उनका तर्क है कि लोक में मंगल का विधान करने वाले दो भाव हैं–'करुणा और प्रेम'। 'करुणा' की गति लोक की रक्षा की ओर होती है और 'प्रेम' की गति लोक-रंजन की ओर। इन दोनों भावों को वे सत्त्व गुण-प्रधान मानते हैं। वे कहते हैं–उच्च दशा का 'प्रेम' और 'करुणा' दोनों सत्त्व-गुण-प्रधान हैं। त्रिगुणों में सत्त्वगुण सबसे ऊपर है। यहाँ तक कि उसकी ऊपरी सीमा 'नित्य पारमार्थिक सत्ता' के पास तक–व्यक्त-अव्यक्त की सन्धि तक–जा पहुँचती है। इसी से शायद वल्लभाचार्यजी ने सच्चिदानंद के 'सत्' स्वरूप का प्रकाश करने वाली शक्ति को संधिनी कहा है (रस-मीमांसा, पृ. 70)। इसी क्रम में वे आगे कहते हैं–"यह जगत् अव्यक्तावस्था से छूटी हुई प्रकृति का व्यक्त स्वरूप है। ऐसी स्थिति में मंगल का विधान तभी हो सकता है जब रजस् और तमस् गुण, सत्त्व-गुण के अधीन रहकर कार्य करें" (वही, पृ. 70)। काव्य, भाव-प्रधान होता है। भावों में 'करुणा' और 'प्रेम' सत्त्व-गुण-प्रधान होते हैं। क्रोध, भय, घृणा आदि प्रचण्ड भाव रजस् और तमस् प्रधान होते हैं। आचार्य शुक्ल की मान्यता यह है कि करुणा और प्रेम की लक्ष्य-सिद्धि में सहायक होकर अर्थात् सत्त्व-गुण के अधीन सक्रिय रहकर–क्रोध, भय, घृणा जैसे प्रचण्ड भाव भी सुन्दर हो जाते हैं। उदाहरण के लिए वाल्मीकि रामायण में लोक-पीड़क राक्षस-राज रावण के प्रति राम का कालाग्नि सदृश क्रोध इसीलिए सुन्दर प्रतीत होता है कि वह करुणा से, लोक-रक्षा की भावना से, प्रेरित होकर उसी के लक्ष्य की पूर्ति के लिए कार्य कर रहा है। रावण की मृत्यु के बाद लोक से दुःख की छाया हट जाती है। लोक, पीड़ा और विघ्न-बाधा से मुक्त हो जाता है और तब राम राज्य की स्थापना होती है। यह रामराज्य व्यावहारिक स्तर पर 'सत्' और 'आनन्द' का प्रतीक है। आचार्य शुक्ल के शब्दों में–"लोक की रक्षा 'सत्' का आभास है, लोकमंगल 'परमानन्द' का आभास है। इस व्यावहारिक 'सत्' और 'आनन्द' का प्रतीक है–रामराज्य" (गोस्वामी तुलसीदास, पृ. 23)। इस रामराज्य की व्याख्या करते हुए शुक्लजी कहते हैं–"यह धर्म राज्य है, प्रकृति का रंजन करने वाला है। इस राज्य की स्थापना केवल शरीर पर ही नहीं होती, हृदय पर भी होती है। यह राज्य केवल चलती हुई जड़ मशीन नहीं है–आदर्श व्यक्ति का परिवर्धित रूप है" (वही, पृ. 25)। इसी सन्दर्भ में आचार्य शुक्ल ने 'विरुद्धों के सामंजस्य में कर्मक्षेत्र के सौन्दर्य' का सिद्धान्त स्थापित किया है। उन्होंने कहा है–"लोक में दुःख की छाया को हटाने में ब्रह्म की आनन्द-कला जो शक्तिमय रूप धारण करती है उसकी भीषणता में भी अद्भुत मनोहरता, कटुता में भी अपूर्व मधुरता, प्रचण्डता में भी गहरी आर्द्रता साथ लगी रहती है। विरुद्धों का यही सामञ्जस्य कर्मक्षेत्र का सौन्दर्य है, जिसकी ओर आकर्षित हुए बिना मनुष्य का हृदय नहीं रह सकता"

(रस-मीमांसा, पृ. 59)। ध्यान रखना होगा कि यहाँ भीषणता, कटुता और प्रचण्डता में क्रमशः, मनोहरता, मधुरता और आर्द्रता साथ इसलिए लगी हैं कि उपर्युक्त पुरुष वृत्तियाँ 'सत्त्व'-गुण के अधीन 'करुणा' के लक्ष्य की पूर्ति में ही सहायक होकर गतिशील हैं। स्वतन्त्र नहीं हैं। साधन-मात्र हैं। यहाँ विरोधी शक्तियों की स्वतन्त्र सह-स्थिति नहीं है। वरन् 'सत्त्व' को सफल बनाने के लिए, 'करुणा' और 'प्रेम' को मंगल की सिद्धि तक ले जाने के लिए, रजस् और तमस् अर्थात् प्रचण्ड वृत्तियों का स्वैच्छिक सहगमन है। बेहतर होगा यदि यह कहा जाए कि यहाँ प्रचण्ड वृत्तियों के रूप में 'शील' का ही 'शक्तिमय रूप' मूर्त्त और सक्रिय है। इसलिए पूरा कर्मक्षेत्र सौन्दर्यमय हो गया है। यहाँ दो परस्पर-विरोधी तत्त्व या धर्म एकसाथ समंजसित होकर सक्रिय और गतिशील नहीं हैं, वरन् एक ही तत्त्व-ब्रह्म की आनन्द-कला ने अपने दूसरे शक्तिमय-रूप को लक्ष्य-सिद्धि में सहायक बनाकर साथ ले लिया है। यहाँ विरुद्धों के सामंजस्य की विस्तृत व्याख्या इसलिए करनी पड़ी कि इसे लेकर कभी-कभी भ्रम की स्थिति उत्पन्न कर दी जाती है।

यह प्रश्न बार-बार उठाया गया है कि आचार्य शुक्ल जिस 'लोक' से दुःख की छाया हटाकर मंगल की प्रतिष्ठा करना चाहते थे, उस 'लोक' से उनका तात्पर्य क्या था? आचार्य शुक्ल ने 'लोक' शब्द का प्रयोग यों तो कई अर्थों में किया है। कहीं 'जगत्' के लिए, कहीं 'लोकवाद' या 'समाजवाद' के लिए, कहीं 'मानव-जाति' के लिए और कहीं सम्पूर्ण मानवता के लिए वे लोक शब्द का प्रयोग करते रहे हैं, किन्तु जिस लोक से वे दुःख की छाया हटाना चाहते हैं, निश्चय ही वह दुखिया, पीड़िता और गरीबी का लोक था। दुःख की छाया का लोक सम्पन्नों, प्रभुओं, शासकों और मोटे आदमियों का लोक नहीं हो सकता। जिस समय यह निबन्ध लिखा गया था उस समय हमारा देश गुलाम था। विश्व का सबसे शक्तिशाली साम्राज्यवादी देश हम पर शासन कर रहा था। उसके शासन में देश दिन-प्रतिदिन गरीब होता जा रहा था। सन् 1907 में ही वे अपने देशवासियों को बता देना चाहते थे कि—"प्रत्येक ग्रामवासी को यह जानना चाहिए कि अधिक काम करने के बाद भी उसे उसके बदले में कम क्यों दिया जाता है, प्रत्येक नागरिक को यह साफ-साफ पता होना चाहिए कि उसका देश दिन-ब-दिन और गरीब क्यों होता जा रहा है?" (देखिए, भारत को क्या करना चाहिए? निबन्ध, आलोचना, वर्ष 34, अंक 74)। ऐसी स्थिति में उनकी 'लोक' सम्बन्धी कल्पना में भारत की गरीब, पीड़ित और शासित जनता का बिम्ब अवश्य था। स्वदेशी आन्दोलन को वे गरीबी और भुखमरी दूर करने की दिशा में एक प्रयास मानते थे। इसी निबन्ध में उन्होंने लिखा है—"इस दिशा में स्वदेशी-आन्दोलन द्वारा एक प्रयास किया गया है। यह लाखों लोगों को भुखमरी से बचाने के लिए और नियमित रोजगार के अभाव में भटक रहे लाखों लोगों को काम देने के उद्देश्य से चलाया गया आन्दोलन है" (वही, वर्ष 34, अंक 74)। आचार्य शुक्ल जिसे 'लोक-

मंगल की साधनावस्था' या 'मंगल की प्रतिष्ठा का प्रयत्न-पक्ष' कहते हैं उसमें इस आन्दोलन के रूप में किये गये प्रयत्न की छाया भी देखी जा सकती है। व्यावहारिक स्तर पर इस प्रयत्न के दो पक्ष थे। एक था इसका नैतिक पक्ष और दूसरा था विरोध या संघर्ष का पक्ष। काव्य के स्तर पर विचार करते हुए आचार्य शुक्ल इसे ही 'सत्त्व के अधीन प्रचण्ड भावों की गतिशीलता' मानते हैं। इस प्रकार काव्य में 'लोकमंगल की साधना' की पूरी अवधारणा पर स्वतन्त्रता संघर्ष के इतिहास की छाया देखी जा सकती है। 'आनन्द की सिद्धावस्था' की काव्य-भूमि उनके लिए शुद्ध कल्पना या सम्भावना की भूमि थी। अपने समय के इतिहास में वे उसकी छाया नहीं देख पा रहे थे। उनकी अवधारणा के अनुसार इस भूमि का प्रवर्त्तक भाव 'प्रेम' था। उन्होंने इस भूमि की कल्पना–दीप्ति, माधुर्य और कोमलता की स्निग्ध भूमि; लहलहाते सरस प्रसार और परिमल घटित पुष्प हास के कलकंठ-कूजित क्षेत्र तथा मद और उल्लास की मृदुल तरंगमयी संगीत धारा के मानस-लोक; के रूप में की (रस-मीमांसा, पृ. 72)। इस भूमि के उदाहरण के लिए अपने समय की छायावादी कविताएँ ही उनके दृष्टि-पथ में आयीं। शेष उदाहरण–आर्या सप्तशती, गाथा सप्तशती, अमरूक शतक, गीत-गोविन्द आदि उन्होंने अतीत से दिये और इसकी सिद्धि उन्होंने 'रामराज्य' में देखी।

अब हम आचार्य शुक्ल के 'लोक', 'लोकमंगल' की साधना और 'लोक मंगल-विधायिनी कविता' तथा डॉ. शर्मा के 'हिन्दी-जाति के बहुसंख्यक भाग', उसका 'मुक्ति-संघर्ष' और 'संघर्षशील चेतना की जड़ों को सींचने वाली कविता' के स्वरूप पर तुलनात्मक दृष्टि-निक्षेप करना चाहेंगे। हम देख चुके हैं कि आचार्य शुक्ल का 'लोक गरीबों, पीड़ितों और शोषितों का ही लोक है। वह उच्च, सम्पन्न या प्रभु वर्ग का लोक नहीं है। दुःख की छाया किसी भी समाज के पीड़ित लोगों पर ही पड़ती है। डॉ. शर्मा की हिन्दी-जाति का बहुसंख्यक भाग भी गरीब किसानों, मजदूरों और निम्न मध्यवर्गीय जनों का ही वर्ग है, इसे वे अच्छी तरह स्पष्ट कर चुके हैं। इसलिए आचार्य शुक्ल जिस 'लोक' का मंगल चाहते हैं और डॉ. शर्मा जिस 'वर्ग' की मुक्ति चाहते हैं, उसमें कोई मौलिक भेद नहीं है। भेद शब्दों का है। वह इसलिए कि शुक्लजी काव्य को वर्ग-संघर्ष की दृष्टि से नहीं देखते। वे उसमें मूल्य-संघर्ष देखते हैं। उनकी दृष्टि में जो पीड़क और शोषक है वह अधर्मी और अन्यायी है। जो दुःखी और पीड़ित है, उसका पक्ष धर्म और न्याय का है। इसलिए उनकी दृष्टि में काव्य में न्याय और अन्याय जैसे मूल्यों का संघर्ष होता है। आचार्य शुक्ल के यहाँ संघर्ष अकेली जनता नहीं करती। संघर्ष ब्रह्म की आनन्दकला शक्तिमय रूप धारण करके करती है, जनता इसके साथ होती है। यह अवश्य है कि आनन्द कला का शक्तिमय रूप जनता के साथ एकात्म हो जाता है। इस संघर्ष में 'नर' और 'नारायण' का भेद मिट जाता है। आचार्य शुक्ल की 'लोकमंगल की अवधारणा' के मूल में वाल्मीकीय रामायण है,

रामचरितमानस है। इसलिए वे नारायण को छोड़ नहीं सकते। उनके सामने अपने समय की शोषित-पीड़ित जनता का दुःख-दर्द और संघर्ष भी है, इसलिए उससे भी वे मुख मोड़ नहीं सकते। अतः वे नारायण के शक्ति-रूप और जनता के संघर्ष को एक कर देते हैं। आचार्य शुक्ल के यहाँ संघर्ष एक साधना है। इसलिए साधना है कि यह संघर्ष सत्त्व-गुण के अधीन उसके नियन्त्रण में किया जाता है। संघर्ष करने वाले सात्विक प्रयत्न कर रहे हैं। डॉ. शर्मा के यहाँ यह संघर्ष शुद्ध जनता का संघर्ष है। उसकी सारी नैतिकता 'जनता के अधिकारों के औचित्य' तक सीमित है। यह औचित्य जनता को संघर्ष की प्रेरणा तो देता है, किन्तु उसकी उग्रता और प्रचण्डता को नियंत्रित नहीं करता। डॉ. शर्मा के यहाँ यह संघर्ष मुक्ति-संघर्ष है। मुक्त होने पर जनता शान्ति और स्वाधीनता की हवा में साँस लेते हुए सुखी जीवन बिताना चाहती है। आचार्य शुक्ल के यहाँ प्रयत्न के सफल या साधना की सिद्धि होने पर 'मंगल का विधान' अनिवार्य है। 'आनन्द की सिद्धि' होनी ही है। अपने समय के मुक्ति-संघर्ष से आचार्य शुक्ल का चिन्तन मात्र उत्तेजना प्राप्त करता है। उनके कल्पना-लोक में रामायण का रामराज्य झिलमिलाता रहता है। आचार्य शुक्ल के चिन्तन में इतिहास और मिथक संश्लिष्ट हैं। डॉ. शर्मा का चिन्तन इतिहास की यथार्थ-भूमि का अतिक्रमण नहीं करता। आचार्य शुक्ल की लोकमंगल की साधना या प्रयत्न-पक्ष से जुड़ी हुई कविता और डॉ. शर्मा की हिन्दी-जाति के बहुसंख्यक भाग की संघर्षशील चेतना की जड़ों को सींचने वाली कविता की प्रकृति समान है। दोनों में गत्यात्मक सौन्दर्य है। संघर्ष में गति होती है। यह गति दोनों जगह है। लोक मंगल की साधना की कविता की प्रचण्डता की तह में करुणा की सात्विकता के विद्यमान होने के कारण 'विरुद्धों का सामंजस्य' घटित होता है जो अद्‌भुत सौन्दर्य की सृष्टि करता है। डॉ. शर्मा के यहाँ सौन्दर्य का बीजाधार जनता के अधिकारों का औचित्य-मात्र है।

आचार्य शुक्ल और डॉ. शर्मा की चिन्तन-भूमि में विशेष अन्तर इस बात को लेकर देखा जा सकता है कि आचार्य शुक्ल 'लोकमंगल की साधना या संघर्ष' के बाहर की काव्य-भूमि को खारिज नहीं करते। वे उसमें भी सौन्दर्य देखते हैं। यह सौन्दर्य गत्यात्मक न होकर स्थितिशील है। डॉ. शर्मा बहुसंख्यक पीड़ित जनता की संघर्षशील चेतना की जड़ों को सींचने वाली कविता के बाहर की कविता को लगभग खारिज कर देते हैं, वे हिन्दी की 'जातीय चेतना' को जनता की 'संघर्षशील चेतना' तक सीमित कर देते हैं। इसे लेकर आधुनिक कवियों और समीक्षकों के एक वर्ग ने आपत्ति की है। यह आपत्ति कहाँ तक जायज है? इस प्रश्न पर अलग से विचार करने की आवश्यकता है। यहाँ हम इतना ही कहना चाहेंगे कि 'हिन्दी-जाति' और 'हिन्दी की जातीय चेतना' में अन्तर करके डॉ. शर्मा ने एक तरह का अन्तर्विरोध पैदा कर दिया है। हिन्दी-जाति के भीतर अनेक वर्ग हैं और हो सकते

हैं। उनके स्वार्थ अलग-अलग हो सकते हैं। उनकी रचनाशीलता इन स्वार्थ-भूमियों से प्रभावित भी हो सकती है। इन वर्गों में से बहुसंख्यक वर्ग का अधिकार-संघर्ष अपेक्षाकृत जायज भी हो सकता है, किन्तु 'जातीय चेतना' को पूरी 'हिन्दी-जाति की चेतना' के रूप में देखना ही संगत होगा। काव्य-सौन्दर्य के विवेचन में आप संघर्षशील चेतना के सौन्दर्य को अधिक महत्त्व दे सकते हैं। जैसे नदी के पूरे प्रवाह में वह जलधार भी होती है जो दोनों तटबन्धों को स्पर्श करती रहती है और जिसकी गति मन्द होती है, और वह क्षिप्रधार भी होती है, जो मार्ग के अवरोधों को दूर करती हुई तीव्र वेग से आगे बढ़ती रहती है, किन्तु नदी की पहचान पूरे जल-प्रवाह से होती है। ऐसे ही किसी भी भाषा के साहित्य में जड़ता को तोड़ने वाली संघर्षशील चेतना भी होती है और अपेक्षाकृत स्थिति शक्ति मूल्यों को बिम्बित करने वाली समन्वयशील चेतना भी। किन्तु उस भाषा को बोलने वाली जाति की जातीय चेतना की पहचान दोनों को मिलाकर समग्रता में की जाती है, की जानी चाहिए। यदि किसी भाषा के साहित्य में कई परम्पराएँ हैं, तो परम्परा-विशेष को आप तरजीह दे सकते हैं किन्तु अन्य परम्पराओं को निषिद्ध नहीं कर सकते। भूलना नहीं चाहिए कि स्थितिशीलता न होती तो गतिशीलता की पहचान भी न बनती। आचार्य शुक्ल इस दिशा में सतर्क हैं, वे सूरदास की कविता को सिद्धावस्था की कविता मानते हैं, किन्तु उनका मूल्यांकन करते समय उनके वात्सल्य चित्रण, स्वच्छन्द प्रेम-प्रवाह और दिव्य-सौन्दर्य-चेतना की मुक्तकण्ठ से प्रशंसा करते हैं। स्वयं डॉ. रामविलास शर्मा लोकजागरण के कवियों की पहचान करते समय अपेक्षाकृत उदार हैं। उन्हें आधुनिक हिन्दी-कविता का मूल्यांकन करते समय बहुसंख्यक जनता की संघर्षशील चेतना को महत्त्व देने के साथ ही मानवीय संवेदना को दृष्टि में रखकर यान्त्रिक सभ्यता के प्रतिपक्ष में लिखी जा रही मनुष्य के रागबोध को सुरक्षित रखनेवाली संवेदनशील कविता को भी रेखांकित करना चाहिए था। कुछ भी हो, यह स्वीकार करना होगा कि डॉ. रामविलास शर्मा ने आचार्य शुक्ल के 'लोकमंगल' की साधना के प्रतिमान से प्रेरणा ली है। दोनों में अन्तर संस्कार-भेद का है। सब कुछ के बावजूद आचार्य शुक्ल वस्तुनिष्ठ भाववादी ही हैं। मार्क्सवादी नहीं। वे अपने समय तक के वैज्ञानिक चिन्तन से परिचित थे। प्रत्यक्षवाद (पॉज़िटिविज़्म) से बहुत दूर तंक प्रभावित थे। पदार्थवादी चिन्तन के प्रति उनके मन में आकर्षण था किन्तु वे 'चिद्वाद' को नकार नहीं पाये थे। वे दोनों को सजग-भाव से और आलोचनात्मक दृष्टि से देख रहे थे। वे काव्य में प्रभविष्णुता को महत्त्व देते थे और इसके लिए सत्त्व-गुण की सत्ता आवश्यक मानते थे। उन्होंने स्पष्ट कहा है—"पूर्ण प्रभविष्णुता के लिए काव्य में हम भी सत्त्वगुण की सत्ता आवश्यक मानते हैं, पर दोनों रूपों में—दूसरे भावों की तह में अर्थात् अन्तस्संज्ञा में स्थित अव्यक्त बीज रूप में भी और प्रकाश रूप में भी" (रस-मीमांसा, पृ. 69)। डॉ. शर्मा घोषित मार्क्सवादी हैं। उनके द्वारा स्वीकृत

काव्य-मूल्य भौतिकवादी विचार-भूमि की देन है। भक्तिकालीन संत कवियों के मूल्यांकन में वे संस्कृत-साहित्य से संक्रमित होकर आने वाले औदात्य की चर्चा करते हैं, किन्तु यह स्पष्ट कर देते हैं कि–"साकार ब्रह्म की उपासना के बहाने सन्त-कवियों ने उन मानव-मूल्यों की प्रतिष्ठा की है, जो इस देश की संस्कृति में अमर रहेंगे" (परम्परा का मूल्यांकन, पृ.49)। तात्पर्य यह कि ईश्वरवादी संत कवियों की भाव-सम्पदा में भी लोकोत्तर या अव्यक्त सत्ता से व्यक्त सत्ता को जोड़ने वाला 'सत्त्व-गुण' जैसा कोई तत्त्व नहीं है। जब सन्त कवियों–जिनके काव्य की प्रभविष्णुता निर्विवाद है–की भाव-सम्पदा में 'सत्त्व-गुण' नहीं है, तो आधुनिक कविता में उसकी तलाश व्यर्थ है। आचार्य शुक्ल के लिए प्रभविष्णुता सभी प्रकार के काव्यों की उत्कृष्टता का आधार-तत्त्व है। उसमें भक्ति-भाव और आधुनिक काव्य का भेद नहीं है। तात्पर्य यह कि डॉ. शर्मा का 'जातीय चेतना' का प्रतिमान आचार्य शुक्ल के 'लोकमंगल की साधना' के प्रतिमान से प्रेरित भले हो, उसका विकास नहीं है। अपनी सीमाओं के बावजूद 'लोकमंगल' में व्याप्ति है, जबकि डॉ. शर्मा की 'जातीय चेतना' अपनी व्याप्ति में भी सीमित है।

डॉ. रामविलास शर्मा की इतिहास-दृष्टि

यह तो सर्वविदित है कि डॉ. शर्मा मार्क्सवादी विचारक हैं, इसलिए उनकी इतिहास-दृष्टि मार्क्सवादी व्याख्या से प्रेरित और प्रभावित है। फिर भी उनकी इतिहास-दृष्टि पर विचार करना इसलिए आवश्यक है कि उन्होंने अनेक अवसरों पर ठेठ मार्क्सवादी विचारकों के मतों से अपने को अलग रखा है। 'यांत्रिक भौतिकवाद' और 'द्वन्द्वात्मक भौतिकवाद' में अन्तर किया है और साहित्य एवं संस्कृति को समाज के आर्थिक विकास का प्रतिबिम्ब न मानकर उनकी सापेक्ष स्वायत्तता का समर्थन किया है। डॉ. शर्मा साहित्य के सन्दर्भ में 'इतिहास' के स्थान पर 'परम्परा' शब्द का प्रयोग करना उचित समझते हैं। वे कहते हैं–"जो महत्त्व ऐतिहासिक भौतिकवाद के लिए इतिहास का है, वही आलोचना के लिए साहित्य की परम्परा का है। इतिहास के ज्ञान से ही ऐतिहासिक भौतिकवाद का विकास होता है, साहित्य की परम्परा के ज्ञान से ही प्रगतिशील आलोचना का विकास होता है।" 'साहित्य' की व्याख्या करते हुए वे कहते हैं–"साहित्य मनुष्य के सम्पूर्ण जीवन से सम्बद्ध है। आर्थिक जीवन के अलावा मनुष्य एक प्राणी के रूप में भी अपना जीवन बिताता है। साहित्य में उसकी बहुत-सी आदिम भावनाएँ प्रतिफलित होती हैं, जो उसे प्राणिमात्र से जोड़ती हैं। इस बात को बार-बार कहने में कोई हानि नहीं है कि साहित्य विचारधारा-मात्र नहीं है, उसमें मनुष्य का इन्द्रियबोध, उसकी भावनाएँ, आन्तरिक प्रेरणाएँ भी व्यंजित होती हैं। साहित्य का यह पक्ष अपेक्षाकृत स्थायी होता है।" यहाँ यह ध्यान देने की बात है कि साहित्य के सम्बन्ध में सामान्य मार्क्सवादी विचारधारा ठीक यही नहीं है। किस्टोफर कॉडवेल, जो स्वयं अनेक ठेठ मार्क्सवादी विचारकों से अधिक विवेकशील और उदार हैं, ने कहा है कि–"कविता मनुष्य की उत्पादक या आर्थिक कार्य-प्रणाली है और इस मूल आधार से उसे हटाकर देखने से उसका विकास ठीक-ठीक नहीं समझा जा सकता।" यदि कविता मनुष्य की उत्पादक या आर्थिक कार्य-प्रणाली है तो उसकी विकास-प्रकिया सामाजिक विकास-प्रक्रिया के अनुकूल होनी चाहिए। कुछ मार्क्सवादी आलोचकों ने काव्य के विकास को अर्थ-केन्द्रित मानव-समाज के विकास के साथ जोड़कर देखने की चेष्टा भी की है। 'जर्मन

आइडियोलॉजी' के लेखक कालिंग वुड ने इतिहास के मार्क्सवादी दृष्टिकोण को स्पष्ट करते हुए कहा है—"मानव का इतिहास उसकी आर्थिक, राजनीतिक, कलात्मक, धार्मिक आदि कार्य-कलापों का अलग-अलग समानान्तर इतिहास नहीं है, वरन् वह मूलतः आर्थिक प्रगति का ही इतिहास है। अन्य कार्यकलापों के विकास का कोई क्रमबद्ध रूप स्पष्ट नहीं है। वे तो अपने विकास के प्रत्येक स्तर पर आधारभूत आर्थिक विकास को ही प्रतिबिम्बित करते हैं।" स्वयं कॉडवेल ने कविता के विकास को आदिम शिकारियों से लेकर आज के पूँजीवादी समाज के विकास के साथ रखकर दिखाया है कि—"कविता क्रमशः शोषित श्रमिक वर्ग के यथार्थ जीवन से कटकर पूँजीवादी समाज की मानस-रचना के अनुकूल अमूर्त, वैयक्तिक, टेक्निकल, विचित्र, अगम्य और उसी अनुपात में अनावश्यक तथा अनुपयोगी हो गयी है।" तात्पर्य यह है कि सामान्यतः मार्क्सवादी विचारक सामाजिक, आर्थिक विकास-प्रक्रिया से अलग करके साहित्य की विकास-प्रक्रिया को नहीं देखते। डाक्टर शर्मा साहित्य की विकास-प्रक्रिया को सामाजिक विकास-प्रक्रिया की अनुकृति नहीं मानते। वे कहते हैं—"साहित्य में विकास-प्रक्रिया उसी तरह सम्पन्न नहीं होती जैसे समाज में। सामाजिक विकास-क्रम में सामन्ती सभ्यता की अपेक्षा पूँजीवादी सभ्यता को अधिक प्रगतिशील कहा जा सकता है और पूँजीवादी सभ्यता के मुकाबले समाजवादी सभ्यता को। पुराने चरखे और करघे के मुकाबले मशीनों के व्यवहार से श्रम की उत्पादकता बहुत बढ़ गयी है। पर यह आवश्यक नहीं है कि सामन्ती समाज के कवि की अपेक्षा पूँजीवादी समाज का कवि श्रेष्ठ हो। यह भी सम्भव है कि आधुनिक सभ्यता का विकास कविता के विकास का विरोधी हो और कवि स्वयं बिकाऊ माल बन रहा हो।" डॉ. शर्मा मानवचेतना को आर्थिक सम्बन्धों का प्रतिबिम्ब नहीं मानते। उनका तर्क है कि चेतना को आर्थिक सम्बन्धों का प्रतिबिम्ब मानने पर संस्कृति और साहित्य को भी आर्थिक सम्बन्धों का प्रतिबिम्ब मानना पड़ेगा। यदि संस्कृति और साहित्य आर्थिक सम्बन्धों के प्रतिबिम्ब होते तो किसी भी देश में पुराने आर्थिक ढाँचे के बदलने पर संस्कृति का स्वरूप भी पूरी तरह बदल जाता। रूस का उदाहरण लीजिए। 'सोवियत समाज' 'जारशाही रूस के समाज' से भिन्न है। दोनों के आर्थिक ढाँचों में आधारभूत अन्तर है। 'तोल्स्तोय' जारशाही जमाने का कवि है, किन्तु आज भी वह अत्यधिक लोकप्रिय है। उसकी लोकप्रियता का कारण उसके साहित्य में निहित वह 'जातीय अस्मिता' है, जिस पर रूस को गर्व है। इसी प्रकार शेक्सपीयर सम्राट्वादी था फिर भी मार्क्स उसके साहित्य का अभिनन्दन और समर्थन करते थे, इसलिए कि "सामन्ती संस्कृति के विरुद्ध नवजागरण का नेता शेक्सपीयर निश्चय ही एक विद्रोही कवि था।" वस्तुतः डॉ. शर्मा संस्कृति और साहित्य का सम्बन्ध 'जातीय अस्मिता' से जोड़ते हैं और समाज-व्यवस्था तथा जातीय अस्मिता दोनों की इतिहास-दृष्टि में अन्तर करते हैं। उनके अनुसार, "समाज-व्यवस्था के विचार से इतिहास का प्रवाह

विच्छिन्न है, जातीय अस्मिता की दृष्टि से यह प्रवाह अविच्छिन्न है।" 'जातीय अस्मिता' को डॉ. शर्मा ने बहुत महत्त्व दिया है। समाज-व्यवस्था का परिवर्तन जातीय अस्मिता को खण्डित नहीं करता। 'जातीय अस्मिता' का सम्बन्ध वे जातियों की स्वतन्त्र इकाई से जोड़ते हैं और इस इकाई की पहचान वे भाषा-विशेष की व्यवहार-सीमा के आधार पर निर्धारित करते प्रतीत होते हैं। उनके अनुसार—"हिन्दी, बांग्ला, मराठी, तमिल आदि भाषाएँ बोलने वाले समुदायों को 'जाति' कहते हैं।" जातियों के सांस्कृतिक इतिहास की जानकारी के लिए वे प्राचीन 'गण समाजों' को प्रस्थान-बिन्दु मानकर चलने की बात कहते हैं, क्योंकि 'आधुनिक वर्गों में विभाजित समाज वाली जाति' की विकास-प्रक्रिया का मूल वे 'रक्त सम्बन्ध पर आधारित सामूहिक श्रम करने वाले गण-समाज' को मानते हैं। उनके अनुसार गण-समाजों के विघटन के बाद नये श्रम-विभाजन के आधार पर संघटित वर्णव्यवस्था वाले जनपदों का विकास हुआ और जनपदों के विघटन के बाद 'आधुनिक वर्गों में विभाजित समाज वाली जाति' संघटित हुई। इस प्रकार आधुनिक वर्ग-भेद युक्त जाति का आदि स्रोत प्राचीन गण-समाज है। प्राचीन भारत में 'भरत', 'कोसल' और 'मगध' ये तीन गण-समाज प्रमुख थे। 'भरत-गण' का सम्बन्ध प्राचीन वैदिक भाषा और संस्कृति से था। ये ऋग्वैदिक युग में सरस्वती और यमुना के बीच वाले प्रदेश में बसे हुए थे। मगध-गण आधुनिक बिहार के निवासी थे। ये वेद-विरोधी मतों को मानने वाले थे। स्वाभाविक है कि भरत-गण से इनका विरोध रहता रहा होगा। 'कोसल' 'भरत' और 'मगध' के बीच में था। यहाँ के लोग न तो वैदिक कर्मकाण्ड को विशेष महत्त्व देते थे, न वेद-विरोधी मतों के प्रचार में ही दिलचस्पी रखते थे। ये मानवीय राग-चेतना से बँधे हुए संवेदनशील कविता-कथा-प्रेमी लोग थे। 'महाभारत' और 'रामायण' दोनों की रचना इसी क्षेत्र में हुई। कहना न होगा कि वाल्मीकि से ही काव्य की मानवतावादी परम्परा आरम्भ हुई और महाभारत में व्यास ने घोषित किया कि संसार में मनुष्य से बढ़कर कोई दूसरा नहीं है। यह कोसल-गण ही आज के हिन्दी-क्षेत्र का केन्द्र-बिन्दु है। वैदिक संस्कृति के प्रभावहीन होने पर मगधों की प्रेरणा से जैन और बौद्ध मतों का विशेष प्रचार हुआ, किन्तु शीघ्र ही 'कोसल-गण' ने राम के रूप में एक ऐसे महिमामय व्यक्तित्व को जनमानस में उतार दिया, जिसकी कथा सबकी कथा बन गयी। परिनिष्ठित संस्कृत ने पूरे देश को सांस्कृतिक एकता के सूत्र में बाँध दिया और राम का स्वरूप ही राष्ट्रीय तेजस्विता का वाहक बना। वस्तुतः कृष्ण और राम की कथा के माध्यम से ही हमारी जातीय अस्मिता प्रकट हुई और इनकी अवतार भूमि ही हिन्दी की मुख्य प्रचार-भूमि बनी। 'वाल्मीकि' से लेकर 'निराला' तक हमारी जातीय अस्मिता का प्रवाह अविच्छिन्न है। सामाजिक-आर्थिक विकास की प्रक्रिया की दृष्टि से वैदिक काल से लेकर आज तक समाज-रचना के कई ढाँचे बन-बिगड़ चुके हैं। प्राचीन गण-समाज, फिर वर्ण-व्यवस्था वाले जनपद,

फिर आधुनिक वर्गों में विभाजित जाति और फिर समाजवादी समाज, ये कई ढाँचे अतीत से वर्तमान तक एक-दूसरे से विच्छिन्न लक्षित किये जा सकते हैं। किन्तु 'जातीय अस्मिता' का प्रवाह संस्कृति और साहित्य के माध्यम से अविच्छिन्न रूप में आज तक प्रवाहित है। 'वाल्मीकि' और 'कालिदास' राजसत्ता के समर्थक कवि हैं। 'तुलसी' अपने समय की राजसत्ता से असन्तुष्ट एक आदर्श राजसत्ता की कल्पना से समृद्ध 'मानस' के कवि हैं। 'निराला' स्वतंत्रता-प्राप्ति के लिए साम्राज्यवादी शक्ति से टकराने वाले संघर्ष-चेतना के कवि हैं। किन्तु वाल्मीकि और कालिदास, तुलसी और 'निराला' के लिए प्रणम्य और वन्द्य रहे हैं। इन सभी के माध्यम से हमारे सांस्कृतिक-साहित्य इतिहास की धारा अविच्छिन्न रूप में आज तक प्रवाहित है।

वस्तुतः जैसा आरम्भ में हमने कहा है कि डॉ. शर्मा 'यांत्रिक भौतिकवाद' और 'द्वन्द्वात्मक भौतिकवाद' में तात्त्विक अन्तर मानते हैं। 'यांत्रिक भौतिकवाद' चेतना को आर्थिक सम्बन्धों का प्रतिबिम्ब मानता है। द्वन्द्वात्मक भौतिकवाद मनुष्य की चेतना को आर्थिक सम्बन्धों से प्रभावित मानता है, आर्थिक सम्बन्धों से नियंत्रित नहीं। डॉ. शर्मा का कथन है–"आर्थिक सम्बन्धों से प्रभावित होना एक बात है, उनके द्वारा चेतना का निर्धारित होना और बात है।" इसीलिए डॉ. शर्मा को मनुष्य की चेतना की 'सापेक्ष-स्वाधीनता' स्वीकार है। वे कहते हैं–"यदि मनुष्य परिस्थितियों का नियामक नहीं है तो परिस्थितियाँ भी मनुष्य की नियामक नहीं हैं। दोनों का सम्बन्ध द्वन्द्वात्मक है। यही कारण है कि साहित्य सापेक्ष रूप में स्वाधीन होता है।"

डॉ. शर्मा ने आचार्य शुक्ल द्वारा रचित हिन्दी-साहित्य के इतिहास को पर्याप्त महत्त्व दिया है। इससे यह कल्पना की जा सकती है कि यदि वे पूरा इतिहास लिखते तो उनकी दृष्टि आचार्य शुक्ल के इतिहास को आदर्श मानकर चलती। इतिहास-रचना के क्षेत्र में आचार्य शुक्ल के महत्त्व को स्वीकार करते हुए डॉ. शर्मा कहते हैं–"लेकिन शुक्लजी का महत्त्व सबसे ज्यादा इतिहास के अध्ययन की एक व्यवस्थित पद्धति कायम करने में है, अनुसन्धान में नहीं। अनुसन्धान से कुछ ग्रन्थों की तिथियों में हेर-फेर हो सकता है, कुछ ग्रन्थ जाली साबित हो सकते हैं, कुछ नये ग्रन्थ सामने आ सकते हैं, लेकिन यह हर किसी रिसर्च स्कॉलर का काम नहीं है कि वह इतिहास के अध्ययन की एक व्यवस्थित पद्धति भी कायम कर दे।" उपर्युक्त कथन से यह झलकता है कि इतिहास के अध्ययन की जो पद्धति शुक्लजी ने कायम की वह बहुत कुछ डॉ. शर्मा को मान्य है। डॉ. शर्मा ने हिन्दी-साहित्य के इतिहास की मुख्यतः तीन समस्याओं को उठाया है। काल-विभाजन की समस्या, साहित्य के जातीय रूप और उसकी जातीय विशेषताओं की समस्या तथा नाटक, उपन्यास, निबन्ध आदि साहित्य के रूपों की समस्या। इन तीनों समस्याओं का जो समाधान आचार्य शुक्ल ने किया है, उससे डॉ. शर्मा सहमत प्रतीत होते हैं, क्योंकि इन तीनों के सम्बन्ध में आचार्य शुक्ल ने जो स्थापनाएँ की हैं उनकी विस्तृत चर्चा करने के बाद भी डॉ. शर्मा ने कहीं

भी उनसे अपनी असहमति व्यक्त नहीं की है। शुक्लजी के इतिहास की प्रशंसा में वे कहते हैं–"शुक्लजी अपने समय में तो इतिहास-लेखन में दिग्विजयी हुए ही थे, उनके बाद उनका काल-विभाजन या हिन्दी-साहित्य की मुख्य धाराओं का विभाजन बहुत कुछ अपने मूलरूप में कायम है। कुछ लोगों ने जोर बहुत लगाया, लेकिन शुक्लजी की कायम की हुई व्यवस्था टस-से-मस न हुई। वीरगाथा, निर्गुण और सगुण भक्ति, प्रेम कथानक, रीतिकाव्य, भारतेन्दु-युग, छायावाद आदि का सिलसिला अब भी चला आता है।"

इसका यह अर्थ कदापि नहीं है कि डॉ. शर्मा पूरे हिन्दी-साहित्य को ठीक उसी रूप में देखते हैं, जिस रूप में आचार्य शुक्ल ने देखा है। अनेक अवसरों पर उन्होंने अपनी स्वतन्त्र और महत्त्वपूर्ण स्थापनाएँ की हैं। उदाहरण के लिए सन्त-साहित्य के विषय में वे कहते हैं–"भारतीय जीवन की जिस परिस्थिति से सन्त-साहित्य का घनिष्ठ सम्बन्ध है, वह है, सामन्ती-शक्ति का ह्रास, सामन्ती ढाँचे का कमजोर पड़ना। कुछ लोगों का विचार है कि अंग्रेज़ी राज कायम होने से पहले भारत में सामन्तवाद पूरी शक्ति से जमा हुआ था। यह धारणा इतिहास के तथ्यों के विपरीत है। 15वीं, 16वीं, और 17वीं सदी में यहाँ व्यापार की बड़ी-बड़ी मण्डियाँ कायम होती हैं, पचीसों नगर व्यापार और सांस्कृतिक आदान-प्रदान के केन्द्र बनकर उठे खड़े होते हैं। सामाजिक जीवन की बागडोर सामन्तों के ही हाथ में नहीं रहती, व्यापारी भी उसमें हाथ बँटाने लगते हैं। राज्यसत्ता सामन्तों के हाथ में रहती है, लेकिन बहुत से सामन्त भी अपनी शक्ति के लिए व्यापारियों का सहारा लेते हैं।" डॉ. शर्मा की स्थापना है कि व्यापारियों की शक्ति बढ़ने से जुलाहों, कारीगरों, किसानों को भी शक्ति मिली थी और वे मुखर हो उठे थे। डॉ. शर्मा के अनुसार सामन्तीय शक्तियों के ह्रास और व्यापारिक उद्योगपतियों के अभ्युदय से समाज के निचले वर्ग में जो जागृति आयी, उसे 'लोक-जागरण' के रूप में देखना चाहिए और यहीं से हिन्दी-साहित्य के इतिहास के आधुनिक काल की शुरुआत माननी चाहिए। आचार्य शुक्ल ने जिसे 'भक्तिकाल' कहा है, वस्तुतः उसे 'आधुनिक काल' कहा जाना चाहिए। डॉ. शर्मा 'भक्तिकाल' और 'रीतिकाल' की स्थिति अलग-अलग नहीं मानते। दोनों को समानान्तर मानते हैं। वे कहते हैं–"शुक्लजी ने 'भक्तिकाल' और 'रीतिकाल' नाम से दो काल स्थापित करके अनेक आलोचकों के लिए अनावश्यक कठिनाइयाँ पैदा कर दी हैं। ये कठिनाइयाँ स्वयं उनके लिए नहीं थीं। वह बहुत अच्छी तरह जानते थे कि रीतिकाल के आचार्य केशवदास और भक्त शिरोमणि तुलसीदास समकालीन थे, एक ही काल के कवि थे।" डॉ. शर्मा की यह स्थापना आचार्य शुक्ल की इतिहास-दृष्टि से स्वतन्त्र है। इसी प्रकार 'भारतेन्दु', महावीरप्रसाद द्विवेदी, 'प्रेमचंद' और 'निराला' को राष्ट्रीय-जागरण और प्रगतिशील-चेतना के विकास के सन्दर्भ में जो महत्त्व डॉ. शर्मा ने दिया है वह आचार्य शुक्ल नहीं दे सके हैं। डॉ. शर्मा आचार्य शुक्ल को इसलिए

महत्त्व देते हैं कि उनकी दृष्टि में शुक्लजी की चिन्तन-पद्धति द्वन्द्वात्मक है। इतिहास-रचना में भी शुक्लजी की यह द्वन्द्वात्मक चिन्तन-पद्धति क्रियाशील रही है। आचार्य शुक्ल ने साहित्य के प्रतिक्रियावादी तत्त्वों को पहचाना है और उनका सशक्त विरोध किया है। डॉ. शर्मा ने लिखा है—"आचार्य शुक्ल हिन्दी-प्रदेश की पददलित और अपमानित जनता के सम्मान-रक्षक थे। एक पराधीन देश में जातीय सम्मान की भावना एक साम्राज्यविरोधी क्रान्तिकारी भावना है। जातीय सम्मान की भावना का सही विकास तब होता है, जब एक ओर वह अपने ही रूढ़िवाद का विरोध करे और दूसरी ओर वह अन्तर्राष्ट्रीयता की भावना से जुड़ी हो। शुक्लजी में दोनों ही बातें पायी जाती हैं। एक ओर तो वे 'दरबारी काव्य-परम्परा', 'चमत्कार' आदि के कट्टर विरोधी हैं, दूसरी ओर उन्होंने भारतीय स्वाधीनता आन्दोलन को विश्वसाम्राज्य विरोधी आन्दोलन का ही एक अंग बतलाते हुए इसे एक बहुत बड़ी बात कहा था।" आचार्य शुक्ल की इतिहास-दृष्टि और द्वन्द्वात्मक चिन्तन-पद्धति से मूल रूप में सहमत होते हुए भी डॉ. शर्मा ने हिन्दी-साहित्य के इतिहास-लेखन के सम्बन्ध में कुछ मौलिक स्थापनाएँ की हैं, जिन्हें आचार्य शुक्ल की इतिहास-दृष्टि का पूरक माना जा सकता है। उनकी स्थापनाओं को सूत्र-रूप में इस प्रकार क्रमबद्ध किया जा सकता है—

1. किसी भी भाषा के साहित्य का इतिहास लिखने के लिए उस भाषा का व्यवहार करने वाले मानव-समाज के गठन के स्वरूप पर विचार करना आवश्यक है। यह देखना आवश्यक है कि वह समाज पूँजीवादी है, या सामन्ती है, या कबीलाई है। अभी तक भारतीय साहित्य का इतिहास विभिन्न भारतीय भाषाएँ बोलने वाली जातियों के गठन को ध्यान में रखकर नहीं लिखा गया है।
2. भारत की विभिन्न भाषाएँ बोलने वाली आधुनिक जातियों का निर्माण अंग्रेजी राज कायम होने के पहले हुआ या बाद में? अंग्रेजी राज की प्रगतिशील भूमिका स्वीकार करने वाले इतिहासकार इन जातियों का निर्माण अंग्रेजी राज कायम होने के बाद से मानते हैं। यह मत भ्रान्त है। अंग्रेजों से पहले यहाँ तुर्कों ने अपना राज कायम किया था। क्या इससे भारतीय समाज के विकास में कोई सहायता मिली थी? यह प्रश्न भी विचारणीय है
3. समाज और साहित्य का इतिहास लिखते समय धर्म और सम्प्रदाय के विवेचन को आधार बनाया जाय या नहीं? हम बौद्ध स्थापत्य, मुस्लिम स्थापत्य, हिन्दू स्थापत्य जैसे विभाजन करते हैं, पर 'हिन्दू-संगीत' और 'मुस्लिम-संगीत' जैसे विभाजन नहीं करते। इसी प्रकार नृत्य के सन्दर्भ में भी हम 'बौद्ध-नृत्य','हिन्दू-नृत्य' या 'मुस्लिम-नृत्य' जैसे विभाजन नहीं करते। यदि हम विभिन्न कलाओं के व्यापक सन्दर्भ में साहित्य के इतिहास पर विचार करें तो समस्याओं को सुलझाने में मदद मिलेगी।
4. भारत में बहुजातीय राष्ट्रीयता का विकास हुआ है। यह मानव-समाज की एक

विशिष्ट उपलब्धि है। मार्क्सवादी समाजशास्त्र में बहुजातीय राष्ट्र की निर्माण-प्रक्रिया का विवेचन नहीं के बराबर है। इसलिए मार्क्सवादी समाजशास्त्रीय दृष्टि से भारत जैसे बहुजातीय राष्ट्र के साहित्येतिहास-लेखन का काम चुनौती-भरा है।

5. भारतीय साहित्य के इतिहास-लेखक को विभिन्न भारतीय भाषाओं के आपसी सम्बन्धों पर भी विचार करना होगा। भारत की किसी भी भाषा के साहित्य का इतिहास अखिल भारतीय परिप्रेक्ष्य में ही लिखा जाना चाहिए।
6. भारतीय भाषाओं के विकास-क्रम के सम्बन्ध में प्रचलित धारणा—वैदिक संस्कृत-संस्कृत प्राकृत-अपभ्रंश पुरानी हिन्दी-हिन्दी—भ्रान्त है। देशी भाषाएँउतनी ही प्राचीन हैं जितना भरत का नाट्यशास्त्र। सामन्तवर्ग ने प्राकृत भाषाओं को प्रश्रय दिया। इसलिए देशी भाषा दबी हुई थीं। 11वीं सदी में जातीय भाषाओं के अभ्युदय की जमीन तैयार हुई। इसी समय कारीगरों और व्यापारियों के बड़े वर्ग निर्मित हुए। समाज में द्रव्यतन्त्र और विनिमय का विकास हुआ। इसके साथ सामन्ती व्यवस्था के गर्भ में पूँजीवादी सम्बन्धों का प्रसार हुआ। 19वीं सदी को नयी जातियों के निर्माण का प्रारम्भिक काल मान सकते हैं। इसी समय से आधुनिक भाषाओं में जातीय-साहित्य की रचना आरम्भ होती है। सामाजिक विकास-क्रम में यह सामन्ती-व्यवस्था के विघटन और व्यापारिक पूँजीवाद के अभ्युदय का युग है। वस्तुतः यह मध्ययुग की शुरुआत नहीं, आधुनिक युग की शुरुआत है। भारतीय भाषाओं के साहित्येतिहास को इसी क्रम में देखा जाना चाहिए।

हिन्दी-साहित्य को हिन्दी-जाति के साहित्य के रूप में देखा जाना चाहिए। शुक्लजी ने हिन्दी-साहित्य के इतिहास को हिन्दी-जाति के इतिहास के रूप में देखने की परम्परा का सूत्रपात किया है। हिन्दी-जाति के भीतर हिन्दू और मुसलमान दोनों आते हैं। भक्ति-साहित्य हमारे जातीय जागरण का साहित्य है। अपभ्रंश-साहित्य की प्रकृति सामन्ती है। भक्ति-साहित्य की प्रकृति सामन्त-विरोधी है। भक्ति-साहित्य में कर्मकाण्ड का विरोध है। मानव-जीवन के यथार्थपरक चित्रण की प्रवृत्ति है। दुःखी जनों के प्रति गहरी संवेदना है। ये विशेषताएँ भक्ति-साहित्य के मानवतावादी स्वर को स्पष्ट करती हैं। यह लोक जागरण का काल है। हिन्दी-साहित्य में मुख्यतः दो धाराएँ समानान्तर प्रवाहित हुई हैं—'रीतिवादी धारा' और 'लोकवादी धारा'। वीरगाथा-काल 'रीतिवाद' का प्रथम उत्थान है। रीतिकाल, उत्तर मध्यकाल, 'रीतिकाल' का द्वितीय उत्थान है। भारत का आधुनिक साहित्य अभिन्न रूप में स्वाधीनता-आन्दोलन से सम्बद्ध है।

उपयुर्क्त विवेचन के आधार पर कहा जा सकता है कि डॉ. शर्मा की इतिहास-दृष्टि मार्क्सवादी इतिहास-दृष्टि पर आधृत होने पर भी अपनी निजी पहचान बनाये हुए है। उन्होंने साहित्य की प्रवृत्ति के सामाजिक आधार की तलाश गहराई में जाकर की है। सामाजिक विकास की प्रक्रिया से साहित्यिक विकास की प्रक्रिया को अलग

करके और उसकी परम्परा को अविच्छिन्न प्रमाणित करके उन्होंने पूरी साहित्य-परम्परा में, जातीय अस्मिता की दृष्टि से, एक प्रकार से सातत्य देखने की चेष्टा की है। यांत्रिक भौतिकवाद से द्वन्द्वात्मक-भौतिकवाद को अलग करके उन्होंने साहित्य की जो 'सापेक्ष स्वायत्तता' सिद्ध की है, वह भी एक महत्त्वपूर्ण स्थापना है। यह सत्य है कि उन्होंने हिन्दी-साहित्य का कोई पूर्ण और व्यवस्थित इतिहास नहीं लिखा है, किन्तु साहित्य की अनेक प्रवृत्तियों, कवियों तथा लेखकों की पूरे इतिहास के विकास-क्रम में जिस प्रगतिशील भूमिका का उन्होंने विवेचन किया है, उससे हिन्दी-साहित्य के विद्यार्थियों को नवीन दृष्टि प्राप्त होती है। वे विभिन्न कलाओं के व्यापक सन्दर्भ में साहित्य के इतिहास पर विचार करने का प्रस्ताव रखते हैं और यह मानते हैं कि साहित्य का इतिहास इनसे अविच्छिन्न है। उन्होंने साहित्यिक प्रवृत्तियों के अतिरिक्त दार्शनिक चिन्तन और धार्मिक मान्यताओं के सामाजिक आधार का भी विश्लेषण किया है। हिन्दी-साहित्य के इतिहास-लेखक के सामने आने वाली यह एक अतिरिक्त समस्या है, क्योंकि हिन्दी के अनेक कवियों को किसी दार्शनिक पद्धति से जोड़ कर देखा गया है—दार्शनिक चिन्तन और धार्मिक मान्यताओं के सामाजिक आधार का विवेचन कठिन कार्य है। यह कठिन कार्य डॉ. शर्मा ने बड़े आत्मविश्वास से किया है। डॉ. शर्मा यह स्वीकार करते हैं कि प्राचीन साहित्य में वर्ग-चेतना स्पष्ट नहीं है, किन्तु वह नितान्त अलक्षित हो, ऐसा भी नहीं है। उन्होंने इस वर्ग-चेतना को पहचान कर इतिहास के व्यापक फलक पर उसे रेखांकित करने की भी चेष्टा की है। डॉ. शर्मा हिन्दी-साहित्य के इतिहास-लेखन की कठिनाइयों से भलीभाँति परिचित हैं। एक स्पष्ट और सुनिश्चित इतिहास-दृष्टि के अनुसार हिन्दी-साहित्य की विशेषताओं को व्यवस्थित करने की कठिनाई के अतिरिक्त हिन्दी के वैज्ञानिक स्वरूप और उसकी प्रकृति की सीमाओं को ध्यान में रखकर उसके साहित्य को हिन्दी में शामिल किया जाय या नहीं? 'मैथिली' को एक स्वतन्त्र भाषा माना जाय या हिन्दी की एक बोली? 'उर्दू' के साहित्य को हिन्दी में सम्मिलित किया जाय या नहीं? ये समस्याएँ हिन्दी-साहित्य के इतिहास-लेखक के सामने चुनौती के रूप में हैं। डॉ. शर्मा स्वयं इन सभी समस्याओं का समाधान नहीं कर सके हैं। इन सबके बावजूद हिन्दी-साहित्य के सामाजिक आधार को विश्लेषित करने में उन्होंने जिस विवेक, निष्ठा, साहस, अध्ययनशीलता और वैचारिक प्रतिबद्धता का परिचय दिया है, वह श्लाघ्य है।

1857 का स्वतंत्रता संग्राम और हिन्दी साहित्य : डॉ. शर्मा की स्थापनाओं के सन्दर्भ में

सन् 1857 के स्वतंत्रता संग्राम और भारतेन्दु युग के सम्बन्ध में विचार करते हुए डॉ. रामविलास शर्मा ने कहा है–"भारतेन्दु युग उत्तर भारत में जन-जागरण का प्रारम्भिक दौर नहीं है, वह जन-जागरण की पुरानी परम्परा का एक खास दौर है। जन-जागरण की शुरुआत तब होती है, जब यहाँ बोलचाल की भाषाओं में साहित्य रचा जाने लगता है, जब यहाँ के विभिन्न प्रदेशों में आधुनिक जातियों का गठन होता है। यह सामन्त विरोधी जन-जागरण है। भारत में अंग्रेजी राज कायम करने के सिलसिले में प्लासी की लड़ाई से 1857 के स्वाधीनता संग्राम तक जो युद्ध हुए, वे जन-जागरण के दूसरे दौर के अन्तर्गत हैं। यह दौर पहले से भिन्न है, मुख्य लड़ाई विदेशी शत्रु से है। यह साम्राज्य-विरोधी जन-जागरण है। भारतेन्दु-युग इस जन-जागरण से जुड़ा हुआ है" (भारतेन्दु हरिश्चन्द्र और हिन्दी नवजागरण की समस्याएँ, पृ. 1)। इसके बाद डॉ. शर्मा ने स्वतंत्रता संग्राम से भारतेन्दु-युग को जोड़ने वाले दो सूत्रों का उल्लेख किया है–(1) राष्ट्रीय स्वाधीनता का उद्देश्य और (2) अंग्रेजी राज के स्वरूप की पहचान।

डॉ. शर्मा ने कई ऐतिहासिक साक्ष्यों को सामने रखकर प्रमाणित किया है कि 1857 के स्वतंत्रता सेनानियों का उद्देश्य अंग्रेजों को सारे भारत से निकालना था, किसी एक क्षेत्र या प्रदेश से नहीं। जहाँ तक अंग्रेजी राज के स्वरूप की पहचान का प्रश्न है, स्वतंत्रता सेनानी यह जानते थे कि अंग्रेजों ने सुनियोजित तरीके से भारतीय उद्योग-धन्धों को नष्ट किया है और वे हर तरीके से देश की सम्पदा को लूटना चाहते हैं। अंग्रेजी राज को खत्म किये बिना देश की आर्थिक प्रगति नहीं हो सकती।

बहादुरशाह ने 25 अगस्त 1857 को जो घोषणापत्र जारी किया था, उसमें साफ़ कहा गया था कि शाही राज कायम होने पर व्यापारियों के प्रति अंग्रेजों की धोखाधड़ी खत्म कर दी जाएगी, उन्हें जल-थल में हर चीज के व्यापार की सुविधा होगी और "माल

ढोने के लिए उन्हें भाप से चलने वाले सरकारी वाहनों और जहाजों के उपयोग की निःशुल्क सुविधा दी जाएगी, जिन सौदागरों के पास अपनी पूँजी न होगी, उन्हें सार्वजनिक कोष से सहायता मिलेगी'' (उप., पृ. 18)। उपर्युक्त दोनों ही सूत्र भारतेन्दु युग के साहित्य में विद्यमान हैं। 22 दिसम्बर 1872 की कविवचनसुधा में भारतेन्दु ने लिखा था कि भारत का व्यापार अंग्रेजों के हाथ में है। ''कपड़ा, झाड़-फ़ानूस, खिलौने, कागज और पुस्तक इत्यादि सब वस्तु विलायत से आवेंगी और उसके बदले यहाँ से द्रव्य जाएगा।'' 9 मार्च 1874 की कविवचनसुधा में लिखा गया था, ''कपड़ा बनाने वाले, सूत निकालने वाले, खेती करने वाले आदि सब भीख माँगते हैं।'' 'कविवचनसुधा' के इसी अंक में भारतेन्दु ने भारत के उद्योगीकरण पर बल देते हुए लिखा था, ''जो-जो विद्वान् और विचारी मनुष्य हों, उनको उचित है कि अपने द्रव्य की वृद्धि के निमित्त जितने भाप के यंत्र मँगा सकें, मँगायें'' (उप., पृ. 19)। भारतेन्दु ने भारत के आर्थिक ह्रास का कारण अंग्रेजी राज को माना है, स्वदेशी वस्तुओं के व्यवहार पर बल दिया है और यह अनुभव किया है कि आर्थिक-सांस्कृतिक विकास के लिए भारत का स्वतंत्र होना आवश्यक है। उनका विश्वास था कि, ''जिस प्रकार अमेरिका उपनिवेशित होकर स्वाधीन हुआ वैसे ही भारतवर्ष भी स्वाधीनता-लाभ कर सकता है'' (उप., पृ. 19)।

डॉ. शर्मा ने इन सूत्रों की खोज उन लोगों के भ्रम को दूर करने के लिए की है, जो यह मानते हैं कि 1857 में कुछ देशी सामंत अपने स्वार्थों के लिए ही लड़े थे और भारतेन्दुयुगीन साहित्य की मुख्यधारा अंग्रेजी राज के प्रति भक्तिभाव से प्रेरित है। ऐसे ही लोग 1857 से भारतेन्दु युग को जोड़ने वाला कोई सूत्र नहीं देख पाते। यह भ्रम सम्भवतः इसलिए उत्पन्न हुआ है कि भारतेन्दुकालीन साहित्य में न तो 1857 के संग्राम का प्रशंसात्मक उल्लेख है, न इस संग्राम में भाग लेने वाले सैनिकों की स्वातंत्र्य-चेतना का स्पष्ट कथन। डॉ. शर्मा का मानना है कि भारतेन्दु युग के लेखक अंग्रेजी राज की आलोचना अंग्रेजी कानून की सीमाओं के भीतर ही कर सकते थे, इसलिए उन्होंने राजभक्ति की आड़ में जनता के दुःख-दर्द की ओर ध्यान आकृष्ट किया है। भारतेन्दुकालीन लोक-साहित्य में 1857 के स्वतंत्रता संग्राम की चर्चा ओजस्वी स्वर में की गयी है। ऐसा इसलिए हो सकता है कि लोक-साहित्य अधिकारियों की पकड़ के बाहर था। इसमें सन्देह नहीं कि भोजपुरी, अवधी, बुन्देली, ब्रज आदि के लोक-साहित्य में 1857 के स्वतंत्रता संग्राम और उसमें शौर्य दिखाने वाले बाबू कुँवर सिंह, अमर सिंह (कुँवर सिंह के भाई), बेनीमाधव सिंह (शंकरपुर के राजा), देवी बख्श सिंह (गोण्डा के राजा), बलभद्र सिंह (चहलारी के राजा), बेगम हजरत महल, रानी लक्ष्मीबाई, तात्या टोपे आदि के शौर्य की भूरि-भूरि प्रशंसा की गयी है।

भोजपुरी के एक बिरहा में तो कुँवर सिंह का यह दर्द व्यक्त किया गया है कि डुमराँव का राज, जिससे मैं आशा कर रहा था, अंग्रेजों से मिल गया और मैं 'सुराज'

नहीं ले पाया। डॉ. विश्वमित्र 'उपाध्याय ने भारतीय क्रान्तिकारी आन्दोलन और हिन्दी-साहित्य' शीर्षक अपने शोध-प्रबन्ध में ऐसे कई लोकगीत उद्धृत किये हैं। यह भी सत्य है कि भारतेन्दुकाल के चर्चित

कवियों—भारतेन्दु, प्रतापनारायण मिश्र, चौधरी प्रेमघन आदि ने 1857 के संग्राम का प्रशंसात्मक उल्लेख नहीं किया है, किन्तु यह सत्य नहीं है कि भारतेन्दु युग के पूरे साहित्य में 1857 के संग्राम का प्रशंसात्मक उल्लेख नहीं है। हमारे सामने 1857 के क्रान्तिकारी अखबार 'पयामे आजादी' (जिसकी एक प्रति ब्रिटिश म्यूजियम, लन्दन में सुरक्षित है) में प्रकाशित वह प्रयाणगीत है जो 1857 के विद्रोही सैनिक गाते थे। गीत की कुछ पंक्तियाँ इस प्रकार हैं

हम हैं इसके मालिक हिन्दुस्तान हमारा।
पाक वतन है कौम का जन्नत से भी प्यारा॥

× × ×

आया फिरंगी दूर से, ऐसा मंतर मारा।
लूटा दोनों हाथ से, प्यारा वतन हमारा।
आज शहीदों ने है तुमको अहलेवतन ललकारा।
तोड़ो गुलामी की जंजीरें, बरसाओ अंगारा ॥
हिन्दू मुसलमाँ सिख हमारा भाई-भाई प्यारा।
यह है आजादी का झंडा इसे सलाम करो॥

इस प्रयाण गीत में 1857 के संग्राम का उद्देश्य और अंग्रेज़ी राज का स्वरूप दोनों स्पष्ट हैं। 1857 के सैनिक अपने पाक वतन के लिए लड़ रहे थे, गुलामी की जंजीरें तोड़ने के लिए लड़ रहे थे, आजादी के झण्डे के नीचे एकजुट होकर लड़ रहे थे और जिसके विरुद्ध लड़ रहे थे वह बाहर से आने वाला फिरंगी था, जो दोनों हाथों से प्यारे वतन को लूट रहा था। इस लूट से वतन को बचाना था और इसीलिए गुलामी की जंजीरें तोड़ कर देश को आजाद कराना था।

उपर्युक्त प्रयाण गीत के अतिरिक्त बाबू कुँवर सिंह के आश्रित कवि 'राम' और अमर सिंह (कुँवर सिंह के भाई) के आश्रित कवि शिवराय ने इन दोनों वीरों के शौर्य का ओजस्वी वर्णन किया है। रायबरेली जिले के हमीर गाँव के निवासी बजरंग ब्रह्म भट्ट ने राना बेनीमाधव सिंह की वीरता की प्रशंसा की है। ब्रज प्रदेश के कवि हरिफूल सिंह ने रानी लक्ष्मीबाई और तात्या टोपे के शौर्य की सराहना की है। हरिफूल सिंह ने तो फिरंगियों का साथ देने वाले सिंधिया को हरामखोर तक कह दिया है। 1857 के स्वतंत्रता संग्राम में अवध क्षेत्र के कुछ राजाओं ने अंग्रेज़ों का साथ दिया था। बलरामपुर के राजा दिग्विजय सिंह उनमें से एक थे। अयोध्या के राजा मानसिंह पहले बेग़म हज़रत महल के साथ थे, बाद में अंग्रेज़ों के साथ हो गये थे। दिग्विजय सिंह के आश्रित कवि गोकुलप्रसाद 'ब्रज' ने 'दिग्विजय प्रकाश' लिखा है। इसमें

दिग्विजय सिंह का जीवनवृत्त छन्दोबद्ध है। इसमें 1857 के स्वतंत्रता संग्राम का विस्तृत वर्णन है। गोकुलप्रसाद भारतेन्दु के समकालीन थे। उम्र में भारतेन्दु से 30 वर्ष बड़े थे, किन्तु लम्बी उम्र पाकर 1915 ई. तक जीवित रहे। गोकुलप्रसाद अपने आश्रयदाता की नीति के विरुद्ध नहीं जा सकते थे। इसलिए इन्होंने स्वतंत्रता सेनानियों के शौर्य की प्रशंसा नहीं की है किन्तु यह लिखा है कि धर्म-हानि के डर से सारी पलटन अंग्रेज़ों के विरुद्ध संघटित हो गयी थी और हिन्दू-मुसलमान एक होकर अंग्रेज़ी शासन के विरुद्ध लड़े थे। आपने लिखा है–

लिखे तिलंगन हाल यह, सब पलटन के पास।
धर्म हानि चाहत कियो, होउ सहाय सहास

× × ×

सूबो अवध माँहिं भो सोरा। जितनी रही सैन चहुँ ओरा।
बदलि गए सब देस सिपाही। साहेबा सासन मानत नाहीं॥

विद्रोही सिपाहियों में हिन्दू-मुसलमान दोनों थे और वे आपस में गंगा और कुरान की कसम खाकर महमदी झण्डे के नीचे एक होकर लड़ रहे थे–

मिले तिलंगे मुसलमान को, कहो दीन की हानि।
आपुस माहिं कसम को खाये, गंगा कुरान बखान।
झ.डा महा महमदी लीने देने को निज प्रान॥

राजा मानसिंह का नाम बेग़म हज़रत महल के समर्थकों और अंग्रेज़ अधिकारियों के मित्रों, दोनों में मिलता है। यह भी सच है कि उन्होंने चारबाग की लड़ाई में बेग़म की तरफ से लड़ते हुए फिरंगियों के छक्के छुड़ा दिये थे और यह भी सही है कि उन्होंने अपने शाहगंज के किले में अंग्रेज़ स्त्रियों और बच्चों को शरण दी थी। लछिराम कवि इनके आश्रित थे। लछिराम ने 'मानसिंह जंगाष्टक' लिखा है। यह ग्रन्थ उपलब्ध नहीं है। निश्चय ही इसमें मानसिंह के युद्धों का वर्णन किया गया होगा। सन् 1856 में जब लखनऊ का सूबा नवाब वाजिदअली शाह से छीन लिया गया था, उस समय पश्चिमोत्तर प्रदेश के छोटे लाट के सभापतित्व में लखनऊ में दरबार हुआ था। इस दरबार में मानसिंह को पहली कुर्सी मिली थी। उस समय लछिराम ने उनकी प्रशंसा में कवित्त पढ़ा था। इससे यह प्रमाणित होता है कि मानसिंह अंग्रेज़ों के कृपापात्र थे। हो सकता है, बेग़म हज़रत महल के आग्रह पर उनके साथ हो गये हों और अंग्रेज़ों से भी पुराने सम्बन्धों की रक्षा करते रहे हों। इस क्रम में दो ग्रन्थ और उल्लेखनीय हैं। एक दतिया के कवि कल्याण कुड़रा का 'झाँसी कौ राइसौ' (1860 ई.) और दूसरा ननकऊ सिंह का 'जंगनामा'। झाँसी कौ राइसौ में झाँसी, कालपी और ग्वालियर में अंग्रेज़ों और लक्ष्मीबाई के बीच हुए युद्धों का वर्णन है। ननकऊ सिंह चहलारी के ठाकुर बलभद्र सिंह के भतीजे थे। इसमें बलभद्र सिंह की वीरता का वर्णन तो किया ही गया है, उन वीरों के नाम भी दिये गये हैं जो बलभद्र

सिंह के साथ लड़े थे। इनमें ठाकुर ही नहीं ब्राह्मण, नाई, मुसलमान, बारी, कहार, नोनियाँ, सभी जातियों के लोग भेद-भाव भूलकर एक साथ जूझे थे। उपर्युक्त कवियों में गोकुलप्रसाद 'ब्रज' और लछिराम को रीति-परम्परा के दरबारी कवि मानकर अलग कर दें तो भी रामकवि, शिवराय, बजरंग ब्रह्मभट्ट, हरिफूल सिंह, कल्याड़ा कुड़रा तथा ननकऊ सिंह की रचनाओं की उपेक्षा नहीं की जा सकती। यह अवश्य है कि ये कवि भारतेन्दु से जुड़े हुए नहीं हैं। एक प्रकार से सीधे जनता से जुड़े हुए जनकवि हैं। कुँवर सिंह के आश्रित राम कवि अतिशयोक्तिपूर्ण झूठी प्रशंसा करनेवाले कवि नहीं थे। वे राष्ट्रीय चेतना के कवि थे और उनकी कविता कवि भूषण की याद दिलाती है। आपने लिखा है–

जैसे मृगराज गजराजन के झुंडन पै प्रबल प्रचंड सुंड खंडन ऊदंड है।
तैसे ही कुँवर सिंह कीरति अमर माँई फौज फिरंगानी की करी खंड-खंड है।।

भारतेन्दु-मण्डल के कवि पत्रकार भी थे। उनके पत्रों पर सरकार की निगाह थी। इसीलिए वे सीधे-सीधे न तो अंग्रेज़ सरकार की निन्दा कर सकते थे, न अपने देश के वीरों की प्रशंसा। शासन के कोप से बचने के लिए उन्हें अपना स्वर प्रशंसापरक रखना पड़ता था, लेकिन अवसर मिलते ही इन कवियों ने अपना असंतोष भी प्रकट कर दिया है। भारतेन्दु की भारत भिक्षा नामक छोटी पद्यात्मक रचना में जहाँ भारतमाता सप्तम एडवर्ड को पुत्र मानकर अंक में लेने को प्रस्तुत है वहीं वह यह भी कहती है–**रहत निरन्तर अंतरहिं कठिन पराजय पीर।** पराजय की पीड़ा जिसके अन्तर में निरन्तर बनी रहेगी वह अवसर पाते ही विद्रोह के अतिरिक्त और क्या करेगा? प्रतापनारायण मिश्र अपनी ब्रेडला स्वागत कविता में यह तो कहते हैं कि सन् सत्तावन में जब सिपाहियों ने विद्रोह किया था तब प्रजा ने दृढ़तापूर्वक राजा का (अंग्रेज़ों का) साथ दिया था किन्तु साथ ही यह भी कहते हैं कि सन् सत्तावन में महारानी विक्टोरिया ने जो कुछ कहा था, निश्चय ही उसके अनुसार हमारी अभिलाषा पूरी करेगी। इसका सीधा अर्थ है कि भारतेन्दुकाल का कवि यह जानता है कि विक्टोरिया के घोषणा-पत्र में जो कुछ कहा गया था वह पूरा नहीं किया गया है। वह एक दिखावा-मात्र था। इसीलिए वह यह भी कहता है–

अँगरेजन को का कहिय, अहैं विदेशी भूप।
चहत राज दृढ़ आपनो, हिन्द परै चहु कूप॥

भारतेन्दु युग के गद्य-साहित्य में भी 1857 के संग्राम का उल्लेख मिलता है। किशोरीलाल गोस्वामी ने अपने उपन्यास 'कुसुम कुमारी' वा 'स्वर्गीय कुसुम' में बाबू कुँवर सिंह को एक पात्र के रूप में प्रस्तुत किया है और उनके शौर्य तथा क्षत्रियोचित गुणों की प्रशंसा की है। चौधरी 'प्रेमघन' की कविताओं में राज-भक्ति का स्वर कुछ अधिक ही उभरा है, किन्तु उन्होंने भी अपने भारत सौभाग्य नाटक में 'गदरूदौला' नामक एक पात्र की सृष्टि की है। नाटक में ग़दर की घटनाओं की चर्चा के बाद यह दिखाया गया है कि 'वंद इकबाल हिंद' आगे भी अपनी कार्रवाइयाँ छुपे

तौर पर जारी रखता है। इन उल्लेखों में भी स्वतंत्रता संग्राम की खुलकर प्रशंसा नहीं की गयी है, किन्तु इसमें भाग लेने वाले वीरों के प्रति सम्मान की भावना व्यंजित है।

भारतेन्दु-युग के बाद देश में, ज्यों-ज्यों कांग्रेस के नेतृत्व में स्वतंत्रता-आन्दोलन जोर पकड़ता गया, त्यों-त्यों 1857 के संग्राम की चर्चा खुल कर की जाने लगी और उसे 'सिपाही विद्रोह' के रूप में नहीं, प्रथम स्वतंत्रता-संग्राम के रूप में चित्रित किया जाने लगा। द्विवेदी युग और छायावादी युग की अनेक रचनाएँ प्रमाण रूप में प्रस्तुत की जा सकती हैं। 'सरस्वती' और 'प्रभा' पत्रिकाओं में 1920 ई. में प्रकाशित निबन्धों तथा 'चाँद' के फाँसी अंक और 'हिन्दू मंच' के बलिदान अंक में प्रकाशित अनेक रचनाओं में 1857 के स्वतंत्रता संग्राम को महत्त्व दिया गया है। 1924 में प्रकाशित लाड़लीप्रसाद श्रीवास्तव के नाटक 'झाँसी की रानी' में इसे सुनियोजित जन-संग्राम के रूप में चित्रित किया गया है। बेचन शर्मा 'उग्र' की कुछ कहानियों में 1857 के स्वतंत्रता संग्राम को क्रान्ति की प्रेरणा के रूप में प्रस्तुत किया गया है। इसके बाद सुभद्राकुमारी चौहान की सुप्रसिद्ध रचना 'झाँसी की रानी' लिखी गयी। यह रचना बुन्देलखण्ड में प्रचलित लोकगीत **'खूब लड़ी मरदानी, अरे झाँसी वारी रानी। बुरजन-बुरजन तोपें लगा दई, गोला चलाये आसमानी॥'** की प्राणधारा को आत्मसात करके लिखी गयी प्रतीत होती है। स्वतंत्रता-प्राप्ति के बाद हिन्दी के रचनाकारों ने 1857 के संग्राम के विषय में नये सिरे से सोचना और सारे ऐतिहासिक तथ्यों पर राष्ट्रीय दृष्टि से पुनर्विचार करना आवश्यक समझा। वृन्दावनलाल वर्मा की प्रसिद्ध रचना 'झाँसी की रानी लक्ष्मीबाई' तथा अमृतलाल नागर की कृति 'ग़दर के फूल' इसी नयी सोच के परिणाम हैं। निष्कर्ष रूप में हम कह सकते हैं कि भारतेन्दु युग के प्रमुख रचनाकारों ने भले ही खुलकर 1857 के संग्राम की प्रशंसा न की हो, किन्तु उनके अंतर्मन में इस संग्राम के नायकों के प्रति सम्मान का भाव था और वे अंग्रेज़ी राज को देश की दुर्दशा का मूल कारण मानते थे। उस युग के लोककवियों और साहित्य की मुख्यधारा से थोड़ा हटकर जनसाधारण के बीच रहकर रचना करनेवाले जन-कवियों की रचनाओं को भी ध्यान में रखा जाए तो कहना पड़ेगा कि सन् 1857 ई. से लेकर सन् 1947 में देश के स्वतंत्रत होने तक इस संग्राम को निरन्तर स्वातंत्र्य-युद्ध के रूप में प्रस्तुत किया गया है।

यहाँ डॉ. शर्मा की इस धारणा पर भी विचार करना आवश्यक है कि भारतेन्दु युग जन-जागरण की पुरानी परम्परा का दूसरा दौर है। वस्तुतः डॉ. शर्मा हिन्दी-साहित्य को हिन्दी-जाति के विकास के साथ सम्बद्ध करके देखते हैं। उनकी मान्यता है कि तेरहवीं-चौदहवीं सदी में व्यापारिक पूँजीवाद के युग के आरम्भ के साथ हिन्दी-जाति का निर्माण हुआ। इसी समय जातीय भाषा के रूप में हिन्दी का प्रसार शुरू हुआ। इसी समय से जन-जागरण की शुरुआत माननी चाहिए और यहीं से हिन्दी-साहित्य के आधुनिक काल का आरम्भ भी मानना चाहिए। जिसे शुक्लजी ने

हिन्दी-साहित्य का मध्यकाल कहा है, वह वस्तुतः उसका आधुनिक काल है। डॉ. शर्मा कहते हैं, "व्यापारिक पूँजीवाद के युग में जो भी साहित्य रचा है, वह आधुनिक काल में रचा हुआ साहित्य है, उसमें प्रवृत्तियाँ और धारणाएँ जो भी हों" (भारतेन्दु हरिश्चन्द्र और हिन्दी नवजागरण की समस्याएँ, पृ. 22)।

डॉ. शर्मा के अनुसार साहित्य के इतिहास में काल-विभाजन का आधार समाज-व्यवस्था होनी चाहिए। वे यह भी मानते हैं कि 'रीतिकाल' भक्तिकाल से अलग नहीं है। दोनों की स्थिति समानान्तर है। स्वयं उनके ही शब्दों में "शुक्लजी ने भक्तिकाल और रीतिकाल नाम से दो काल स्थापित करके अनेक आलोचकों के लिए अनावश्यक कठिनाइयाँ पैदा कर दी हैं। ये कठिनाइयाँ स्वयं उनके लिए नहीं थीं। वह बहुत अच्छी तरह जानते थे कि रीतिवाद के आचार्य केशवदास और भक्त-शिरोमणि तुलसीदास समकालीन थे, एक ही काल के कवि थे। केशवदास का निधन सं. 1674 में, गोस्वामीजी का सं. 1680 में हुआ" (भारतेन्दु हरिश्चन्द्र और हिन्दी नवजागरण की समस्याएँ, पृ. 31)। इसके बाद डॉ. शर्मा कहते हैं, "जो भी तुलसीदास के साहित्य में अंतर्विरोध खोजता है, वह केशवदास का नाम लेना भूल जाता है, हिन्दी-साहित्य में रीति-भक्ति का जो अंतर्विरोध एक ही समय में विद्यमान है, वह उसकी आँखों से ओझल रहता है" (उप., पृ. 31)। जहाँ तक नौ सौ वर्षों के इतिहास को केवल आधुनिक काल का अखण्ड-प्रवाह बना देने की बात है, उसके लिए डॉ. शर्मा का कहना है कि, "आधुनिक काल को पूर्व और उत्तर में बाँटा जा सकता है" (उप., पृ. 29)। उसके बाद वे भक्ति आन्दोलन और उन्नीसवीं सदी से आरम्भ होने वाले नवजागरण का अन्तर स्पष्ट करते हुए कहते हैं कि, "भक्ति आन्दोलन जातीय निर्माण को व्यक्त करने वाला सांस्कृतिक आन्दोलन है, जिसका मुख्य स्वर सामन्तवाद विरोधी तथा मानवतावादी है, दूसरा राष्ट्रीय स्वाधीनता का सामाजिक-राजनीतिक और सांस्कृतिक आन्दोलन है, जिसका मुख्य स्वर साम्राज्यवाद विरोधी तथा सामंतवाद विरोधी है" (उप., पृ. 29)। वस्तुतः मूल प्रश्न काल-विशेष की दीर्घता या लघुता का नहीं है। मूल प्रश्न इतिहास-लेखन की दृष्टि के स्वीकार-अस्वीकार का है। डॉ. शर्मा ने पहले ही स्पष्ट कर दिया है कि साहित्य के इतिहास में काल-विभाजन का आधार समाज-व्यवस्था होनी चाहिए।

मार्क्सवादी दृष्टि से भारतीय समाज-व्यवस्था का विश्लेषण करते हुए डॉ. शर्मा लक्षित करते हैं कि विक्रम की चौदहवीं सदी में व्यापारिक पूँजीवाद का विकास और हिन्दी-जाति का निर्माण हो चुका था। जाति से उनका तात्पर्य उस सामाजिक इकाई से है, जिसमें नवजागरण के कार्य सम्पन्न होते हैं। इसलिए वे निर्णय लेते हैं कि अंग्रेज़ी राज के कायम होने से बहुत पहले चौदहवीं सदी में ही हिन्दी-साहित्य का आधुनिक काल आरम्भ हो गया था। आधुनिकता का लक्षण था वर्ण-व्यवस्था का शिथिल होना, सामन्ती समाज के ढाँचे का ढीला पड़ने लगना, किसानों, कारीगरों तथा

जमींदारों के बीच मुख्य अंतर्विरोध का होना और इसके साथ ही साहित्य में सामन्त-विरोधी मानवतावादी सांस्कृतिक आन्दोलन का जन्म लेना। डॉ. शर्मा की इतिहास-दृष्टि स्पष्ट है। अब आचार्य शुक्ल की दृष्टि पर विचार करें।

आचार्य शुक्ल ने साहित्य को जनता की चित्तवृत्ति का संचित प्रतिबिम्ब मानकर चित्तवृत्ति के परिवर्तन के साथ-साथ साहित्य के स्वरूप में परिवर्तन होते चलने की बात स्वीकार की थी और चित्तवृत्तियों की परम्परा को परखते हुए साहित्य-परम्परा के साथ उसका सामंजस्य दिखाया था। यही उनकी इतिहास-दृष्टि थी। आचार्य शुक्ल की इतिहास-दृष्टि पर टिप्पणी करते हुए मैनेजर पाण्डेय ने लिखा है, "आचार्य शुक्ल रूपवाद का खण्डन करते हैं लेकिन वे समाज और साहित्य का सम्बन्ध विधेयवादी ढंग से स्वीकार नहीं करते। वे न तो 'रूपवादियों' की तरह साहित्य के इतिहास को साहित्यिक रूपों का इतिहास बनाते हैं, न विधेयवादियों की तरह साहित्य और समाज के बीच कार्य-कारण सम्बन्ध देखते हैं और न सापेक्षतावादियों की तरह इतिहास की वस्तुपरकता को नकार कर केवल आत्मपरक रवैया अपनाते हैं। आचार्य शुक्ल की इतिहास-दृष्टि द्वन्द्वात्मक इतिहास-दृष्टि के निकट है, जिसमें साहित्य और समाज के सम्बन्ध की द्वन्द्वात्मक, जटिलता और विकासशीलता की पहचान है, साहित्य की समाज-सापेक्षता के साथ-साथ उसकी अपनी विशिष्टता का भी बोध है" (साहित्य और इतिहास-दृष्टि, पृ. 102)। आचार्य शुक्ल की इतिहास-दृष्टि की उपर्युक्त विशेषताओं ने ही उनके इतिहास को व्यापक स्वीकृति दिलायी है। आज जब हम उनके द्वारा निर्मित इतिहास के ढाँचे को तोड़ने की बात करते हैं, तो आवश्यक हो जाता है कि उसकी कमियों को सामने रखें और यह भी स्पष्ट करें कि इतिहास-लेखन की सही दृष्टि क्या है?

डॉ. रामविलास शर्मा की इतिहास-दृष्टि मार्क्सवादी है। आचार्य हजारीप्रसाद द्विवेदी साहित्य के विकास को समाज की व्यापक सांस्कृतिक विकास-प्रक्रिया का अंग मानकर साहित्य के इतिहास में निरन्तर परिवर्तमान मूल्यों और चिन्तनधाराओं की शृंखला का अनुसन्धान करते हैं। विचार करने की बात यह है कि आचार्य शुक्ल के बाद डॉ. शर्मा ने अब तक हिन्दी-साहित्य का जो मूल्यांकन किया है, उसकी उपलब्धि क्या है और आचार्य द्विवेदी ने अपनी व्यापक सांस्कृतिक दृष्टि से जो मूल्यांकन किया है उसका महत्त्व और मूल्य क्या है?

डॉ. शर्मा के मूल्यांकन से भारतेन्दु और उनके युग, महावीरप्रसाद द्विवेदी, प्रेमचंद, 'निराला' और स्वयं आचार्य रामचन्द्र शुक्ल के सम्बन्ध में हिन्दी-जगत् की पूर्वधारणाएँ बदली हैं। इसके अतिरिक्त हिन्दी-जाति और उसकी साहित्य-परम्परा के विषय में सोचने-समझने की प्रेरणा मिली है। आचार्य द्विवेदी की इतिहास-दृष्टि और उसके महत्त्व की चर्चा मुख्यतः दो सन्दर्भों में की जाती है। एक, हिन्दी-साहित्य को उसके व्यापक सांस्कृतिक परिवेश और अखिल भारतीय सन्दर्भ में देखने के सन्दर्भ

में और दूसरे भक्तिकाल के साहित्य के मूल्यांकन के सन्दर्भ में। भक्तिकाल में भी द्विवेदीजी का महत्त्व कबीर सम्बन्धी पूर्व-धारणा में परिवर्तन उपस्थित करने के नाते ही है। आधुनिक काल के साहित्य के मूल्यांकन में आचार्य द्विवेदी की इतिहास-दृष्टि ने पूर्वधारणाओं में कोई उल्लेखनीय परिवर्तन नहीं किया है। डॉ. शर्मा की अवधारणाओं से हिन्दी-जाति के साहित्य का जो ढाँचा उभरता है, वह पूरी तरह स्पष्ट नहीं है। उनके अनुसार हिन्दी का 14वीं सदी से लेकर आज तक का साहित्य आधुनिक काल का साहित्य है। इसको दो भागों में बाँटा जा सकता है—14वीं सदी से 1857 ई. के स्वतन्त्रता संग्राम तक का साहित्य और 1857 के बाद का साहित्य। पहले कालखण्ड को पूर्व-आधुनिक काल और दूसरे को उत्तर-आधुनिक काल कहा जा सकता है।

इन दोनों कालखण्डों के अन्तर्गत आनेवाली अनेक काव्य-धाराओं, प्रवृत्तियों और विधाओं को किस रूप में प्रस्तुत किया जाएगा यह स्पष्ट नहीं है इसके अतिरिक्त डॉ. शर्मा की इतिहास-दृष्टि समाज-व्यवस्था को केन्द्र में रखती है। वह साहित्य के इतिहास और समाज-व्यवस्था के इतिहास को एक स्तर पर देखती है। ऐसी स्थिति में साहित्य की सापेक्षिक स्वायत्तता और निजी-विशिष्टता के बाधित होने की आशंका स्वाभाविक है। आचार्य द्विवेदी की दृष्टि चिन्ताधाराओं की निरन्तरता और मानवीय सांस्कृतिक मूल्यों के सन्दर्भ में उनकी पुनर्नवता की व्याख्या तो करती है, किन्तु मूल्यों के सामाजिक आधार को अपेक्षित महत्त्व नहीं देती। ऐसी स्थिति में हमें पुनः आचार्य शुक्ल की इतिहास-दृष्टि को केन्द्र में रखकर सोचने और निर्णय लेने के लिए लौटना पड़ता है। निश्चित रूप से उनके इतिहास का ढाँचा पुराना पड़ गया है। लेकिन उससे बेहतर और व्यवस्थित दूसरा ढाँचा अभी सामने नहीं आया है। अतः आवश्यकता उनके ढाँचे को हथौड़े से मारकर तोड़ने की नहीं, संयम के साथ उनकी स्थापनाओं, तर्कों और निर्णयों पर गम्भीरतापूर्वक विचार करके उसे पुनः रचने, सँवारने और नये सन्दर्भों के अनुकूल सन्तुलित और प्रासंगिक बनाने की है।

डॉ. रामविलास शर्मा : हिन्दी जाति और इतिहास-दृष्टि

हिन्दी की जातीय परम्परा का आकलन करने के लिए 'हिन्दी-जाति' को समझना जरूरी है। 'हिन्दी जाति' की अवधारणा, उसके विकास और आधुनिक वैज्ञानिक पद्धति पर उसके इतिहास-लेखन की समस्याओं पर विचार करने का श्रेय डॉ. रामविलास शर्मा को है। इसके 'बीज' उन्हें मार्क्सवादी सामाजिक चिन्तन से प्राप्त हुए हैं। 'मानव सभ्यता का विकास' में वे कहते हैं—"पूँजीवादी उत्पादन-पद्धति के प्रतिष्ठित होने के पहले सौदागरी पूँजी द्वारा पुरानी व्यवस्था के अन्दर ही पूँजीवादी सम्बन्धों का निर्माण होता है। इन सम्बन्धों के निर्माण का परिणाम ही जातीय गठन है" (मानव सभ्यता का विकास, पृ. 97)। 'जाति' को परिभाषित करते हुए वे कहते हैं—"जाति वह मानव समुदाय है जो व्यापार द्वारा पूँजीवादी सम्बन्धों के प्रसार के साथ गठित होती है। सामाजिक विकास-क्रम में मानव-समाज पहले 'जन' या 'गण' के रूप में गठित होता है। सामूहिक श्रम और सामूहिक वितरण गण-समाज की विशेषता है और उसके सदस्य आपस में एक-दूसरे से रक्त के सम्बन्ध के आधार पर सम्बद्ध माने जाते हैं। इन गण-समाजों के टूटने पर लघु जातियाँ बनती हैं, जिनमें उत्पादन छोटे पैमाने पर होता है और नये श्रम-विभाजन के आधार पर भारतीय वर्ण-व्यवस्था जैसी समाज-व्यवस्था का चलन होता है। पूँजीवादी युग में इन्हीं लघु जातियों से आधुनिक जातियों का निर्माण होता है" (भारतीय साहित्य के इतिहास की समस्याएँ, पृ. 27-28)। डॉ. शर्मा 'राष्ट्र', 'नेशन' और 'जाति' तीनों शब्दों के बारीक भेद को भी रेखांकित करते हैं—"मार्क्सवादी साहित्य में 'नेशन' शब्द जिस अर्थ में प्रयुक्त होता है, उसके लिए 'हिन्दी बांग्ला' के परिचित पुराने शब्द 'जाति' का प्रयोग करना अधिक उचित है। 'राष्ट्र' शब्द से भूमि का भी बोध होता है, जबकि 'नेशन' शब्द से केवल किसी भूखण्ड के निवासियों का बोध होता है" (भारतीय साहित्य के इतिहास की समस्याएँ पृ. 14)। डॉ. शर्मा के अनुसार, "जातीयता की सबसे बड़ी पहचान भाषा है" (भारतीय साहित्य के इतिहास की समस्याएँ, पृ. 55)। इसी पहचान को सामने रखकर वे कहते हैं—"हिन्दी, बांग्ला, मराठी, तमिल आदि

भाषायें बोलने वाले समुदायों को 'जाति' कहते हैं। प्रत्येक 'जाति' आधुनिक पूँजीवादी आर्थिक सम्बन्धों के विकास का परिणाम है" (परम्परा का मूल्यांकन, पृ. 16)। डॉ. शर्मा नस्ल और धर्म को 'जाति' का आधार नहीं मानते। एक ही धर्म को मानने वालों में भाषा के आधार पर अलग-अलग जातियों का अस्तित्व होता है। अपनी बात को स्पष्ट करते हुए वे कहते हैं—"तुर्क, अरब, ईरानी मुसलमान हैं। उनकी भाषाएँ अलग-अलग हैं। उनकी जातीयता की पहचान उनकी भाषाओं से होती है।"

जातीय भाषा के रूप में हिन्दी के प्रसार की चर्चा करते हुए डॉ. शर्मा हमारा ध्यान भारतीय इतिहास की तेरहवीं-चौदहवीं सदी की ओर ले जाते हैं। वे कहते हैं—"तेरहवीं-चौदहवीं सदी में सामन्ती समाज का ढाँचा ढीला पड़ने लगा था। वर्ण-व्यवस्था शिथिल हो रही थी और लोग अपने खानदानी पेशे छोड़कर नये पेशे अपनाने लगे थे। तुर्कों के हमलों से यह ढाँचा और कमजोर पड़ा हालाँकि उसे तोड़ने वाली ताकतें उसके भीतर पैदा हो रही थीं" (भारत की भाषा समस्या, पृ. 84)। सामन्ती समाज के ढाँचे के ढीला पड़ने का कारण था सौदागरी या व्यापारिक पूँजीवाद का उदय। इसकी प्रक्रिया तुर्कों के आगमन के पहले ही शुरू हो गई थी, किन्तु "तुर्क बादशाहों ने बाजार, तोलने के बाँट, सिक्कों आदि के बारे में जो सुधार किए, उनसे सौदागरों को फायदा पहुँचा" (वही, पृ. 85)। शेरशाह दूरदर्शी और उदार शासक था। उसके जमाने में जो सड़कें और नहरें तैयार हुईं उनसे व्यापार में सुविधा हुई। परिणामस्वरूप पूरे देश में व्यापार की बड़ी-बड़ी मंडियाँ कायम हुईं। आगे चलकर मुग़लों के जमाने में भी व्यापार में वृद्धि हुई। मुग़ल बादशाह खुद भी व्यापार करते थे। व्यापार की उन्नति से "पुराने जनपदों का अलगाव दूर हुआ। पटना, बनारस, इलाहाबाद, आगरा और दिल्ली ऐसे केन्द्र बन गए, जिनके चारों तरफ एक कौमी बाजार कायम हुआ" (वही, पृ. 85)। इन कौमी बाजारों में व्यापार और विनिमय के लिए जिस भाषा का उपयोग होता था वह भाषा 'खड़ी बोली' या 'हिन्दी' थी" (वही, पृ. 86)। इसका यह अर्थ नहीं है कि हिन्दी जाति की निर्माण-प्रक्रिया ठीक उसी तिथि को शुरू हुई जिस दिन 'खड़ी बोली' बाजार की भाषा बनी। यह प्रक्रिया तो उसी समय शुरू हो गयी थी जब सामन्तीय रूढ़ियों को प्रतिबिम्बित करने वाली भाषा 'अपभ्रंश' को पीछे ठेलकर अवधी, ब्रजी, बुन्देलखण्डी आदि लोक-भाषाएँ आगे बढ़ रही थीं। साहित्य के क्षेत्र में जनपदों की दूरियाँ कम होने लगी थीं। कबीर भाषा को बहते हुए नीर से उपमित कर रहे थे। जायसी का 'पद्मावत' दूर-दूर तक पढ़ा जा रहा था और भक्ति-आन्दोलन एक व्यापक लोक-जागरण के रूप में पूरे देश में फैल गया था। डॉ. शर्मा के अनुसार—"ब्रजभाषा, अवधी, खड़ी बोली आदि सभी ने हिन्दुस्तानी (हिन्दी) जाति के निर्माण में मदद की" (भारत की भाषा समस्या, पृ. 87)। डॉ. शर्मा की मान्यता है कि 'हिन्दी जाति' का चरित्र संघर्षों से परिपुष्ट हुआ है। यह संघर्ष दुहरा था। एक ओर तो यहाँ के लोग विदेशी आततायियों के खिलाफ

लड़ रहे थे दूसरी ओर उन्हें सामन्तीय उत्पीड़न और उनके द्वारा पोषित सामाजिक रूढ़ियों से भी जूझना पड़ रहा था। डॉ. शर्मा लक्षित करते हैं–"भक्ति आन्दोलन में ये दोनों पहलू मौजूद हैं। जुलाहे और किसान इस आन्दोलन को शक्ति देने वाले हैं। सौदागर उसके सहायक हैं; हिन्दू और मुसलमान, सूफ़ी और सन्त दोनों उसमें शामिल हैं" (भारत की भाषा समस्या, पृ. 87)। डॉ. शर्मा का निष्कर्ष है– "भक्ति आन्दोलन एक जातीय और जनवादी आन्दोलन है" (वही, पृ. 87)। यहाँ ध्यान देने की बात यह है कि जातीय आन्दोलन जनवादी आन्दोलन भी है।

डॉ. शर्मा की हिन्दी जाति की अवधारणा ने हिन्दी साहित्य के इतिहास के स्वीकृत ढाँचे को भी प्रभावित किया है। डॉ. शर्मा कहते हैं–"शुक्लजी का आदिकाल वास्तविक मध्यकाल है, हिन्दी जनपदों के इतिहास का 'सामन्तकाल' है। वीरगाथा काल 'रीतिवाद' का प्रथम उत्थान है। पूर्वमध्यकाल (रीतिकाल) 'रीतिवाद' का द्वितीय उत्थान है" (हिन्दी जाति का साहित्य, पृ. 142)। डॉ. शर्मा की मान्यता है–"व्यापारिक पूँजीवाद सामन्ती ढाँचे के भीतर पनपता है, पर उसे तोड़ नहीं पाता इसलिए सामन्ती रूढ़ियों की धारा और लोक-जागरण की धारा, समानान्तर प्रवाहित होती है। स्वभावतः वे एक-दूसरे को प्रभावित भी करती हैं" (वही, पृ. 124)। डॉ. शर्मा के अनुसार 'लोक-जागरण का काव्य' और 'भक्ति-काव्य' एक-दूसरे के पर्याय नहीं हैं। सामन्तीय रूढ़ियों से मुक्त सारा साहित्य 'लोक-जागरण काव्य' के अन्तर्गत आता है। भक्तिकाव्य लोक-जागरण वाले काव्य का बहुत महत्त्वपूर्ण अंग है "फिर भी सामंती रूढ़ियों से मुक्त सारा साहित्य उसमें सिमट नहीं आता" (वही, पृ. 123)। लोक-जागरण के काव्य की पूरी परम्परा का निदर्शन करते हुए डॉ. शर्मा उसे विद्यापति से आरम्भ करते हैं और अमीर खुसरो तथा भक्ति काव्य के कवियों को उसके अन्तर्गत समाहित करते हुए आगे बढ़ते हैं; फिर रहीम, सेनापति, भूषण, गिरधर कविराय, पद्माकर, घनआनन्द आदि की गणना करते हुए आधुनिक काल तक आ जाते हैं। इस काव्य की प्रवृत्तियों का विश्लेषण करते हुए वे कहते हैं–"इसमें स्वच्छन्दतावादी प्रवृत्तियाँ हैं, यथार्थ चित्रण की प्रवृत्तियाँ हैं, नीति-विषयक रचनाएँ हैं, वीररस की कविताएँ हैं और भक्तिकाव्य इसकी शक्तिशाली प्रवृत्ति है" (वही, पृ. 132)। डॉ. शर्मा की दृष्टि में, "भारतेन्दु हरिश्चन्द्र से जो नवजागरण शुरू होता है, वह नयी परिस्थितियों में, पुराने लोक-जागरण का विकास है" (वही, पृ. 123)। डॉ. शर्मा 'आधुनिकता' की शुरुआत भक्तिकाल से ही मानते हैं और भारतेन्दु के समय से स्वीकृत आधुनिक काल को उसके विकास के रूप में देखते हैं। वे कहते हैं–"वास्तव में हमारा आधुनिक काल शुक्लजी के पूर्व मध्यकाल (भक्तिकाल) का विकास है, किन्तु उत्तर मध्यकाल (रीतिकाल) का निषेध है" (वही, पृ. 133)। डॉ. शर्मा की स्थापना है–"आधुनिकता अंग्रेज़ी राज की देन नहीं है। उसका विकास इस राज के विरुद्ध संघर्ष के दौरान हुआ है। वह अंग्रेज़ी साहित्य की नकल नहीं है; वह

पुराने साहित्य की सामन्त विरोधी उपलब्धियों की बुनियाद पर विकसित हुआ है" (हिन्दी जाति का साहित्य, पृ. 134)। पुराने साहित्य की सामन्तविरोधी उपलब्धियों की बुनियाद हिन्दी-साहित्य के भक्तिकाव्य में पुख़्ता हुई थी और रीतिकाव्य में सामन्तीय रूढ़ियाँ फिर उभर आयी थीं, इसीलिए डॉ. शर्मा आधुनिक काल में भक्तिकाल का विकास और रीतिकाल का निषेध देखते हैं।

डॉ. शर्मा ने यह सारा विवेचन आचार्य शुक्ल के इतिहास को सामने रखकर किया है। हिन्दी जाति, उसके निर्माण, उसकी विकास-प्रक्रिया की अवधारणा और भारतीय सन्दर्भ में उसके विकास का विवेचन उनका अपना है, किन्तु उसके साहित्य का ऐतिहासिक विश्लेषण करते समय आचार्य शुक्ल का इतिहास ही उनका प्रधान उपजीव्य रहा है, विशेषतः लोक-जागरण की परम्परा का पूरा निदर्शन उन्होंने शुक्लजी के आलोचनात्मक निर्णयों के आधार पर किया है।

हिन्दी जाति और उसके साहित्य की इस लम्बी चर्चा के बाद हम इस प्रश्न पर आना चाहेंगे कि, 'हिन्दी काव्य की जातीय परम्परा' से डॉ. शर्मा का अभिप्राय क्या है? हमें स्मरण रखना होगा कि भक्ति-आन्दोलन की चर्चा करते हुए डॉ. शर्मा ने कहा है कि 'भक्ति-आन्दोलन एक जातीय और जनवादी' आन्दोलन है। जिस समय यह आन्दोलन चल रहा था उस समय सामन्तीय रूढ़ियाँ समाप्त नहीं हो गयी थीं। उन रूढ़ियों का प्रतिबिम्ब राज्याश्रयों में लिखे जा रहे काव्यों में विद्यमान था। तात्पर्य यह कि भाषा के आधार पर अपनी पहचान बनाने वाली किसी जाति का किसी विशेष कालखण्ड में लिखा गया सारा काव्य उसका जातीय काव्य नहीं होता। जातीय परम्परा की पहचान उस काव्य से होती है, जो रूढ़िवादिता और स्थितिशीलता के विरुद्ध संघर्ष करके अपनी पहचान बनाता है। डॉ. शर्मा ने 'त्रिलोचन : आधुनिकता और परम्पराबोध' शीर्षक अपने लम्बे लेख में 'जातीय परम्परा' को इस प्रकार परिभाषित किया है—"जिस समाज में अनेक वर्ग हों, रहन-सहन और व्यवहार के अनेक स्तर हों, उसमें साहित्य की परम्परा भी अनेक होती है। मोटे तौर पर जैसे एक दरबारी परम्परा, दूसरी गैर-दरबारी परम्परा। इनमें जो परम्परा किसी जाति के सांस्कृतिक विकास में सहायक होती है, उसे हम जातीय परम्परा कहते हैं।" डॉ. शर्मा दरबारी परम्परा के काव्य को हिन्दी जाति के सांस्कृतिक विकास में सहायक नहीं मानते। इसीलिए उसे हिन्दी की जातीय परम्परा का काव्य भी नहीं मानते। इसी सन्दर्भ में वे आगे कहते हैं—"दरबारों से बाहर हमारे यहाँ भक्ति-साहित्य की परम्परा है और उसके साथ भक्ति से अलग हटकर, रहीम जैसे कवियों की धारा है। इन दोनों को मिलाकर हम उसे लोक-जागरण की धारा कह सकते हैं। भारतेन्दु युग में प्रतापनारायण मिश्र, बालकृष्ण भट्ट जैसे लोगों ने, आगे चलकर प्रेमचंद और 'निराला' जैसे लेखकों ने साहित्य की सामन्त-विरोधी धारा को आगे बढ़ाया। साहित्य की जातीय परम्परा के निर्माता इन लेखकों का साहित्य ही नहीं, उनका जीवन-संघर्ष भी हमारे लिए प्रेरणा

का स्रोत है, यह हम त्रिलोचन की कविता में देखते हैं" (संकल्प : समीक्षा दक्षक, पृ. 206-7)।

डॉ. शर्मा भारतेन्दु युग के नवजागरण को भक्तिकालीन लोक-जागरण का विकास मानते हैं। भारतेन्दु युग के कवि और साहित्यकार–बालकृष्ण भट्ट, प्रतापनारायण मिश्र आदि–उसी प्रकार हिन्दी की जातीय परम्परा के निर्माता हैं, जिस प्रकार भक्ति काल के कवि कबीर, जायसी, सूर, तुलसी आदि। भारतेन्दुकाल के बाद प्रेमचन्द और 'निराला' इस परम्परा को आगे बढ़ाते हैं। भक्तिकाल के कवियों की भाँति इनका संघर्ष भी दुहरा है। एक ओर इन्हें साम्राज्यवादी शक्तियों से जूझना पड़ रहा है, दूसरी तरफ समाज में विद्यमान परम्परागत सामन्तीय रूढ़ियों से। यह स्थिति देश के स्वतंत्र होने तक बनी हुई है। प्रश्न यह है कि देश के स्वतंत्र होने के बाद हिन्दी की जातीय परम्परा को आगे बढ़ाने वाले रचनाकार कौन हैं? डॉ. शर्मा त्रिलोचन के मूल्यांकन के सन्दर्भ में ही इस प्रश्न का उत्तर देते हैं। वे 'आधुनिकता' का प्रश्न उठाते हैं और पूछते हैं–"कवि त्रिलोचन आधुनिक हैं या नहीं? फिर स्वयं ही उत्तर देते हैं–"अवश्य हैं।" इसके बाद प्रश्न करते हैं–"क्या उसी तरह आधुनिक हैं, जिस तरह 'नयी कविता' के रचनाकार हैं?" और स्वयं ही उत्तर देते हैं–"नहीं, उस अर्थ में नहीं हैं। इनकी आधुनिकता हिन्दी काव्य की जातीय परम्परा से जुड़ी हुई है।" इसका अर्थ यह हुआ कि देश के स्वतंत्र होने के बाद दो तरह की आधुनिकताओं का प्रचलन हुआ। एक वह जो हिन्दी काव्य की जातीय परम्परा से जुड़ी हुई है और दूसरी वह जो इससे विच्छिन्न है। इस विच्छिन्न परम्परा की ओर संकेत करते हुए वे कहते हैं–"नयी आलोचना नयी कविता के साथ आगे बढ़ी। उसके मानदण्ड स्थिर करने वाले विजयदेवनारायण साही आदि ब्रिटिश-अमरीकी आलोचना से मूल सूत्र उधार लेकर प्रगतिवाद के विरुद्ध मोर्चा जमा रहे थे। कुछ मार्क्सवादी लेखकों ने धीरे-धीरे कदम उठाते हुए उनका अनुगमन किया। यह सारा अभियान हिन्दीभाषी जाति की प्रगतिशील काव्यधारा से विच्छिन्न था।" निष्कर्ष यह कि 'नयी कविता' और उसके साथ ब्रिटिश-अमेरिकी आलोचना से मूल सूत्र उधार लेकर चलने वाली नयी आलोचना ने जिस 'आधुनिकता' को जन्म दिया वह हिन्दी काव्य की जातीय परम्परा से विच्छिन्न थी। इस सन्दर्भ में डॉ. शर्मा त्रिलोचन के कविता-संग्रह 'उस जनपद का कवि हूँ' के आवरण पृष्ठ पर प्रकाशित केदारनाथ सिंह के अभिमत का हवाला देते हैं–"दरअसल वे आज की हिन्दी कविता में उस धारा का प्रतिनिधित्व करते हैं जो आधुनिकता के सारे शोर-शराबे के बीच हिन्दी-भाषा और हिन्दी जाति की संघर्षशील चेतना की जड़ों को सींचती हुई चुपचाप बहती रही है" (संकल्प : समीक्षा दशक, पृ. 186)। कहना न होगा कि यह शोर-शराबे वाली आधुनिकता वही है, जो नयी कविता के प्रथम चरण में चर्चित हुई थी। त्रिलोचन की आधुनिकता इसको चुनौती देती हुई, हिन्दी जाति की संघर्षशील चेतना का प्रतिनिधित्व करती हुई

प्रवाहित होती रही है। हिन्दी-जाति की संघर्षशील चेतना को स्पष्ट करते हुए डॉ. शर्मा कहते हैं—"हिन्दी जाति में पूँजीपति और जमींदार हैं, किसान-मजदूर हैं, और मध्यवर्ग के लोग हैं। संघर्षशील चेतना पूँजीपतियों और जमींदारों की चेतना नहीं है, यह किसानों, मजदूरों और मध्यवर्ग के प्रबुद्ध अंश की चेतना है" (वही, पृ. 187)। यह चेतना अपनी समग्रता में 'निराला' के काव्य में बिम्बित है, त्रिलोचन के काव्य में बिम्बित है और केदारनाथ अग्रवाल तथा नागार्जुन के काव्य में बिम्बित है। इस चेतना को बिम्बित करनेवाला काव्य हिन्दी की जातीय परम्परा का काव्य है। भक्ति काल से आरम्भ होने वाली इस जातीय परम्परा का निरूपण करते हुए वे युग-विशेष के मुख्य अन्तर्विरोधों को ही महत्त्व देते हैं। गौण अन्तर्विरोधों को नहीं। उनकी दृष्टि में भक्ति काल में मुख्य अन्तर्विरोध रीति और भक्ति में है। सामन्तीय रूढ़ियों और भक्तों द्वारा प्रतिपादित जनवादी मूल्यों में है। भक्ति-आन्दोलन को शूद्र और द्विज तथा हिन्दू और मुसलमान सभी ने मिलकर आगे बढ़ाया था। वे स्वीकार करते हैं कि इस आन्दोलन में शूद्र और द्विज का अन्तर्विरोध भी है, किन्तु वह गौण है। जातीय परम्परा का मुख्य आधार पीड़ित और गरीब जनता है। अपनी महत्त्वपूर्ण कृति 'भारतीय संस्कृति और हिन्दी-प्रदेश', भाग-2 में 'निराला' की जातीय चेतना पर विस्तार से विचार करते हुए वे बलपूर्वक कहते हैं—''गरीब जनता को आधार बनाकर जब तक समाज में हिन्दू-मुस्लिम का भेदभाव नहीं मिटाया जाता, तब तक हिन्दीभाषी जनता भीतर से सुदृढ़ नहीं हो सकती। इसी तरह जब तक जाति-बिरादरी का भेद बना हुआ है, तब तक हिन्दी जाति भीतर से कमजोर बनी रहेगी'' (भारतीय संस्कृति और हिन्दी-प्रदेश, भाग-2, पृ. 595)।

परम्परा का मूल्यांकन करते हुए डॉ. शर्मा यह चिन्ता प्रकट करते हैं कि—''भारत के अन्य जातीय प्रदेशों की अपेक्षा हिन्दी प्रदेश के लोगों में जातीय चेतना का अभाव है। वह इसलिए नहीं कि इनमें देशभक्ति बहुत ज्यादा है, वरन् इसलिए कि यहाँ जाति-बिरादरी के बन्धन अब भी बहुत मजबूत हैं और जनपदीय अलगाव काफी है। इसके अलावा धार्मिक विद्वेष से जनता विभाजित है। साहित्य में हिन्दी-उर्दू का जैसा भेद है, वैसा भेद अन्य किसी प्रदेश में नहीं है और अंग्रेजी का एक गढ़ हिन्दी-प्रदेश भी है, जहाँ का शिक्षित वर्ग अपनी भाषा और अपने साहित्य के प्रति उदासीन रहा है और अपने अज्ञान पर गर्व भी करता है'' (परम्परा का मूल्यांकन, पृ. 28)। डॉ. शर्मा का दृढ़ मत है कि जब तक हिन्दी जनता अपना रूपान्तरण नहीं करती, अपने को संगठित नहीं करती, तब तक उसका विकास सम्भव नहीं है।

डॉ. शर्मा को 'जाति' की धारणा को चुनौती देने वाली विचारधारा का भी पता है। इस सन्दर्भ में वे श्री वेनेडिक्ट ऐंडरसन की पुस्तक 'इमेजिंड कम्यूनिटीज' का उल्लेख करते हैं। यह पुस्तक सन् 1983 ई. में प्रकाशित हुई है। श्री ऐंडरसन का मत है कि वास्तव में जाति का अस्तित्व नहीं होता। यह मन की कल्पना है जो

मानव-समुदायों पर आरोपित कर दी गयी है। ऐंडरसन के अनुसार, "उनके सांस्कृतिक उपकरणों के एकसाथ मिल जाने से 18वीं सदी के अन्त की ओर इस धारणा का जन्म हुआ।" ऐंडरसन यह जानते थे कि, "इस धाराणा से पूँजीवाद का गहरा सम्बन्ध है"। डॉ. शर्मा का कहना है कि ऐंडरसन के सामने 18वीं सदी का औद्योगिक पूँजीवाद था। यदि वे, "घरेलू बाजार के निर्माण से जाति के निर्माण को जोड़ें तो उनको वास्तविकता स्वीकार करनी पड़ेगी" (भारतीय संस्कृति और हिन्दी-प्रदेश, भाग-2, पृ. 282)। डॉ. शर्मा शेक्सपियर के नाटकों का हवाला देकर स्पष्ट करते हैं कि औद्योगिक क्रान्ति से बहुत पहले सोलहवीं सदी में अंग्रेज जाति और उसके साथ अंग्रेजी भाषा की धारणा विद्यमान थी। इस सन्दर्भ को आगे बढ़ाते हुए वे इटली की चर्चा करते हैं और ऐंगेल्स द्वारा लिखी कम्युनिस्ट घोषणापत्र के इटालियन संस्करण की भूमिका का हवाला देकर बताते हैं कि ऐंगेल्स ने पूँजीवाद द्वारा अतीत में निबाही गयी क्रान्तिकारी भूमिका पर सन्तोष व्यक्त किया है और कहा है—"पहली पूँजीवादी जाति इटली थी। सामन्ती मध्यकाल की समाप्ति और आधुनिक पूँजीवादी युग की शुरुआत पर वहाँ एक विराट् पुरुष के दर्शन होते हैं, वह इटली के दान्ते हैं। वह मध्यकाल के अन्तिम कवि हैं, आधुनिककाल के प्रथम कवि"। डॉ. शर्मा इस कथन का आशय स्पष्ट करते हुए कहते हैं—"आशय यह है कि पूँजीवाद का विकास सबसे पहले इटली में हुआ और वहाँ इटालियन जाति का निर्माण हुआ। जिसे मध्यकाल कहते हैं वह सामन्ती व्यवस्था का समय है। दान्ते उससे जुड़े हुए हैं, लेकिन उससे आगे बढ़कर वे पूँजीवाद-युग में प्रवेश करते हैं और अपने काव्य में नयी चेतना भी प्रतिबिम्बित करते हैं। यह पूँजीवाद मशीनों से कारखानों में माल तैयार करने वाला पूँजीवाद नहीं है। औद्योगिक क्रान्ति अभी बहुत दूर है, लेकिन इससे सदियों पहले इटली में जाति का निर्माण हो चुका है" (भारतीय संस्कृति और हिन्दी-प्रदेश, भाग-2, पृ. 283)। इस प्रकार ऐंडरसन के मत का खण्डन करने के बाद डॉ. शर्मा उन भारतीयों का उल्लेख करते हैं, जो ऐंडरसन के मत से जुड़े हैं। इनमें श्री रणजीत गुहा अग्रणी हैं। श्री गुहा का मानना है कि भारत में जिस राष्ट्रवाद का जन्म हुआ वह यहाँ उपनिवेशवादियों की प्रशासनिक सत्ता का परिणाम था। इस राष्ट्रवाद के तहत अतीत को नये सिरे से देखने का प्रयत्न किया गया। राष्ट्र का गौरवमय इतिहास होना चाहिए, इसलिए जहाँ गौरव नहीं था वहाँ भी गौरव की कल्पना की गयी। यह केवल हिन्दुओं का गौरव था। इसलिए जिस राष्ट्रवाद का अभ्युदय हुआ वह हिन्दू राष्ट्रवाद था। इसके साथ भाषा और साहित्य में जो उन्नति हुई, वह भी उपनिवेशवादियों की प्रेरणा का फल थी। श्री गुहा की इस स्थापना को प्रस्तुत करने के बाद डॉ. शर्मा उनकी विसंगतियों और अन्तर्विरोधों की ओर हमारा ध्यान आकृष्ट करते हैं। वे कहते हैं—"रणजीत गुहा जिस राष्ट्र की बात करते हैं, उसके अन्तर्गत बंगाल है और बाकी सारा देश है। 'नेशन' शब्द भारत के लिए

प्रयुक्त हुआ है और बंगाल के लिए भी प्रयुक्त हुआ है। इनमें स्पष्ट अन्तर नहीं दिखाई देता। बंगाल कोई निश्चित जातीय प्रदेश है या नहीं, इस प्रश्न का उत्तर गुहा के व्याख्यानों में नहीं है। भारत नाम का देश राष्ट्र है या नहीं, इस देश से बंगाल का सम्बन्ध किस तरह का है, इन प्रश्नों का उत्तर गुहा के व्याख्यानों में नहीं है" (भारतीय संस्कृति और हिन्दी-प्रदेश, भाग-2, पृ. 285)। इसी क्रम में डॉ. शर्मा ऐंडरसन की परम्परा के अन्य इतिहासकार पार्थ चटर्जी का भी उल्लेख करते हैं और अनेक ऐतिहासिक तथ्यों का हवाला देकर सिद्ध करते हैं कि इतिहास के प्रति उनका दृष्टिकोण अस्पष्ट और विखण्डित है। डॉ. शर्मा का दृढ़ मत है कि 'जाति', 'जातीयता', 'जातीय चेतना' आदि अवधारणाएँ मानव-समाज के विकास की निश्चित ऐतिहासिक स्थिति की देन हैं और इन्हें काल्पनिक नहीं माना जा सकता।

डॉ. शर्मा साहित्य के साथ ही संगीत में भी जातीय चेतना की बात करते हैं। वे कहते हैं कि संगीत के क्षेत्र में हिन्दू संगीत और मुस्लिम संगीत का भेद नहीं किया जाता। हिन्दुस्तानी संगीत और कर्नाटक संगीत का भेद किया जाता है। यह दोनों जातीय प्रदेश हैं। नृत्य के क्षेत्र में भी हिन्दू नृत्य और मुस्लिम नृत्य जैसी चीज नहीं है। इसलिए उनकी राय है कि—"विभिन्न कलाओं के व्यापक सन्दर्भ में साहित्य के इतिहास पर विचार किया जाय तो समस्याएँ सुलझाने में मदद मिलेगी" (भारतीय साहित्य के इतिहास की समस्याएँ, भूमिका, पृ. 6)।

यहाँ डॉ. रामविलास शर्मा की जातीय परम्परा सम्बन्धी अवधारणा का विरोध और उसके समानान्तर दूसरी अवधारणा प्रस्तुत करने वाले समीक्षकों एवं रचनाकारों का उल्लेख भी आवश्यक है। श्री रमेशचन्द्र शाह, डॉ. रामस्वरूप चतुर्वेदी और उनकी परम्परा के कुछ अन्य आलोचकों का मानना है कि हिन्दी की जातीय परम्परा 'विरुद्धों में सामंजस्य' देखने वाली है। 'निराला' के सम्पूर्ण काव्य-व्यक्तित्व पर टिप्पणी करते हुए डॉ. चतुर्वेदी कहते हैं—"निराला का सम्पूर्ण काव्य-व्यक्तित्व 'विरुद्धों का सामंजस्य' की उस अवधारणा में से जैसे विकसित हुआ है, जिसे कवि के समकालीन और प्रसिद्ध समीक्षक रामचन्द्र शुक्ल ने आनन्द की साधनावस्था की उच्चतम रचना-भूमि का कारक तत्त्व स्वीकार किया है" (हिन्दी साहित्य और संवेदना का विकास, पृ. 147)। यहाँ यह देखना आवश्यक है कि आचार्य शुक्ल ने 'विरुद्धों के सामंजस्य' का प्रयोग कहाँ, किस अर्थ में और किस प्रयोजन से किया है। 'काव्य में लोक मंगल की साधनावस्था' पर विचार करते हुए आचार्य शुक्ल ने लिखा है—"लोक में फैली हुई दुःख की छाया को हटाने में ब्रह्म की आनन्दकला जो शक्तिमय रूप धारण करती है, उसकी भीषणता में भी अद्‌भुत मनोहरता, कटुता में भी अपूर्व मधुरता, प्रचण्डता में भी गहरी आर्द्रता साथ लगी रहती है। विरुद्धों का यही सामञ्जस्य कर्मक्षेत्र का सौन्दर्य है, जिसकी ओर आकर्षित हुए बिना मनुष्य का हृदय नहीं रह सकता है" (चिंतामणि, भाग-1, पृ. 216)। इस सन्दर्भ में आचार्य शुक्ल

ने यह भी स्पष्ट किया है विरुद्धों के सामंजस्य में सौन्दर्य क्यों होता है? उनका कहना है कि लोक में मंगल का विधान करने वाले दो भाव हैं—करुणा और प्रेम। यह दोनों भाव सत्त्व-गुण-प्रधान होते हैं। जब लोक में फैली हुई दुःख की छाया को हटाने के लिए ब्रह्म की आनन्द कला शक्तिमय रूप धारण करती है, तो वह सत्त्व, रज और तम तीनों गुणों से युक्त होती है, किन्तु उसमें प्रधानता सत्त्वगुण की होती है। तमोगुण और रजोगुण प्रचण्ड, उग्र और कठोर होते हैं किन्तु ब्रह्म की शक्ति रूप में व्यक्त सत्ता में सत्त्व की प्रधानता के कारण इन गुणों को उसके शासन में काम करना पड़ता है। सत्त्वगुण के शासन में कठोरता, उग्रता और प्रचण्डता भी सात्विक तेज से मंडित होकर सुन्दर हो जाती हैं। डॉ. रामस्वरूप चतुर्वेदी के अनुसार आचार्य शुक्ल ने 'विरुद्धों के सामंजस्य' को आनन्द की साधनावस्था की उच्चतम रचना-भूमि का कारक तत्त्व माना है। ऐसा नहीं है। आचार्य शुक्ल के अनुसार आनन्द की साधनावस्था का कारक-तत्त्व है—ब्रह्म की आनन्दकला का शक्तिमय रूप धारण करके लोक में फैली हुई दुःख की छाया को हटाने के लिए तत्पर होना। इस तत्परता या क्रियाशीलता में उसे कोमल भी होना पड़ता है और कठोर भी; अर्थात् उसकी गति द्वन्द्वात्मक होती है। सौन्दर्य का आधार यह गति और द्वन्द्व है। डॉ. चतुर्वेदी ने पूरे सन्दर्भ से एक अंश अलग कर लिया है। इसलिए पूरी बात सामने नहीं आयी है। 'निराला' में विरुद्धों का सामंजस्य है, लेकिन वहाँ भी वह अनीति, अधर्म और अन्याय के प्रतिकार में तत्पर शक्तिपुंज राम के गत्यात्मक व्यक्तित्व के साथ संश्लिष्ट होकर ही सौन्दर्य मण्डित हुआ है।

श्री रमेशचन्द्र शाह ने भी 'निराला' के सन्दर्भ में ही विरुद्धों के सामंजस्य की बात कही है। उन्हें 'निराला' की रचना 'तुलसीदास' पढ़ने के बाद लगा था कि उसमें कविता की वह दूसरी शक्ति भी अन्तर्भुक्त है, जिसे कोलरिज ने 'रिकॉन्सिलिएशन ऑन अपोजिट्स'—दूर और आसमान लगी चीजों को आपस में जोड़ने की शक्ति—कहा है और आचार्य शुक्ल ने 'विरुद्धों का सामंजस्य'। यहाँ भी न तो आचार्य शुक्ल का पूरा कथन उद्धृत किया गया है, न यह बताया गया है कि 'निराला' ने दूर और आसमान लगी चीजों को जोड़ने के लिए कविता लिखी है या उनका कोई अन्य गहरा और व्यापक प्रयोजन भी था। डॉ. रामविलास शर्मा की जातीय परम्परा की व्याख्या का विरोध श्री अशोक वाजपेयी ने भी किया है। बिना किसी का नाम लिए वे कहते हैं—"अपनी जातीय परम्परा की ऐसी व्याख्या की जा रही है कि कुछ महत्त्वपूर्ण लेखकों को उससे देश-निकाला ही मिल जाएगा। असहमति और विरोध आलोचना के लिए आवश्यक है, लेकिन तभी जब ग्रहणशीलता और खुलापन भी हो" (कवि कह गया है, पृ. 13)। श्री वाजपेयी साहित्य में 'बहुलतावाद' के हिमायती हैं। उनकी दृष्टि में साहित्य में सभी तरह की सच्चाइयों के लिए जगह होनी चाहिए। किसी एक तरह की सच्चाई को महत्त्व देने का अर्थ तो सच्चाई का साम्राज्यवाद कायम

करना होगा। वे कहते हैं—यह कहना गलत नहीं होगा कि सच्चाई की बहुलता का जितना निस्संकोच स्वीकार साहित्य में है, उतना अन्यत्र कहीं नहीं है; साहित्य इस अर्थ में मनुष्य का स्थायी प्रजातंत्र है कि उसमें सब सच्चाइयों के लिए जगह है और किसी एक सच्चाई के साम्राज्यवाद या तानाशाही के लिए निरन्तर प्रतिरोध'' (कवि कह गया है, पृ. 198)। श्री वाजपेयी की अपनी प्रतिबद्धता है। उसके चलते उनका विरोध स्वाभाविक है।

डॉ. शर्मा को 'विरुद्धों के सामंजस्य' की अवधारणा को हिन्दी की जातीय परम्परा के रूप में प्रस्तुत किये जाने की बात का पता है। वे त्रिलोचन के सन्दर्भ में ही बांदा के टुनटुनिया पहाड़ और केन की धारा को देखकर लिखी गयीं नार्गाजुन, त्रिलोचन और केदारनाथ अग्रवाल की तीन कविताओं का हवाला देते हैं। नागार्जुन को टुनटुनिया पहाड़ से देखने पर बाँदा 'गंधर्वनगर' प्रतीत होता है। त्रिलोचन जब केन के किनारे की चट्टानों और केन की धारा को एकसाथ देखते हैं, तो उन्हें आसमान में अदृश्य अप्सराएँ नाचती प्रतीत होती हैं और केदार केन और टुनटुनिया को बरसों देखने के बाद अनुभव करते हैं कि नगर का परम पुरुष पहाड़ भोग में योग को बाँधे समय में ही समयातीत होकर अधिष्ठित है। तीनों कविताओं का हवाला देकर वे टिप्पणी करते हैं—''विरोधी तत्त्वों का सामंजस्य यहाँ भी है। यदि कोई प्रगतिशील कवियों के छायावादी संस्कारों की आलोचना करना चाहे, तो वह ऊपर की पंक्तियों को इस्तेमाल कर सकता है। पर केदार, नार्गाजुन, त्रिलोचन की कविताओं का मुख्य विषय परम पुरुष पहाड़, गन्धर्व नगर और अदृश्य अप्सराएँ नहीं हैं। वे सब मंच के पृष्ठ भाग में अपनी झलक दिखाकर गायब हो जाते हैं, अग्रभाग में है यथार्थ संसार, उसमें रहने वाले हाड़मांस के नर-नारी'' (संकल्प : समीक्षा दशक, पृ. 197)। तात्पर्य यह कि डॉ. शर्मा को विरोधी तत्त्वों की उपस्थिति से परहेज नहीं है, परहेज है यथार्थ संसार की उपेक्षा से। वे हिन्दी की जातीय परम्परा को संघर्षशील, जनवादी, जीवन्त और यथार्थपरक देखना चाहते हैं।

डॉ. शर्मा की हिन्दी की जातीय परम्परा की अवधारणा को अस्वीकार करने के लिए उनके द्वारा प्रस्तुत हिन्दी जाति के मूल चरित्र की अवधारणा को निरस्त करना होगा। उनके अनुसार हिन्दी जाति का आविर्भाव ही विदेशी शासन और देशी सामन्तीय सामाजिक रूढ़ियों के विरुद्ध संघर्ष से हुआ है। उसका चरित्र ही संघर्षशील और जनवादी है।

हिन्दी जाति के सांस्कृतिक इतिहास की रूप-रेखा पर विचार करते हुए डॉ. शर्मा ने उसके मानवतावादी एवं लोकोन्मुख स्वरूप को रेखांकित किया है। संत-साहित्य के अध्ययन की समस्याओं पर विचार करते हुए सामाजिक समस्याओं के प्रति उनकी जागरूकता की सराहना की है और मध्यकालीन भारत के सांस्कृतिक परिवेश में उनकी प्रगतिशील चेतना का महत्त्व प्रतिपादित किया है। रीतिकालीन

काव्य-परम्परा का विवेचन करते हुए उसे सामन्तीय अभिरुचि का प्रतीक बताया है। आधुनिक कवियों एवं लेखकों की समीक्षा करते हुए हिन्दी-साहित्य के विकास में भारतेन्दु, महावीरप्रसाद द्विवेदी, प्रेमचन्द, 'प्रसाद', 'निराला' आदि की प्रगतिशील ऐतिहासिक भूमिका का आकलन किया है और आचार्य शुक्ल की आलोचना-पद्धति पर विस्तारपूर्वक विचार करते हुए न केवल उनके इतिहास की विशेषता को निर्दिष्ट किया है, वरन् उनकी इतिहास-दृष्टि को व्यापक समर्थन भी दिया है। डॉ. शर्मा की इन और इसी प्रकार की अन्य समीक्षाओं के आधार पर उनकी इतिहास-दृष्टि पर विचार किया जा सकता है।

'भारतीय साहित्य' और 'हिन्दी जाति' की अवधारणा : इतिहास-चिन्ता का परिप्रेक्ष्य

डॉ. रामविलास शर्मा हिन्दी के प्रखर मार्क्सवादी समीक्षक हैं। उन्होंने 'भारतेन्दु', 'प्रेमचन्द', 'निराला', 'महावीरप्रसाद द्विवेदी', 'आचार्य रामचन्द्र शुक्ल', आदि अनेक रचनाकारों, समीक्षकों एवं नयी कविता जैसी काव्य-प्रवृत्तियों के विश्लेषण के माध्यम से हिन्दी-साहित्य की गतिशील एवं स्वस्थ जनवादी चेतना को परखा और उजागर किया है। हिन्दी-साहित्य और भाषा के इतिहास में उनकी गहरी रुचि रही है। वे समाज और साहित्य दोनों के अन्तस्सम्बन्धों की जटिलता को पहचानते हैं और साहित्य के मूल्यांकन के लिए विवेकपूर्ण समाजनिष्ठ ऐतिहासिक दृष्टि की अनिवार्यता स्वीकार करते हैं। इधर उन्होंने भारतीय साहित्य के इतिहास की समस्याओं की ओर हिन्दी-जगत् का ध्यान आकृष्ट करना चाहा है, साथ ही हिन्दी जाति के गठन और उसके सन्दर्भ में हिन्दी-साहित्य के विवेचन की आवश्यकता पर भी बल दिया है। 1986 ई. में उनकी दो पुस्तकें–'भारतीय साहित्य के इतिहास की समस्याएँ[1], और 'हिन्दी जाति का साहित्य'[2] एकसाथ प्रकाशित हुई हैं। इन पुस्तकों के माध्यम से डॉ. शर्मा ने भारतीय और हिन्दी-साहित्य दोनों के सम्बन्ध में कुछ विचारणीय मुद्दे सामने रखे हैं। यहाँ हम उनके द्वारा उठाये गये प्रश्नों के महत्त्व और मूल्य को आँकने की कोशिश करेंगे। भारतीय साहित्य के इतिहास के सम्बन्ध में डॉ. शर्मा ने जो प्रश्न उठाये हैं, उन्हें क्रमबद्ध रूप में इस प्रकार रखा जा सकता है–

1. किसी भी भाषा के साहित्य का इतिहास लिखने के लिए उस भाषा का व्यवहार करनेवाले मानव-समाज के गठन के स्वरूप पर विचार करना आवश्यक है। यह देखना आवश्यक है कि वह समाज पूँजीवादी है, या सामन्ती है, या कबीलाई है। अभी तक भारतीय साहित्य का इतिहास विभिन्न भारतीय भाषाएँ बोलनेवाली जातियों के गठन को ध्यान में रखकर नहीं लिखा गया है।
2. भारत की विभिन्न भाषाएँ बोलनेवाली आधुनिक जातियों का निर्माण अंग्रेज़ी राज कायम होने के पहले हुआ या बाद को? अंग्रेज़ी राज की प्रगतिशील भूमिका

स्वीकार करने वाले इतिहासकार इन जातियों का निर्माण अंग्रेज़ी राज कायम होने के बाद से मानते हैं। यह मत भ्रान्त है। अंग्रेज़ों से पहले यहाँ तुर्कों ने अपना राज कायम किया था। क्या इससे भारतीय समाज के विकास में कोई सहायता मिली थी? यह प्रश्न भी विचारणीय है।

3. समाज और साहित्य का इतिहास लिखते समय धर्म और सम्प्रदाय के विवेचन को आधार बनाया जाय या नहीं? हम बौद्ध स्थापत्य, मुस्लिम स्थापत्य, हिन्दू स्थापत्य जैसे विभाजन करते हैं पर 'हिन्दू संगीत' और 'मुस्लिम संगीत' जैसे विभाजन नहीं करते। इसी प्रकार नृत्य के सन्दर्भ में भी हम बौद्ध नृत्य या हिन्दू नृत्य या मुस्लिम नृत्य जैसे विभाजन नहीं करते। यदि हम विभिन्न कलाओं के व्यापक संदर्भ में साहित्य के इतिहास पर विचार करें, तो समस्याओं को सुलझाने में मदद मिलेगी।
4. भारत में बहुजातीय राष्ट्रीयता का विकास हुआ है। यह मानव-समाज की एक विशिष्ट उपलब्धि है। मार्क्सवादी समाजशास्त्र में बहुजातीय राष्ट्र की निर्माण-प्रक्रिया का विवेचन नहीं के बराबर है। इसलिए मार्क्सवादी समाजशास्त्रीय दृष्टि से भारत जैसे बहुजातीय राष्ट्र के साहित्येतिहास-लेखन का काम चुनौती-भरा है
5. भारतीय साहित्य के इतिहास-लेखक को विभिन्न भारतीय भाषाओं के साहित्य के आपसी सम्बन्धों पर भी विचार करना होगा। भारत की किसी भी भाषा के साहित्य का इतिहास अखिल भारतीय परिप्रेक्ष्य में ही लिखा जाना चाहिए।
6. भारतीय भाषाओं के विकासक्रम के सम्बन्ध में प्रचलित धारणा—वैदिक संस्कृत—संस्कृत—प्राकृत—अपभ्रंश [पुरानी हिन्दी]—हिन्दी—भ्रान्त है। देशी भाषाएँ उतनी ही प्राचीन हैं, जितना भरत का नाट्यशास्त्र। सामन्तवर्ग ने प्राकृत भाषाओं को प्रश्रय दिया था। इसलिए देशी भाषाएँ दबी हुई थीं। 11वीं सदी में जातीय भाषाओं के अभ्युदय की जमीन तैयार हुई। इसी समय कारीगरों और व्यापारियों के बड़े वर्ग निर्मित हुए। समाज में द्रव्यतन्त्र और विनिमय का विकास हुआ। इसके साथ सामन्ती व्यवस्था के गर्भ में पूँजीवादी सम्बन्धों का प्रसार हुआ। 12वीं सदी को नयी जातियों के निर्माण का प्रारम्भिक काल मान सकते हैं। इसी समय से आधुनिक भाषाओं में जातीय साहित्य की रचना आरम्भ होती है। सामाजिक विकास-क्रम में यह सामन्ती व्यवस्था के विघटन और व्यापारिक पूँजीवाद के अभ्युदय का युग है। वस्तुतः यह मध्ययुग की शुरुआत नहीं, आधुनिक युग की शुरुआत है। भारतीय भाषाओं के साहित्येतिहास को इसी क्रम में देखा जाना चाहिए।

'हिन्दी-जाति का साहित्य' में डॉ. शर्मा ने यह स्पष्ट करना चाहा है कि हिन्दी साहित्य को हिन्दी जाति के साहित्य के रूप में देखा जाना चाहिए। शुक्लजी ने हिन्दी साहित्य के इतिहास को हिन्दी-जाति के इतिहास के रूप में देखने की परम्परा का

सूत्र-पात किया है। हिन्दी जाति के भीतर हिन्दू और मुसलमान दोनों आते हैं। भक्ति-साहित्य हमारे जातीय जागरण का साहित्य है। अपभ्रंश साहित्य की प्रकृति सामन्ती है। भक्ति-साहित्य की प्रकृति सामन्त-विरोधी है। भक्ति-साहित्य में कर्मकाण्ड का विरोध है। मानव-जीवन के यथार्थपरक चित्रण की प्रवृत्ति है। दुःखीजनों के प्रति गहरी संवेदना है। ये विशेषताएँ भक्ति-साहित्य के मानवतावादी स्वर को स्पष्ट करती हैं। यह लोक-जागरण का काल है। हिन्दी-साहित्य में मुख्यतः दो धाराएँ समानान्तर प्रवाहित हुई हैं—रीतिवादी धारा और लोकवादी धारा। वीरगाथा-काल रीतिवाद का प्रथम उत्थान है। रीतिकाल (उत्तर मध्यकाल) रीतिवाद का द्वितीय उत्थान है। भारत का आधुनिक साहित्य अभिन्न रूप में स्वाधीनता आन्दोलन से सम्बद्ध है।

वस्तुतः डॉ. शर्मा की ये दोनों कृतियाँ एक-दूसरे की पूरक हैं। 'भारतीय साहित्य के इतिहास की समस्याएँ' का सन्दर्भ अखिल भारतीय है। 'हिन्दी जाति का साहित्य' का सम्बन्ध मात्र हिन्दी-साहित्य से है। 'भारतीय साहित्य के इतिहास की समस्याएँ' में जिन समस्याओं की ओर हमारा ध्यान आकृष्ट किया गया है, हिन्दी-साहित्य के इतिहास-लेखन की समस्याएँ उनसे सर्वथा अलग नहीं हैं। भारतवर्ष में हिन्दी, बांग्ला, असमिया, उड़िया, मराठी, गुजराती, तमिल, कन्नड़, तेलुगु, मलयालम आदि जातियों ने मिलकर जिस विशिष्ट बहुजातीय राष्ट्रीयता को विकसित किया है, हिन्दी उसके केन्द्र में है। इसलिए दोनों को लेकर विचार किया जा सकता है।

भारतीय साहित्य के इतिहास-लेखन की पहली समस्या मार्क्सवादी समाजशास्त्रीय दृष्टि को भारतीय सन्दर्भ से जोड़ने की है। डॉ. शर्मा ने स्वीकार किया है कि मार्क्सवादी समाजशास्त्र में बहुजातीय राष्ट्र की निर्माण-प्रक्रिया का विवेचन नहीं के बराबर हुआ है। ऐसी स्थिति में भारतीय साहित्य के इतिहास-लेखन की जिन समस्याओं की ओर उन्होंने हमारा ध्यान आकृष्ट किया है, उसका कोई पूर्वनिर्मित वैज्ञानिक आधार नहीं है। ये समस्याएँ उन्होंने स्वयं उठाई हैं। वे यह स्वीकार करते हैं, "मूल समस्याएँ यही हैं अन्य नहीं हैं, ऐसा मेरा आग्रह नहीं है। मैं जो कुछ कहूँगा, उसे आप मान लेंगे, ऐसा मैं नहीं सोचता।" फिर भी चूंकि डॉ. शर्मा एक मार्क्सवादी विचारक हैं, इसलिए यह मान लेने में कोई हानि नहीं है कि मार्क्सवादी समाजशास्त्रीय दृष्टि से विचार करने पर इन समस्याओं से टकराना होगा। यह सही है कि भारतीय साहित्य का इतिहास विभिन्न भारतीय भाषाओं को बोलने वाली जातियों के गठन को ध्यान में रखकर नहीं लिखा गया। डॉ. शर्मा ने इस दृष्टि से विचार करके इस दिशा में पहल की है। उन्होंने प्राचीनकाल का सम्बन्ध **गण व्यवस्था** से, मध्यकाल का सम्बन्ध **सामन्ती व्यवस्था** से और आधुनिक काल का सम्बन्ध **पूँजीवादी व्यवस्था** से जोड़ा है। उनकी दृष्टि में भारतीय वैदिक काल गण व्यवस्था वाले प्राचीन युग का अवसान-काल है। संस्कृत, पाली, प्राकृत आदि में रचा हुआ साहित्य सामन्ती

समाज की देन है। इन सबको मध्यकालीन साहित्य कह सकते हैं। आधुनिकता का आरम्भ जातीय निर्माण-प्रक्रिया से मानना चाहिए। जाति-निर्माण की यह प्रक्रिया व्यापारिक पूँजीवाद (मशीनों से चलनेवाले बड़े उद्योग-धन्धों का पूँजीवाद नहीं) के विकास के साथ आरम्भ होती है। अंग्रेजों के आने से पहले अकबर और शाहजहाँ के समय में आगरा भारत का सबसे बड़ा व्यापार-केन्द्र था। यह उत्पादन और विनिमय दोनों का केन्द्र था। इसी कारण दिल्ली और हरियाणा की बोली आगरा में ब्रजभाषा से प्रभावित होकर अपना आधुनिक रूप प्राप्त कर सकी और यही हिन्दी आधुनिक हिन्दी-प्रदेश के जनपदों में रहनेवालों की जातीय भाषा बनी। डॉ. शर्मा ने स्वयं ही यह प्रश्न उठाया है कि यदि हिन्दी-प्रदेश के लोगों की जातीय भाषा खड़ी बोली है तो ब्रजभाषा को जातीय निर्माण की प्रक्रिया से कैसे जोड़ा जा सकता है? उन्होंने इसका समाधान यह कहकर किया है कि जातीय निर्माण की प्रक्रिया सुदीर्घ काल में सम्पन्न होती है। इस प्रक्रिया में एक से अधिक उपभाषाएँ योगदान करती हैं। जब कोई एक भाषा जातीय भाषा के रूप में प्रतिष्ठित हो जाती है, तब अन्य जनपदीय भाषाएँ उसकी उपभाषा बन जाती हैं। इस प्रकार हिन्दी जाति के निर्माण-काल से आधुनिकता का आरम्भ माना जा सकता है। मशीनों से चलनेवाले आधुनिक उद्योग-धन्धों के विकास के साथ जातीय विकास की दूसरी मंजिल आरम्भ होती है। इस क्रम में नगरों में संगठित रूप में शिक्षा का प्रसार होता है और बुद्धिजीवी मध्यवर्ग का उदय होता है। समाजवादी व्यवस्था के अन्तर्गत जब वर्गभेद मिट जाता है, शिक्षा का व्यापक प्रसार होता है, जाति के आर्थिक सम्बन्ध पुष्ट हो जाते हैं, तब हम जातीय विकास की तीसरी मंजिल पर पहुँचते हैं। डॉ. शर्मा के इस विवेचन से इस प्रश्न का उत्तर भी मिल जाता है कि अंग्रेजों के आने से आधुनिक भारतीय भाषाएँ बोलनेवाली जातियों के निर्माण का कारण-कार्य सम्बन्ध नहीं है। ये जातियाँ पहले से निर्मित थीं। इनका साहित्य भी पर्याप्त समृद्ध था। तुर्कों के आक्रमण से इनका सांस्कृतिक विकास विशेष प्रभावित नहीं हुआ था।

विभिन्न कलाओं—नृत्य, संगीत आदि—के व्यापक सन्दर्भ में साहित्य के इतिहास पर विचार करना उचित ही है। किन्तु इन कलाओं के वैशिष्ट्य-विश्लेषण तथा विकास-क्रम-निर्धारण के आधार-बिन्दुओं पर भी मार्क्सवादी समाजशास्त्रीय दृष्टि से विचार करना होगा। फिर इन्हें भी गण-व्यवस्था, सामन्त व्यवस्था और पूँजीवादी व्यवस्था के समानान्तर रखकर देखना होगा। कलाओं के व्यापक सन्दर्भ में साहित्य के इतिहास पर विचार किया जायगा तो साहित्य के सन्दर्भ में कलाओं के इतिहास पर भी दृष्टिपात करना होगा। साहित्य और कला के अन्तर्वर्ती सम्बन्ध-सूत्रों की समानता से इनकार नहीं किया जा सकता। इतिहासकारों ने यह पहले ही लक्षित किया है कि काव्य की भाँति चित्रकला में भी नौ रसों की अभिव्यक्ति होती है। मुगल-शासनकाल में काव्य-ग्रन्थों में निरूपित भावों के आधार पर ग्रन्थ-चित्रण की

परम्परा विद्यमान थी। राजस्थानी चित्रकला पर कृष्णकाव्य का व्यापक प्रभाव है। यही नहीं, अजन्ता के अनेक भित्तिचित्र जातक कथाओं पर आधृत हैं। भारतीय संगीत-शास्त्र तो स्पष्ट रूप से स्वीकार करता है कि–''जिस प्रकार वाक्य के अंगभूत वाच्यार्थ के पश्चात् व्यंग्यार्थ का बोध कराते हैं, उसी प्रकार गेय स्वर-सन्दर्भ के अंगभूत स्वर अपने स्वरूप के पश्चात् भाव या रस का बोध कराते हैं।'' भारतीय साहित्य के इतिहास के काल-विभाजन की भाँति भारतीय कलाओं के इतिहास के काल-विभाजन का प्रश्न भी मार्क्सवादी समाजशास्त्री के लिए बड़ी चुनौती बनकर सामने आएगा। डॉ. शर्मा ने समाजशास्त्रीय दृष्टि से भारतीय कलाओं के विकास के आधार-बिन्दुओं की ओर संकेत नहीं किया है।

भारत जैसे बहुजातीय राष्ट्र के साहित्येतिहास का लेखन चुनौती-भरा इसलिए भी है कि यहाँ अलग-अलग जातियों की साहित्य-रचना का आरम्भ एकसाथ नहीं हुआ है। विशेषतः द्रविड़ भाषा-भाषियों की साहित्य-रचना के आरम्भ-बिन्दुओं में पर्याप्त अन्तर है। तमिल में साहित्य-रचना बहुत पहले आरम्भ हुई थी। 'मलयालम', 'कन्नड़' और 'तेलुगु' में साहित्य-रचना बहुत बाद को हुई है। डॉ. शर्मा के अनुसार इसका कारण यह था कि वहाँ उद्योग और व्यापार का विकास बहुत पहले हुआ। यह कारण सही हो सकता है, किन्तु इतिहास-लेखक तमिल जाति के विकास को अंकित करते समय यह बात कैसे स्वीकार कर लेगा कि जहाँ अन्य आधुनिक जातियों के साहित्य में व्यापारिक पूँजीवाद के विकास के प्रभावस्वरूप रीतिवाद-विरोधी भक्ति-कालीन लोक-जागरण की प्रवृत्ति विकसित हुई, वहाँ तमिल में रीतिवादी प्रवृत्ति ही प्रमुख रही। यहाँ यह ध्यान रखना होगा कि तमिल की व्यापारिक समृद्धि का काल जैन और बौद्ध प्रभाव के बहुत पहले का है। कौटिल्य के अर्थशास्त्र (चौथी शताब्दी ई.पू.) में तमिल प्रदेश के प्रसिद्ध नगर 'मदुरा' के सुन्दर सूती कपड़ों और मोतियों का उल्लेख है। तमिल के वैष्णव भक्तों का समय हम अधिक-से-अधिक ई. सन् के आसपास स्वीकार कर सकते हैं। कुछ लोग तो इनकी स्थिति बौद्ध और जैन धर्मों के प्रभाव के बाद स्वीकार करते हैं। तमिल का प्राचीनतम उपलब्ध ग्रन्थ 'तोल्काप्पियम्' है। यह एक लक्षण ग्रन्थ है। इसमें 1612 सूत्र हैं। इसके सम्बन्ध में डॉ. शंकरराजू नायडू का कहना है–"तोल्काप्पियम् जैसे महत्तम ग्रन्थ को एक बार पढ़कर ही कोई सहृदय विद्वान् इसकी कल्पना सरलता से कर सकता है कि इसके लक्ष्य ग्रन्थ कितने परिमाण में तथा कितने श्रेष्ठ रहे होंगे।" निश्चय ही तमिल जाति के साहित्य के इतिहास-लेखन में मार्क्सवादी समाजशास्त्री के सामने अनेक उलझनें आ सकती हैं। वहाँ व्यापारिक समृद्धि और भक्ति-केन्द्रित लोक-जागरण का कारण-कार्य सम्बन्ध दिखाने में कठिनाई होगी।

किसी भी भारतीय भाषा के साहित्य का इतिहास अखिल भारतीय परिप्रेक्ष्य में लिखा जाना चाहिए। यह दृष्टि पहले के इतिहासकारों के सामने भी थी। स्वयं आचार्य शुक्ल ने व्यापक परिप्रेक्ष्य में अपने इतिहास की रचना की है। उन्होंने न

केवल हिन्दी की सांस्कृतिक व्याप्ति का ध्यान रखा है, वरन् उसे प्रेरित, प्रभावित और विकसित करने वाले स्रोतों को भी महत्त्व दिया है। उन्होंने सरहपा, लुइपा, कण्हपा जैसे सिद्धों की चर्चा की है, जिनका बांग्ला साहित्य में कहीं अधिक महत्त्व है। इसी प्रकार उन्होंने महाराष्ट्र के नामदेव, पंजाब के नानक, बांग्ला के चैतन्य महाप्रभु, मैथिली के विद्यापति, तमिल की अन्दाल, राजस्थानी के पृथ्वीराज और मीराबाई को भी सम्मानपूर्वक स्मरण किया है। कवियों की आलोचना करते समय तो उन्होंने संस्कृत, फ़ारसी, अंग्रेज़ी आदि भाषाओं में स्वीकृत काव्य-मूल्यों की भी सन्दर्भ के अनुसार व्यापक चर्चा की है। आचार्य द्विवेदी की 'हिन्दी-साहित्य की भूमिका' की तो मूल प्रतिज्ञा ही यह है, "ऐसा प्रयत्न किया गया है कि हिन्दी-साहित्य को सम्पूर्ण भारतीय साहित्य से विच्छिन्न करके न देखा जाय।" 'काशी नागरी प्रचारिणी सभा' की हीरक जयन्ती के अवसर पर प्रकाशित 'जयन्ती ग्रन्थ' (1945 ई.) में हिन्दी-साहित्य के संक्षिप्त इतिहास के साथ ही आन्ध्र, तमिल, कन्नड़, मराठी, बांग्ला, गुजराती, पंजाबी, उड़िया, असमी, नेपाली, उर्दू आदि के भी पिछले साठ वर्षों के इतिहास को प्रस्तुत किया गया है। इधर डॉ. नगेन्द्र ने हिन्दी काव्य-चिन्तन को समस्त भारतीय काव्य-चिन्तन के साथ रखकर देखने का प्रयत्न किया है। इन लेखकों की दृष्टि मार्क्सवादी समाजशास्त्रीय भले न हो, किन्तु इनकी मंशा हिन्दी-साहित्य को समग्र भारतीय साहित्य के साथ रखकर देखने की अवश्य रही है।

भारतीय भाषाओं के विकास-क्रम के सम्बन्ध में प्रचलित धारणा तो यही रही है कि वैदिक संस्कृत के बाद लौकिक संस्कृत, फिर पाली-प्राकृत और अन्त में अपभ्रंश एवं पुरानी हिन्दी की स्थिति स्वीकार की जाय। आदिकालीन हिन्दी की प्रवृत्तियों एवं काव्य-रूपों के विकास में अपभ्रंश के योग पर काफी कुछ लिखा भी जा चुका है। इस सम्बन्ध में डॉ. शर्मा का मत विशेष रूप से ध्यान देने योग्य है। वे अपभ्रंश को लोक-प्रचलित भाषा न मानकर सामन्त-वर्ग-पोषित साहित्य की रूढ़ भाषा मानते हैं और देशी भाषाओं की स्वतन्त्र स्थिति स्वीकार करते हैं। वे अपभ्रंश को देशी भाषाओं के सहज विकास में बाधक मानते हैं। उनकी इस मान्यता का तार्किक आधार यह है कि व्यापारिक पूँजीवाद के साथ देशव्यापी लोक-जागरण का स्वर देशी भाषाओं में ही मुखरित हुआ था। उन्होंने देशी भाषाओं के विकास के साथ आधुनिक जातियों के निर्माण की प्रक्रिया को सम्बद्ध करके देखा है। वस्तुतः भाषाओं के विकास और अभ्युदय का कारण एकपक्षीय नहीं होता। व्यापारिक जन-संचार के साथ ही धार्मिक प्रचार भी भाषाओं के विकास और समृद्धि का एक प्रमुख कारण रहा है। ब्रजभाषा की अखिल भारतीय व्याप्ति का कारण वैष्णव भक्ति-आन्दोलन ही था। कोई भी भाषा साहित्य की परिनिष्ठित भाषा बनने के पहले क्षेत्र-विशेष की लोक-प्रचलित भाषा अवश्य होती है। अपभ्रंश भी देशव्यापी साहित्यिक भाषा का रूप ग्रहण करने के पहले क्षेत्र-विशेष की लोक-भाषा रही होगी। अपभ्रंशों में शौरसेनी अपभ्रंश का विशेष महत्त्व

है। इसका मूल रूप से शूरसेन प्रदेश में प्रचलित होना स्वाभाविक है। सभी अपभ्रंश कवि सामन्तों के आश्रय में ही नहीं रहते थे। बौद्ध-सिद्धों में 'सरह' की भाषा भी अपभ्रंश है। इसलिए पूरे अपभ्रंश साहित्य को सामन्त-पोषित रूढ़ साहित्यिक भाषा का साहित्य मान लेना सुविचारित निर्णय नहीं है। आज जो साहित्यिक हिन्दी प्रचलित है उसके बारे में भी कभी यह प्रश्न उठ सकता है कि वह किसी क्षेत्र की बोलचाल की भाषा नहीं थी। जबकि डॉ. शर्मा स्वयं स्वीकार करते हैं कि हरियाणा के आसपास की बोली ही व्यापारिक कारणों से ब्रजभाषा से मिलकर नये रूप में उत्तर भारत में प्रचलित हुई है। अतः अपभ्रंश को एकबारगी सामन्त-पोषित और जन-समुदाय से कटी हुई भाषा घोषित कर देना समीचीन नहीं लगता।

हिन्दी-साहित्य को हिन्दी जाति के साहित्य के रूप में देखने की बात महत्त्वपूर्ण है। 'हिन्दी' शब्द का प्रयोग जाति के अर्थ में पहले भी किया गया है। तेरहवीं शती में व्यापारिक कारणों से 'हिन्दी-जाति' (जिसमें हिन्दू-मुसलमान दोनों आते हैं) के निर्माण की बात भी स्वीकार्य है। भक्ति-काल को लोक-जागरण का काल मानना भी ठीक है। भक्ति-साहित्य में मानवतावादी स्वर स्पष्ट है। वीरगाथा काल को रीतिवाद का प्रथम उत्थान और उत्तर मध्यकाल को रीतिवाद का द्वितीय उत्थान मानने में भी कोई कठिनाई नहीं है, किन्तु लोकवादी साहित्य में (जैसा कि डॉ. शर्मा ने दिखाया है) विद्यापति, खुसरो, कबीर, सूर, जायसी, तुलसी, रहीम, सेनापति, घनानन्द, गिरधर कविराय, सभी को एकसाथ रख देना सुविचारित नहीं है। यदि यह माना जाय कि ये सभी कवि लोक-प्रतिष्ठाप्राप्त हैं, इसलिए लोकवादी हैं, तो लोक-प्रतिष्ठा तो बिहारी को भी प्राप्त है। उन्हें क्यों छोड़ दिया जाय? उनकी श्लेषप्रियता लोक की सहज राग-वृत्ति के प्रतिकूल है। इसी प्रकार विद्यापति का समूचा साहित्य लोक-चित्तानुकूल नहीं है। उनकी अनेक रचनाओं पर सामन्ती परिवेश की छाप है। पूरे भक्ति-साहित्य को एक ही धारा से जोड़ना भी ठीक नहीं है। मन्दिरों के भीतर बैठकर वैष्णव आचार-संहिता के अनुकूल पद-रचना करना और जनता के बीच बैठकर सामाजिक-धार्मिक रूढ़ियों को चुनौती देना, दो भिन्न प्रकार की मानसिकताएँ हैं। मन्दिरों के वैभव की छाया ने एक प्रकार के धार्मिक रीतिवाद को जन्म दिया था। कहना न होगा कि नन्ददास की 'रसमंजरी' नायिका-भेद का ग्रन्थ है। कहाँ कबीर का क्रान्तिकारी स्वर? कहाँ नन्ददास की रुन-झुन? दोनों को लोक-जागरण के खाते में डालना विवेकपूर्ण नहीं कहा जा सकता। इस क्रम में एक बात और विचारणीय है। हिन्दी-जाति के व्यापक राष्ट्रीय सन्दर्भ को देखते हुए उचित होगा कि हम उर्दू के इतिहास को भी हिन्दी-साहित्य में समाविष्ट करें। इस ओर कुछ लोगों ने इशारा अवश्य किया है, किन्तु इसे व्यावहारिक रूप नहीं दिया जा सकता है। डॉ. शर्मा ने भी प्रस्तुत कृति में इस समस्या पर विशेष ध्यान नहीं दिया है।

फिर भी यह मानना होगा कि मार्क्सवादी समाजशास्त्रीय दृष्टि से हिन्दी-साहित्य

पर विचार करते हुए डॉ. शर्मा ने पहली बार उसमें निहित लोक-जागरण की प्रवृत्ति को उभारकर सामने रखा है। उनका विवेचन व्यापक राष्ट्रीय चेतना को जाग्रत् करने में सहायक होगा। इस क्रम में उन्होंने आचार्य रामचन्द्र शुक्ल और आचार्य हजारीप्रसाद द्विवेदी के इतिहास-ग्रन्थों को सामने रखा है। अनेक अवसरों पर उन्होंने दोनों आचार्यों के निष्कर्षों की तुलना भी की है। उनकी दृष्टि में आचार्य शुक्ल ने हिन्दी-साहित्य के इतिहास का विवेचन एक विकासवादी वैज्ञानिक की दृष्टि से किया है, आचार्य द्विवेदी का विवेचन वैज्ञानिक नहीं है। हाँ, मैं इतना ही कहना चाहूँगा कि इस तुलना के बिना भी डॉ. शर्मा अपनी बात कह सकते थे। आचार्य द्विवेदी का इतिहास-लेखन अवैज्ञानिक हो सकता है, किन्तु इनकी विचारधारा रीतिवाद समर्थक नहीं है। द्विवेदीजी ने अनेक अवसरों पर सामन्ती शोषण का स्पष्ट विरोध किया है। मार्क्सवाद के विषय में भी वे कहते हैं—"मार्क्सवादी साहित्य कितने भी दुर्धर्ष जड़ विज्ञान के तत्त्ववाद पर आधारित क्यों न हो, वह मनुष्य को केवल नियति का गुलाम नहीं मानता। मुझे इस श्रेणी के साहित्य में यह बात सबसे अच्छी लगती है।" आचार्य द्विवेदी के पूरे साहित्य को सामने रखकर ही उनकी विचारधारा के सम्बन्ध में कुछ कहना उचित होगा। यह सर्वविदित है कि आचार्य द्विवेदी रवीन्द्रनाथ टैगोर के 'मानवधर्म' सम्बन्धी चिन्तन से प्रभावित थे। रूसी इतिहास-लेखकों की दृष्टि में रवीन्द्रनाथ टैगोर "बांग्ला साहित्य के मूर्धन्य प्रतिनिधि, महान् भारतीय लेखक, संगीतकार, कलाकार, दार्शनिक, शिक्षक और लोक-सेवक थे" (भारत का इतिहास, को.अ. अन्तोनोवा, ग्रि.म. बोगर्द-लेविन, ग्रि.ग्रि. कोतोव्स्की)। मैं रवीन्द्र के विराट व्यक्तित्व से आचार्य दिवेद्वी की तुलना नहीं करना चाहता। इतना ही कहना चाहता हूँ कि यदि आधुनिक भारतीय चिन्तन के इतिहास में रवीन्द्रनाथ टैगोर की भूमिका को प्रगतिशील माना जा सकता है, तो कोई कारण नहीं है कि आचार्य शुक्ल और आचार्य द्विवेदी के लेखन का 'व्यतिरेकी अध्ययन' प्रस्तुत करने की आवश्यकता नहीं थी। 'व्यतिरेक' के स्थान पर यदि उनकी दृष्टि 'अन्वय' पर टिकी होती तो अच्छा था।

इतिहास-दर्शन : डॉ. रामविलास शर्मा

डॉ. रामविलास शर्मा की महत्त्वपूर्ण और विवादास्पद पुस्तक 'इतिहास-दर्शन' में कुल नौ अध्याय हैं। प्रथम अध्याय 'ऋग्वैदिक आर्य और उनका परिवेश' है। इसके बाद क्रमशः चार अध्यायों में यूनानी समाज के अन्तर्विरोध का विवेचन है। छठे अध्याय में 'हेगल, सिकन्दर और देमोस्थेनस' के व्यक्तित्व और विचारों का अध्ययन किया गया है। सातवें अध्याय में 'सिकन्दर का विश्वविजयी अभियान और भारत से पलायन' का ऐतिहासिक विवेचन और आठवें अध्याय में 'यूनान और पश्चिमी यूरोप' के सम्बन्धों का विश्लेषण है। नौवें अध्याय में 'इतिहास-दर्शन और राहुल सांकृत्यायन' शीर्षक से राहुलजी के इतिहास और दर्शन सम्बन्धी विचारों में निहित अन्तर्विरोधों का विवेचन किया गया है। अन्त में लगभग आठ पृष्ठों के उपसंहार में राहुलजी की भ्रांतियों और कुछ थोड़ी-सी सही धारणाओं का उल्लेख किया है।

इस पुस्तक को लिखने की मूल प्रेरणा अठारहवीं-उन्नीसवीं शती के यूरोपियन विद्वानों की इस स्थापना को मिथ्या प्रमाणित करना है कि—"आर्य भारत में 1200 ई. पूर्व अथवा 1500 ई. पूर्व आये; पुरानी सभ्यता का नाश करके बस गये, एक अतिसीमित कालखण्ड में इण्डोईरानियन से अलग इण्डोआर्यन का विकास किया, घुमन्तू जीवन छोड़कर कृषि यन्त्र का विकास किया, अपनी यज्ञ संस्कृति का विकास किया और 'ऋग्वेद' जैसा महाग्रन्थ रच डाला।" डॉ. शर्मा के अनुसार ये सारी मान्यताएँ काल्पनिक और अवैज्ञानिक और निराधार हैं। उनका मानना है कि—"यूरोप का भूस्वामी वर्ग अठारहवीं-उन्नीसवीं सदियों में एशिया में अपना प्रभुत्व फैला रहा था। व्यापार और दर्शन दोनों क्षेत्रों में भारत उसे अपना मुख्य प्रतिद्वन्द्वी प्रतीत होता था। उस वर्ग के समर्थक बुद्धिजीवियों ने सचेत रूप से प्रयत्न किया कि अपनी आर्थिक समृद्धि और सांस्कृतिक उपलब्धियों के कारण यूरोप से भारत को जो ख्याति मिली, उसे नष्ट किया जाए।" उस समय ऐतिहासिक भाषा-विज्ञान और तुलनात्मक देवशास्त्र का जो अध्ययन किया गया उसका उपयोग भारत की सांस्कृतिक उपलब्धियों को हीनतर प्रमाणित करने के लिए किया गया। डॉ. शर्मा जिस समय 'भारत के प्राचीन भाषा परिवार और हिन्दी' लिख रहे थे उसी समय इस निष्कर्ष पर

पहुँच चुके थे कि "वास्तव में, ऐतिहासिक भाषा-विज्ञान प्राप्त भाषाओं के सामान्य तत्त्वों से अप्राप्त भाषा की जो ध्वनि-व्यवस्था रचता है, वह निराधार और काल्पनिक है।" कारण यह है कि, "जो ध्वनियाँ एवं विकास-प्रक्रिया के अन्त में किसी भाषा के तन्त्र में व्यवस्थित हुई हैं, उन्हें यह विकास-प्रक्रिया के आरम्भ में ही विकसित और किसी भाषातंत्र में व्यवस्थित मान लेता है।" डॉ. शर्मा संस्कृत की 'सघोष महाप्राण ध्वनियों–' घ् ध् भ्–का उदाहरण सामने रखते हैं। इनके अस्तित्व की कल्पना आदि इण्डोयूरोपियन भाषा में की गई है। भारत के बाहर इन ध्वनियों का अस्तित्व ईरान से लेकर इंग्लैण्ड और आइसलैण्ड तक कहीं प्रमाणित नहीं होता। 'हित्ती' भाषा को वैदिक भाषा से भी प्राचीन माना जाता है। इस भाषा के दस्तावेजों में भी इन ध्वनियों का प्रयोग नहीं किया गया है। डॉ. शर्मा का निष्कर्ष है कि ये ध्वनियाँ शुद्ध रूप से भारतीय हैं। यह आश्चर्य की बात है कि 'आदि इण्डो-यूरोपियन' में इनका अस्तित्व है तो आर्यों के भारत-प्रवेश के पहले ही इनका लोप कैसे हो गया? यदि किन्हीं कारणों से लोप हो भी गया तो यहाँ आने पर ये ध्वनियाँ फिर कैसे प्रकट हो गयीं? डॉ. शर्मा का मत है कि इस तरह की कठिनाइयों को दूर करने का उपाय यह कि, "अनेक केन्द्रों में भिन्न भाषा-तत्त्वों के विकास और फिर एक ही भाषा-व्यवस्था में उनके संगठित होने का सिद्धान्त स्वीकार किया जाय।" डॉ. शर्मा पूरे विश्वास से कहते हैं–"आर्य भाषा परिवार (इण्डोएर्यन) किसी आदि आर्य भाषा की उपज नहीं हैं।" वस्तुतः डॉ. शर्मा भाषा-परिवार की अवधारणा को ही ठीक नहीं समझते। वे यह नहीं मानते कि जैसे परिवार में माता, पुत्री, पौत्री, प्रपौत्री की वंशानुक्रमिक परम्परा होती है, उसी तरह एक भाषा से दूसरी भाषा का उद्भव होता है। वे कहते हैं–"एक ही बीज से किसी भाषा-परिवार की उत्पत्ति होना सम्भव नहीं है। जो भाषाएँ एक परिवार के अन्तर्गत आगे चलकर सम्बद्ध दिखाई देती हैं, वे इससे पहले भिन्न केन्द्रों में, भिन्न स्रोतों से विकसित होकर, एक-दूसरे को प्राभावित करती रही थीं।" इस प्रकार डॉ. शर्मा यह प्रमाणित करते हैं कि इण्डोयूरोपियन भाषा का कोई एक मूल रूप नहीं था। उसका कोई एक विशेष मूल स्थान भी नहीं था। यह मानना गलत है कि उसी एक मूल भाषा के विघटन से संस्कृत, लैटिन, ग्रीक आदि भाषा-कुलों का विकास हुआ। अपने मूल स्थान से चलकर आर्य सप्त-सिन्धु प्रदेश में पहुँचे। वहाँ द्रविड़ लोग रहते थे। उन्हें परास्त करके आर्यों ने अपने उपनिवेश कायम किये। डॉ. शर्मा का तो यह मानना है कि 'अवेस्ता' का मूल रूप वैदिक भाषा है। "स्-ह् वाले परिवर्तन बहुत स्पष्ट बता देते हैं कि मूल रूप कहाँ से आये हैं। और परिवर्तित रूप किस भाषा में हैं–'सेना-हएना','असुर-अहुर', 'सोम-हओम' आदि रूपों में स् वाले रूप मूल हैं; जहाँ ह् ध्वनि है, वे परिवर्तित रूप हैं।" इसके अतिरिक्त आधुनिक तुर्की के 'वोगाजकोय' गाँव में 'हित्ती' भाषा में जो 1700 से 1200 ई. पूर्व के दस्तावेज मिले हैं, उनमें भारतीय देवताओं के नाम हैं। ये नाम

तद्भव रूप में हैं। जैसे 'इन्द्र' यहाँ 'इन्दर', मित्र 'मित्र-शिल', वरुण 'उरुवनश्शिल' हो गए हैं। यदि आर्य यूरोप और ईरान की ओर से चलकर भारत आए तो यह मानना होगा कि, "भारत पहुँचने से पहले ही आर्य भाषा के तद्भव रूप बनने लगे।" यह सम्भव प्रतीत नहीं होता। डॉ. शर्मा के अनुसार हित्तियों ने लघु एशिया में पूर्व की ओर से प्रवेश किया था। भाषा वैज्ञानिक तत्त्वों के अतिरिक्त अनेक सांस्कृतिक तत्त्व भी ऐसे हैं, जिनसे सिद्ध होता है कि दूसरी शताब्दी ई. पूर्व में भारतीय आर्य पश्चिमी एशिया में फैल रहे थे। पश्चिमी एशिया के राजवंश पंखों वाले सूर्य बिम्ब का प्रयोग करते थे। ऐसे सूर्य बिम्ब का वर्णन ऋग्वेद में मिलता है। इससे भी सबल साक्ष्य अरायुक्त रथों कि निर्यात का है। अरायुक्त रथों का ऋग्वेद में बार-बार उल्लेख हुआ है। मितन्नी राज्य (उत्तरी इराक) से ऐसे रथों का निर्यात मिस्र को होता था। हित्ती राज्य (तुर्की) से होता हुआ यह रथ यूनान और उत्तरी यूरोप में पहुँचा। डॉ. शर्मा का कहना है—"इसी तरह भाषा-तत्त्वों की यात्रा सम्भव है।" इस तरह के कई अन्य साक्ष्यों के आधार पर डॉ. शर्मा प्रमाणित करते हैं कि आर्यों के बाहर से आकर सिन्धु प्रदेश पर आक्रमण करने की बात निराधार है। अधिक सम्भावना इस बात की है कि दूसरी शताब्दी ई. पूर्व के आसपास भारतीय आर्य पश्चिमी एशिया में फैल रहे थे।

यूरोपीय विद्वानों ने 'ऋग्वेद' की रचना का जो समय निर्धारित किया है, डॉ. शर्मा उससे सहमत नहीं हैं। वे मैक्समूलर का यह कथन उद्धृत करते हैं—"जहाँ तक वेदों के वास्तविक रचना-काल का प्रश्न है, मैंने तत्परता से मान लिया था कि कालक्रम विचार से वह उतना प्राचीन नहीं है जितना कि पिरामिड, पर मान लीजिए कि वह होता, तो क्या हमारे अध्ययन के लिए उसका मूल्य इससे किसी प्रकार बढ़ जाता? यदि हम उसे 5000 ई. पूर्व स्थिर करें तो कोई इस काल का खण्डन कर सकेगा, इसमें मुझे सन्देह है और यदि हम वेद से और पहले जायँ, संस्कृत के तथा आर्य भाषा के आदिम रूप के निर्माण के लिए जो समय दरकार था उसे नापने बैठें, तो मुझे सन्देह है कि इसके लिए 5000 वर्षों का समय भी पर्याप्त होगा। भाषा में अथाह गहराई है, एक स्तर के नीचे दूसरा स्तर निकलता चला जाता है इसके बहुत पहले कि हम जड़ों तक पहुँचें, और उसके विस्तार कि लिए, उनमें व्यक्त किये गये विचारों के विस्तार के लिए कितना समय, कितना प्रयत्न अनिवार्यतः आवश्यक रहा होगा।" डॉ. शर्मा मैक्समूलर के इस कथन को बहुत महत्त्वपूर्ण मानते हैं कि, "भाषा में अथाह गहराई है।" वे ऋग्वेद की रचना 5000 वर्ष ईसापूर्व से और पीछे ले जाना चाहते हैं। डॉ. शर्मा यह मानते हैं कि ऋग्वैदिक सभ्यता हड़प्पा सभ्यता के पहले की है। ऋग्वेद में जिन 'गणों' और 'जनों' का उल्लेख है वे उसी क्षेत्र में थे, जिसमें बाद में हड़प्पा सभ्यता का विकास हुआ। ऋग्वेद के बाद भरत जनों का लोप हो जाता है। वे कुरुओं में समा जाते हैं। ऋग्वेद में कुरुओं का नाम नहीं है। 'ऋग्वेद' में जल-प्रलय का भी उल्लेख नहीं है। 'अथर्ववेद' में है। डॉ. शर्मा का अनुमान है कि जल-प्रलय में भरतों

की असामान्य हानि हुई और उन्हें अपने मूल स्थान से हटना पड़ा। वे कुरु प्रदेश में अपनी समृद्धि खोकर आये और उनमें समा गये। बाद को इसी प्रदेश में 'हड़प्पा सभ्यता' का विकास हुआ। आर्यों द्वारा सिन्धु प्रदेश पर आक्रमण और मोहनजोदड़ो का हत्याकाण्ड मनगढ़न्त है। डॉ. शर्मा की मान्यता है कि हड़प्पा सभ्यता के विकास में समय लगा होगा। इसलिए ऋग्वैदिक काल हड़प्पा सभ्यता के बहुत पहले होना चाहिए। हड़प्पा सभ्यता के ह्रास के लिए वे सरस्वती नदी का सूखना कारण मानते हैं। वे कहते हैं—''यह इतिहास की विडम्बना है कि सरस्वती की बाढ़ से ऋग्वैदिक सभ्यता का विनाश हुआ और कुछ हजार साल बाद उसी की जलहीनता से हड़प्पा सभ्यता का ह्रास हुआ।'' डॉ. शर्मा ने सामाजिक विकास की दृष्टि से भी 'ऋग्वेद' की प्राचीनता प्रमाणित की है। वे उदाहरण देकर सिद्ध करते हैं कि ऋग्वेद में 'आर्य' शब्द वर्ण-सूचक नहीं है। यजुर्वेद में है। ऋग्वेद सामाजिक विकास की पहली मंजिल है, यजुर्वेद दूसरी। वेदों की प्राचीनता प्रमाणित करने के लिए ज्योतिष-संकेतों का साक्ष्य भी लिया जाता रहा है। लोकमान्य तिलक ने भगवद्गीता के दशम् अध्याय में आये हुए इस श्लोकार्ध—'मासानाम् मार्गशीर्षोऽहम् ऋतूणां कुसुमाकरः', की ओर ध्यान आकृष्ट करते हुए यह प्रश्न उठाया कि 'मार्गशीर्ष' महीने की विशेषता क्या है? बहुत खोज के बाद वे इस परिणाम पर पहुँचे कि ऋग्वेद के कुछ मन्त्रों की रचना ऐसे समय में हुई थी जब वसंत सम्पान मृगशिरा नक्षत्र में होता था। यह आज से लगभग 6500 वर्ष पूर्व की बात है। डॉ. शर्मा ने ज्योतिष संकेतों का साक्ष्य नहीं दिया है।

डॉ. शर्मा ने वैदिक साहित्य में प्राप्त देवकथाओं की व्याख्या भी की है। उनका मानना है कि वैदिक कवियों ने कहीं सीधे और कहीं देवकथाओं के माध्यम से प्राकृतिक परिवेश का चित्रण किया है। वेदों में एक प्रसिद्ध कथा 'इन्द्र' और 'वृत्र' के युद्ध की है। अनेक साक्ष्यों के आधार पर डॉ. शर्मा प्रमाणित करते हैं कि 'वृत्र मूलतः कोई व्यक्ति नहीं, निर्जीव जड़ अवरोध था।' डॉ. शर्मा का निष्कर्ष है—"आदिवासियों के कल्पित दुर्ग जल और प्रकाश के अवरोध हैं। इन्द्र इन्हें नित्यप्रति पर्वतों के गर्भ से मुक्त करता है। वह जिन गायों को मुक्त करता है, वे जलधाराएँ या किरणें हैं। हर तरफ के अवरोध को वृत्र कहा गया है।" इस तरह की व्याख्या तो 'यास्क' ने भी की है। 'इन्द्रो वृत्रम् जघान' की व्याख्या करते हुए उन्होंने इन्द्र को 'सूर्य' और वृत्र को बादल माना है। उनकी व्याख्या है—"सूर्य ने बादलों को छेदकर अन्धकार को दूर कर दिया।" डॉ. शर्मा यह मानते हैं कि ये अवरोध आकाश के बादल ही नहीं, धरती के पर्वत भी हैं। भूस्खलनों के कारण जो पर्वत-खण्ड टूटकर नदियों का प्रवाह रोक देते हैं वे भी वृत्र हैं। 'इन्द्र' आकाश में ही बादलरूपी पर्वतों को हटाकर प्रकाश या जल को मुक्त नहीं करते वे धरती के अवरोधों को भी हटाकर नदियों के जल-प्रवाह को मुक्त करते हैं। डॉ. शर्मा का कहना है कि—"आकाश में इस तरह की कार्यवाही धरती पर ही इन्द्र के क्रियाकलाप की प्रतिच्छवि है।" इसी प्रकार

'अग्नि' सम्बन्धी कथाओं का अनुशीलन करते हुए वे इस निष्कर्ष पर पहँचते हैं कि–" 'शुष्कात् यद् देव जीवो जनिष्ठाः' (सूखे निर्जीव काष्ठ से जीवन्त अग्नि का जन्म हुआ)– जैसी परस्पर-विरोधी लगने वाली प्रक्रियाएँ प्रकृति में नित्य घटित होती हैं। यह द्वन्द्ववाद अग्नि-सम्बन्धी देवकथाओं में अंतर्निहित है।" वेदों में पृथ्वी' के विशेष महत्त्व को लक्षित करते हुए डॉ. शर्मा कहते हैं,–"ऋग्वेद के सभी देवी-देवताओं में सर्वाधिक पार्थिव, सर्वाधिक लौकिक पृथ्वी है वह देवी है, माता है, प्रत्यक्ष है। द्यावा-पृथ्वी के जोड़े में जब वह आकाश के साथ है, तब भी माता आकाश नहीं, पृथ्वी ही है।"

इतिहास-दर्शन' में लगभग 175 पृष्ठों में यूनानी समाज के अन्तर्विरोधों का विवेचन किया गया है। इसकी आवश्यकता का अनुभव डॉ. शर्मा ने शायद इसलिए किया कि भारत और यूनान दोनों की सभ्यताएँ प्राचीन हैं। दोनों ने एक-दूसरे को प्रभावित किया है। दोनों की सामाजिक व्यवस्था में पर्याप्त साम्य है और दोनों के प्रति पश्चिमी यूरोप के देशों का रवैया एक-सा रहा है। जो यूनान पश्चिमी सभ्यता की आधारभूमि है, उसी के साथ वे ऐसा व्यवहार करते हैं मानो वह उनका मातहत देश हो। डॉ. शर्मा ने लक्षित किया है कि यूनानी समाज में मुख्य अन्तर्विरोध भूस्वामियों और दासों के बीच नहीं, भूस्वामियों और किसानों एवं कारीगरों के बीच था। सुकरात, प्लेटो और अरस्तू के साहित्य में इस अन्तर्विरोध को साफ लक्षित किया जा सकता है। डॉ. शर्मा ने इस विवेचन में मार्क्सवादी विचारक टामसन के निष्कर्षों से विशेष सहायता ली है। कुछ भी हो, पूरी पुस्तक में यूनानी समाज के अन्तर्विरोध का विस्तृत विवेचन पुस्तक के सन्तुलन को भंग करता है।

पुस्तक का अन्तिम अध्याय राहुल सांकृत्यायन के इतिहास-दर्शन से सम्बद्ध है। यह अध्याय भी पर्याप्त विस्तृत है। डॉ. शर्मा यह स्वीकार करते हैं कि राहुलजी समाज को बदलना चाहते थे और उन्होंने मार्क्सवादी विचारधारा स्वीकार की थी। वे हिन्दी के माध्यम से ज्ञान-विज्ञान का प्रचार-प्रसार करना चाहते थे, किन्तु उनमें बहुत से अन्तर्विरोध हैं। डॉ. शर्मा के अनुसार–"उनके लेखन में पूर्वाग्रहों और निराधार कल्पनाओं की ऐसी भरमार है कि उनमें उनकी थोड़ी-सी सही धारणाएँ भी खो जाती हैं।" डॉ. शर्मा के अनुसार राहुलजी के चिन्तन के मुख्य अन्तर्विरोध निम्नलिखित हैं :

(क) राहुलजी आर्यों को विदेशी आक्रामक मानते हैं। उनके अनुसार आर्य बाहर से आये। उन्होंने द्रविड़ सभ्यता का विनाश किया। जो आर्य थे वे ब्राह्मण और क्षत्रिय बने। जो अनार्य थे वे वैश्य और शूद्र। इस प्रकार राहुलजी के चिन्तन में जाति-प्रथा के विकास में श्रम-विभाजन की कोई भूमिका नहीं है।

(ख) राहुलजी यह मानते हुए भी कि बौद्धधर्म का क्षणिकवाद शून्यवाद की ओर

ले जाता है। संसार को असार बताकर शोषण-व्यवस्था को कायम रखता है, उसके प्रति अपना मोह छोड़ नहीं पाते।

(ग) राहुलजी ने यूरोप के दर्शन को धार्मिक विभाजन से मुक्त रखा है और भारतीय दर्शन को धार्मिक विभाजन के अन्तर्गत। यूरोप में दर्शन धर्म से पूर्णतः मुक्त नहीं है। यूरोप में जिस तरह प्रोटेस्टेण्टों ने रोमन कैथलिकों को और रोमन कैथलिकों ने प्रोटेस्टेण्टों को जलाया उस तरह की धर्मान्धता तो यहाँ नहीं देखी गयी।

(घ) राहुलजी दार्शनिक चिन्तन के सामाजिक आधार को स्पष्ट नहीं करते। वे अंग्रेजी राज में शूद्रों की जो दशा थी उसे ही प्राचीन काल के समाज पर आरोपित कर देते हैं।

(ड़) राहुलजी गण-समाजों के समर्थक हैं। गण-समाज रक्त-सम्बन्ध वाला समाज था। उस समय वर्णों के आधार पर समाज के पुनर्गठित होने से बाहर से आने वालों को समाज में समाहित कर लिया गया। इसके अतिरिक्त श्रम-विभाजन के आधार पर नयी बिरादरियों के बनने से उत्पादन में वृद्धि हुई। राहुलजी वर्ण–व्यवस्था की इस आरम्भिक प्रगतिशील व्यवस्था को नकार देते हैं।

(च) राहुलजी स्वतन्त्रता आन्दोलन की भूमिका को पूरी तरह अस्वीकार करते हैं। यह कार्य मानवेन्द्र नाथ राय ने भी किया था। यहाँ राहुलजी मार्क्सवाद से हटकर रायवाद के समर्थक हो गये हैं।

(घ) राहुलजी हिन्दू संस्कृति और मुस्लिम संस्कृति की बात करते हैं। हिन्दी को हिन्दुओं से और उर्दू को मुसलमानों से जोड़ते हैं। अंग्रेजी राज कायम होने से पहले बहुत से मुसलमान हिन्दी और बहुत से हिन्दू उर्दू साहित्य रच चुके हैं, यह इतिहास का सत्य उनकी दृष्टि से ओझल रह जाता है।

डॉ. शर्मा ने लगभग एक पृष्ठ में सूत्र-शैली में राहुलजी की सही और महत्त्वपूर्ण धारणाओं को भी प्रस्तुत किया है। इसके साथ ही पुस्तक समाप्त हो गई है। डॉ. शर्मा राहुलजी के साथ न्याय नहीं कर पाते। उन्होंने राहुलजी की 'सही और महत्त्वपूर्ण धारणाओं' को विस्तार से रेखांकित नहीं किया है। राहुलजी को समझने के लिए उनके कर्मठ जीवन को भी सामने रखना चाहिए था। आचरण, विचार से बड़ी कसौटी है। राहुलजी के चिन्तन में अन्तर्विरोध हो सकते हैं। वे निरन्तर बदलते रहे हैं। अपने ही लिखे अंशों को फिर से पढ़कर सुसंगत बनाने का समय भी उनके पास नहीं था। बहुत कुछ उन्होंने स्मृति के सहारे लिखा है। उनके लिए यह कहना—"बौद्ध भाववाद से आगे बढ़कर वह बौद्ध सम्प्रदायवाद को अपनाते हैं। और वहाँ से हिन्दू सम्प्रदायवाद तक पहुँचने में उन्हें देर नहीं लगती"—संगत और समीचीन नहीं है। 5 फरवरी 1955 को राहुलजी पुनः कम्युनिस्ट पार्टी के सदस्य

हो गये थे। उन्होंने लिखा है—"मुझे उस दिन बड़ी प्रसन्नता हुई। मैं डरता था, पार्टी मेम्बर न रहते कहीं महाप्रयाण न करना पड़े। अपने पुराने साथियों से मैं दिल खोलकर मिलता था, लेकिन एक तरह का विलगाव देखकर तबियत असंतुष्ट होती थी। मैंने कहा—अब जीवन-भर के लिए पार्टी का मेम्बर हुआ।" यदि राहुलजी हिन्दू-सम्प्रदायवादी हो गये थे तो पार्टी सेक्रेटरी अजय घोष ने पुनः उनका पार्टी में स्वागत क्यों किया? यदि राहुलजी साम्प्रदायिक थे तो उन्होंने 'अकबर' जैसी पुस्तक क्यों लिखी? वे 'रहीम' को महत्त्व क्यों देते थे? राहुलजी स्वतन्त्रता आन्दोलन की भूमिका को पूरी तरह नकारते हैं, यह भी नहीं कहा जा सकता। 1921 में उन्होंने छपरा में सत्याग्रह किया था। 1922 में बक्सर जेल में बन्द रहे। 1930-31 में कराची कांग्रेस में भाग लिया। 40-42 में किसान-आन्दोलन का नेतृत्व किया है और जेल गये। गाँधी के महत्त्व को भी वे स्वीकारते हैं—"गाँधीजी के उपकार को बहुत मानता हूँ। उन्होंने ही चम्पारन के निलहे साहबों के मद को चूर किया और सैकड़ों बरसों से भेड़ बने सियारों को शेर बनाया। उन्होंने ही हिन्दुस्तान की भुक्कड़ जनता को अपने पैर पर खड़ा होने में सबसे अधिक मदद की।" अपने लेखन में यदि उन्होंने स्वतंत्रता-आन्दोलन को महत्त्व नहीं दिया तो इसलिए कि उनकी दृष्टि में आन्दोलन के पुरोधाओं को यह स्पष्ट नहीं था कि देश के स्वतन्त्र होने पर वे समाज को क्या रूप देंगे? गाँधी का सर्वोदय दर्शन उन्हें पूँजीपतियों के हित में लगता था। किसी भी बड़े व्यक्तित्व के सम्बन्ध में अन्तिम निर्णय उसके एक-दो वक्तव्यों के आधार पर नहीं, समूचे जीवन-व्यापार को दृष्टि में रखकर करना चाहिए।

जहाँ तक 'ऋग्वैदिक आर्य और उनका परिवेश' शीर्षक प्रथम अध्याय का प्रश्न है, इसकी मुख्य स्थापनाएँ संगत हैं। आर्य सभ्यता (ऋग्वेद कालीन) का मोहनजोदड़ो की सभ्यता से प्राचीन होना, आर्यों का बाहर से न आना, आर्यों एवं द्रविड़ों के युद्ध को निराधार प्रमाणित करना तथा आर्यों का अपने परिवेश के प्रति अत्यन्त संवेदनशील होना, यह सारी स्थापनाएँ साधार और तर्क-पुष्ट हैं। किन्तु भूस्खलनों से होने वाले अवरोधों को 'वृत्र' कहना संगत नहीं लगता। वृत्र का अर्थ अवरोध या घेरा अवश्य है, किन्तु यह अवरोध बादलों द्वारा (पर्वत-से लगने वाले) सूर्य का है। सूर्य और इन्द्र एक हैं। 'इन्द्रो वै सूर्य्यः'। जो प्राकृतिक दृश्य नेत्रों के सामने प्रायः उपस्थित होता है, कवि-कल्पना उसे चित्रित करने में सुख पाती है। भूस्खलन चाहे जितने हुए हों, वे नैत्यिक प्राकृतिक व्यापार नहीं हो सकते। एक गंगा की धारा को मुक्त करके प्रवाहित करने पर भगीरथ प्रयत्न के प्रतीक बन गए। 'भगीरथ प्रयत्न' मुहावरा बन गया। इन्द्र के साथ ऐसा कोई मुहावरा नहीं जुड़ा, जबकि वे प्रायः जलधाराओं को मुक्त करते हैं। यास्क ने आकाश के प्राकृतिक क्रियाकलापों में ही इन्द्र और वृत्र के द्वन्द्व की व्याख्या की है। वैसे वैदिक मन्त्रों में यह गुंजाइश तो है ही कि उसकी आध्यात्मिक, आधिदैविक और आधिभौतिक तीनों स्तरों पर व्याख्याएँ की जा

सकती हैं। इन सबके बावजूद डॉ. शर्मा ने वैदिक साहित्य की जो द्वन्द्वात्मक ऐतिहासिक दृष्टि से यथार्थपरक व्याख्या की उसे नकारा नहीं जा सकता। डॉ. शर्मा की स्थापनाओं को न तो हाय! हाय!! करके खारिज किया जा सकता है और न वाह! वाह!! करके शब्दशः शिरोधार्य ही किया जा सकता है। आज तक संसार में ऐसा कोई विचारक नहीं पैदा हुआ, जिसका चिन्तन पूर्णतः आग्रहमुक्त हो। आग्रह विचारधारा विशेष की स्वयंकृत व्याख्या के दायरे का भी हो सकता है और जीवन के विकास-क्रम में अनेक कटु-मधुर अनुभवों के संघात से उत्पन्न संस्कारों का भी। अन्तर्विरोध यदि कबीर जैसे बहुआयामी और क्रान्तिकारी व्यक्तित्व को छोटा नहीं बनाता तो उसकी उपस्थिति राहुल सांकृत्यायन को भी महत्त्वहीन नहीं बना सकती और उसकी अनुपस्थिति डॉ. शर्मा के व्यक्तित्व को भी एकआयामी बनाकर छोड़ देगी।

प्रखर मार्क्सवादी समीक्षक : डॉ. रामविलास शर्मा

डॉ. रामविलास शर्मा हिन्दी के प्रख्यात मार्क्सवादी समीक्षक, विचारक, भाषाविद् एवं कवि हैं। पिछले चालीस वर्षों में उनकी चार दर्जन से अधिक कृतियाँ प्रकाशित हुई हैं। उन्होंने हिन्दी भाषा और साहित्य की विकास-परम्परा का सतर्क, सूक्ष्म और विवेकपूर्ण मूल्यांकन करते हुए उसमें निहित प्रगतिशील एवं प्रतिक्रियावादी तत्त्वों को अच्छी तरह पहचाना है और पूरी शक्ति एवं आत्मविश्वास के साथ उन्हें प्रस्तुत किया है। डॉ. शर्मा के कृतित्व की श्लाघ्य और श्रेष्ठ अभिव्यक्ति आधुनिक युग के युगनिर्माता साहित्यकारों के मूल्यांकन में हुई है। भारतेन्दु हरिश्चन्द्र, आचार्य महावीरप्रसाद द्विवेदी, प्रेमचन्द, आचार्य रामचन्द्र शुक्ल और 'निराला' आधुनिक हिन्दी साहित्य की वे श्रेष्ठ प्रतिभाएँ हैं, जिन्होंने अपना सर्वस्व देकर हिन्दी को समृद्ध किया हैं। इनका कृतित्व हिन्दी की उपलब्धि है। डॉ. शर्मा ने इन्हीं को केन्द्र में रखकर आधुनिक हिन्दी साहित्य को गतिशील, स्वस्थ एवं जनवादी चेतना को परखने की चेष्टा की है। प्रेमचंद (1941 ई.), भारतेन्दु युग (1943 ई.), 'निराला' (1946 ई.), प्रगति और परम्परा (1949 ई.), साहित्य और संस्कृति (1949 ई.), प्रेमचंद और उनका युग (1961 ई.), भारतेन्दु हरिश्चन्द्र (1953 ई.), भाषा, साहित्य और संस्कृति (1954 ई.), प्रगतिशील साहित्य की समस्याएँ (1954 ई.), स्वाधीनता और राष्ट्रीय साहित्य (1956 ई.), आस्था और सौन्दर्य (1961 ई.), भाषा और समाज (1961 ई.), साहित्य स्थायी मूल्य और मूल्यांकन (1968 ई.), निराला की साहित्य साधना (प्र. सं. 1969 ई.), निराला की साहित्य साधना, द्वितीय भाग (1972 ई.), भारतेन्दु युग और हिन्दी भाषा की विकास परम्परा (1975 ई.), निराला की साहित्य साधना (तृ. ख. 1978 ई.), महावीरप्रसाद द्विवेदी और हिन्दी नवजागरण (1977 ई.), नयी कविता और अस्तित्ववाद (1981 ई.), परम्परा का मूल्यांकन (1981 ई.), भाषा युग बोध और कविता (1981 ई.), भारत में अंग्रेजी राज और मार्क्सवाद (दो खण्ड 1982 ई.), कथा विवेचना और गद्य शिल्प (1982 ई.), मार्क्सवाद और प्रगतिशील साहित्य (1984 ई.), लोकजागरण और हिन्दी साहित्य (1985 ई., सम्पादित), हिन्दी जाति का साहित्य (1986 ई.), भारतीय साहित्य के इतिहास की समस्याएँ (1986 ई.), मार्क्स

और पिछड़े हुए समाज (1986 ई.), स्वतन्त्रता संग्राम : बदलते परिदृश्य (1992 ई.), भारतीय इतिहास और भौतिकवाद (1992 ई.), पश्चिमी एशिया और ऋग्वेद (1994 ई.), भारतीय नवजागरण और यूरोप (1995 ई.), भारतीय साहित्य की भूमिका (1996 ई.), इतिहास दर्शन (1996 ई.), अपनी धरती-अपने लोग (तीन खण्ड, 1996 ई.), भारतीय संस्कृति और हिन्दी-प्रदेश (दो खण्ड, 1999 ई.), गाँधी, अम्बेडकर, लोहिया और भारतीय इतिहास की समस्याएँ (2000 ई.), भारतीय सौन्दर्यबोध और तुलसीदास (2001 ई.), आदि अनेक कृतियाँ प्रकाशित हो चुकी हैं। आपने मानव सभ्यता का विकास, अठारह सौ सत्तावन की राज्य क्रांति जैसी समाजशास्त्र और इतिहास से सम्बद्ध पुस्तकें भी लिखी हैं। समय-समय पर आप रेखाचित्र, संस्मरण, डायरी और पत्र आदि भी लिखते रहे हैं। इनका संग्रह पंचरत्न (1980 ई.) नाम से प्रकाशित है। घर की बात (1983 ई.) शीर्षक से आपने अपने परिवार का लगभग सौ वर्षों का इतिहास भी प्रस्तुत किया है। आत्मकथा लेखन के क्षेत्र में यह एक सर्वथा नवीन प्रयोग है।

इतिहास और समकालीन परिदृश्य शीर्षक में उन्होंने एक पुस्तक-माला तैयार की है। इसके दो खण्ड, 1. स्वाधीनता संग्राम : बदलते परिदृश्य, 2. भारतीय इतिहास और ऐतिहासिक भौतिकवाद प्रकाशित हो चुके हैं। पहले खण्ड में डॉ. शर्मा ने 1857 के स्वाधीनता संग्राम से लेकर राष्ट्रीय एकता के लिए वर्तमान संघर्ष तक मुख्य सामाजिक समस्याओं के विश्लेषण पर अपना ध्यान केन्द्रित किया है। दूसरे खण्ड में उन्होंने ऐतिहासिक भौतिकवाद की अवधारणा को भारत और एशिया के बृहत्तर सन्दर्भों में जोड़कर उसका सृजनात्मक विकास किया है। इस पुस्तक का सातवाँ अध्याय पूर्वी यूरोप तथा सोवियत संघ में समाजवाद का विघटन और तीसरी दुनिया अत्यन्त महत्त्वपूर्ण है। इस अध्याय के अन्त में निष्कर्ष रूप में डॉ. शर्मा ने लिखा है : चाहे मनुष्य के प्राकृतिक परिवेश का सवाल हो, चाहे पूँजी के केन्द्रीकरण का, चाहे एकध्रुवीय संसार के निर्माण और इस संसार के भीतर तेजी से बढ़ते अन्तर्विरोधों का सवाल हो, हर मुद्दे पर मार्क्सवाद की स्थापनाएँ खरी उतरती हैं। मार्क्सवादी अप्रासंगिक नहीं है, अप्रासंगिक है मानव जाति के भविष्य के लिए पूँजीवाद! पूँजीवादी संसार का पुनर्गठन कैसे करें, यह हम मार्क्सवाद से सीखते हैं। डॉ. शर्मा की चेतावनी है—"विदेशी पूँजी को बुलावा देकर सोवियत संघ जैसा राष्ट्र अपनी एकता की रक्षा नहीं कर पाया उस रास्ते पर चलकर भारत अपनी एकता की रक्षा कर सकेगा, उसमें बहुत सन्देह है।" आज डॉ. शर्मा अपनी साहित्य साधना के शिखर पर स्थित हैं।

साहित्य और कला चिन्तन

डॉ. शर्मा ने अपने समीक्षात्मक निबन्धों में साहित्य, कला, सौन्दर्य, समीक्षा आदि के सम्बन्ध में अपनी मान्यताएँ प्रस्तुत की हैं और अपनी व्यावहारिक समीक्षाओं में उनके

अनुकूल आचरण करते हुए कवियों एवं साहित्यकारों का मूल्यांकन किया है।

कला के सम्बन्ध में अपनी मान्यता प्रस्तुत करने हेतु डॉ. शर्मा ने कहा है–"कला की विषयवस्तु न वेदान्तियों का ब्रह्म है, न हेगेल का निरपेक्ष विचार। मनुष्य का इन्द्रियबोध, उसके भाव, उसके विचार, उसका सौन्दर्यबोध कला की विषयवस्तु है।" डॉ. शर्मा कला और साहित्य में भेद नहीं करते। इसलिए उनका उपर्युक्त कथन कला और साहित्य दोनों के सम्बन्ध में मान्य समझा जाना चाहिए। वे इन्हीं तत्त्वों का उल्लेख साहित्य के सन्दर्भ में भी करते हैं और उसकी परिवर्तनशीलता के सम्बन्ध में अपना मत प्रकट करते हुए कहते हैं–"साहित्य के सभी तत्त्व समान रूप से परिवर्तनशील नहीं हैं, इन्द्रियबोध की अपेक्षा भाव और भावों की अपेक्षा विचार अधिक परिवर्तनशील हैं। युग बदलने पर जहाँ विचारों में अधिक परिवर्तन होता है, वहाँ इन्द्रियबोध और भावजगत् में अपेक्षाकृत स्थायित्व रहता है।" डॉ. शर्मा शाश्वत सत्य जैसी कोई चीज नहीं मानते। वे साहित्य के सत्य को ऐतिहासिक सामाजिक परिस्थितियों की उपज मानते हैं। सत्य चाहे दर्शन का हो, चाहे जीवन का वह समाज सापेक्ष्य ही होता है। नैतिक मान्यताएँ और मूल्य भी विकासमान मानवसमाज के साथ बदलते रहते हैं। कोई भी साहित्यकार अपने युग की ऐतिहासिक सीमाओं का अतिक्रमण नहीं कर सकता। इसलिए साहित्य में शाश्वत सत्य की प्रतिष्ठा की बात करना एक प्रकार का भ्रम उत्पन्न करना है।

साहित्य के शिल्प और रूप-पक्ष को भी डॉ. शर्मा सामाजिक विकास से प्रभावित मानते हैं। उनका कहना है–"साहित्य का शिल्प उसके विभिन्न रूप, सामाजिक विकास में ही सम्भव हुए हैं। जनता तक साहित्य पहुँचाने के साधनों में जो परिवर्तन हुए, उनका प्रभाव उनके रूपों पर भी पड़ा।" साहित्य में वस्तु और रूप के संश्लिष्ट सम्बन्धों की व्याख्या करते हुए वे कहते हैं कि साहित्य में रूप और वस्तु एक-दूसरे से सम्बद्ध ही नहीं होते, वे एक-दूसरे को प्रभावित भी करते हैं, किन्तु साहित्य की रचना-प्रक्रिया में वे निर्णायक भूमिका 'विषयवस्तु' को ही मानते हैं।" वे कहते हैं–"कला और विषयवस्तु दोनों ही समान रूप में साहित्यरचना के लिए निर्णायक महत्त्व की नहीं हैं। निर्णायक भूमिका हमेशा विषयवस्तु की ही होती है।" जो समीक्षक आज मात्र भाषा की चर्चा करके समीक्षक के दायित्व की कृतार्थता का अनुभव कर रहे हैं, उनके सम्बन्ध में डॉ. शर्मा का कहना है कि वे विषय की विवेचना से बचना चाहते हैं। केवल रूप की प्रशंसा करने वालों तथा रूपवादी आलोचना के ही एक विशेष प्रकार की शैली वैज्ञानिक आलोचना में रुचि लेने वाले समीक्षकों के मत से अपनी असहमति व्यक्त करते हुए वे कहते हैं, आजकल कुछ आलोचक साहित्य की विषयवस्तु की विवेचना से बचने के लिए भाषा की चर्चा करना यथेष्ट समझते हैं। वे यह तर्क भी देते हैं कि साहित्य में विषयवस्तु को भाषा से अलग नहीं किया जा सकता, इसलिए भाषा की चर्चा करना ही काफ़ी है। इसके विरोध में कहा

जा सकता है कि जब दोनों में इतना घनिष्ठ सम्बन्ध है, तब विषयवस्तु की चर्चा भी पर्याप्त हो सकती है, चर्चा के लिए भाषा ही क्यों चुनी गयी। कारण यह कि ऐसे लोगों के लिए भाषा और विषयवस्तु का प्रगाढ़ सम्बन्ध साहित्य की विषयवस्तु, उसकी भाव-विचार-सम्पदा को नकारने के लिए है, वे यांत्रिक दृष्टि से भाषा का रूपात्मक विवेचन करते हैं। डॉ. शर्मा के अनुसार, "भाषा विचारशून्य नहीं हो सकती। इसलिए भाषा का विश्लेषण विचारों के विश्लेषण के अभाव में अधूरा माना जाएगा।"

सौन्दर्य के सम्बन्ध में डॉ. शर्मा के विचार आचार्य रामचन्द्र शुक्ल के विचारों से मिलते-जुलते हैं। वे सौन्दर्य को वस्तुगत सत्ता मानते हैं। उनका कहना है कि इन्द्रियों से जिस सौन्दर्य की अनुभूति होती है, बाह्य जगत् में उसकी वस्तुगत सत्ता है। इन्द्रियाँ सौन्दर्य की परख का साधन हैं, उसका कारण नहीं (समालोचक, सौन्दर्यशास्त्र विशेषांक)। वस्तु का गुण ही उसके सौन्दर्य का आधार है। वस्तु का यह गुण मानव-मन की उपज नहीं है। इसलिए यह स्पष्ट है कि सौन्दर्य की सत्ता मानव-मन की नहीं होती। प्रकृति के सौन्दर्य से प्रेरित और प्रभावित होकर ही हमारे मन में सौन्दर्य के संस्कार जगते हैं। इन्द्रियबोध ही परिष्कृत होकर भाव-जगत् का निर्माण करता है। इसलिए भावों और विचारों का सौन्दर्य भी इन्द्रियबोध पर आधृत होता है। एक बार मन में सौन्दर्य के संस्कारों के जग जाने के बाद हम प्रायः वस्तुओं में उसका आरोप करते हैं और यह समझ लेते हैं कि सौन्दर्य वस्तु में न होकर हमारे मन में ही था। मनुष्य सामाजिक प्राणी है। इसलिए उसकी सौन्दर्य चेतना का भी विकास सामाजिक विकास के साथ होता है। इसलिए सामाजिक विकास के साथ सौन्दर्य-चेतना का सापेक्ष सम्बन्ध है। डॉ. शर्मा का निश्चित मत है—सौन्दर्य की इस वस्तुगत सत्ता, सामाजिक विकास से उसके सापेक्ष सम्बन्ध, कला और साहित्य के रूपों के अनुसार उसकी विषयवस्तु की विविधता को ध्यान में रखकर ही हम सौन्दर्यशास्त्र का सही विवेचन कर सकते हैं। (समालोचक, सौन्दर्यशास्त्र विशेषांक)

समीक्षा के सम्बन्ध में भी डॉ. शर्मा की मान्यताएँ स्पष्ट हैं। वे उस समीक्षा को महत्त्व देते हैं, जो वस्तुवादी चिन्तन पर आधृत हो, जिसमें द्वन्द्वात्मक पद्धति का सहारा लेकर विषयवस्तु का विश्लेषण किया गया हो, जिसमें साहित्यकार की सीमाओं का ध्यान रखते हुए उसकी रचना में निहित प्रगतिशील और प्रतिक्रियावादी तत्त्वों की पहचान की गई हो और जिसमें साहित्यकार की भाव-सम्पदा एवं विचार-वैभव की सापेक्षता में उसकी कला और भाषा का विवेचन उपलब्ध हो। डॉ. शर्मा आचार्य रामचन्द्र शुक्ल की आलोचना पद्धति से विशेष प्रभावित हैं। उनकी प्रशंसा करते हुए वे लिखते हैं—"शुक्लजी की आलोचना गम्भीर है, इसलिए कि उसका आधार वस्तुवादी है। शुक्लजी की गम्भीरता का दूसरा कारण उनकी तर्क और चिन्तन-पद्धति है। इस पद्धति को हम द्वन्द्व नाम दें तो अनुचित न होगा।"

विरोधी लगने वाली वस्तुओं का सामंजस्य पहचानना, उन्हें गतिशील और विकासमान देखना, संसार के विभिन्न भौतिक और मानसिक व्यापारों का परस्पर-सम्बन्ध स्थापित करके उनका अध्ययन करना इस पद्धति की विशेषताएँ हैं।[1] कि डॉ. शर्मा के मन में आदर्श समीक्षा का जो रूप विद्यमान था वह बहुत कुछ आचार्य शुक्ल की समीक्षा में मूर्त्त है। अपने आदर्शों को शुक्लजी की समीक्षा में प्रतिफलित देखकर ही उन्होंने उसकी मुक्तकंठ से प्रशंसा की है।

समीक्षा

डॉ. शर्मा ने उन्हीं साहित्यकारों और कवियों की विस्तृत समीक्षा की है जिनकी रचना का मूल स्वर राष्ट्रीय और जनवादी है। उन्होंने भारतेन्दु और उनके युग के सात्यिकारों–प्रतापनारायण मिश्र, बालकृष्ण भट्ट, श्रीनिवास दास, राधाचरण गोस्वामी, बदरीनारायण चौधरी 'प्रेमघन' द्वारा रचित साहित्य की प्रशंसा करते हुए लिखा है–"भारतेन्दु युग का साहित्य हिन्दीभाषी जनता का जातीय साहित्य है। वह हमारे जातीय नवजागरण का साहित्य है। भारतेन्दु युग की जिन्दादिली, उसके व्यंग्य और हास्य, उसके सरल सरस गद्य और लोकसंस्कृति से उसकी निकटता से सभी परिचित हैं। ये उसकी जातीय विशेषताएँ हैं। अंग्रेजी साम्राज्यवाद और अंग्रेजी साहित्य एक ही वस्तु नहीं है। भारतेन्दु युग के साहित्य ने न केवल अंग्रेजी साहित्य से वरन् बांग्ला साहित्य से भी प्रेरणा पायी है। लेकिन उसके साहित्य की जड़ें इसी धरती में हैं और ऊपर बताई हुई उसकी जातीय विशेषताएँ उसकी अपनी हैं, मौलिक हैं।"[2] भारतेन्दु युग के साहित्यकारों में भारतेन्दु के महत्त्व को डॉ. शर्मा ने विशेषरूप से रेखांकित किया है। उन्होंने बताया है कि भारतेन्दु ने हिन्दी साहित्य में राष्ट्रीय और जनवादी तत्त्वों को प्रतिष्ठित किया है। उन्होंने अपने प्रदेश की सांस्कृतिक आवश्यकताओं को पहचाना और हिन्दी साहित्य को इन सांस्कृतिक आवश्यकताओं की पूर्ति का माध यम बनाया। हिन्दी-आन्दोलन इसी आवश्यकता की पूर्ति का आन्दोलन है। भारतेन्दु ने अंग्रेजी शासन के शोषण का पर्दाफाश किया और अपने निबन्धों में उससे मुक्त होने का मार्ग दिखाया। उन्होंने सामाजिक कुरीतियों के विरुद्ध संघर्ष किया, स्त्रियों के अधिकारों का समर्थन किया, धार्मिक सहिष्णुता पर बल दिया और प्राचीन इतिहास और संस्कृति से शक्ति ग्रहण कर जनता के चित्त में राष्ट्रीय गर्व का संचार किया। भारतेन्दु सच्चे अर्थों में एक युग प्रवर्तक साहित्यकार हैं।

महावीरप्रसाद द्विवेद्वी को डॉ. शर्मा ने इसलिए महत्त्व दिया कि वे पुरानी व्यवस्था को बदलने की माँग के समर्थक थे। ये अंग्रेजी साम्राज्यवाद के विरुद्ध लड़ने वाली जनता की प्रमुख शक्तियों–किसान और मजदूर–को पहचानते थे। वे देश के औद्योगिक विकास को महत्त्व देते थे। हिन्दी को उसका अधिकार दिलाने को सचेष्ट थे। वे हिन्दीभाषी प्रदेश के नवजागरण के प्रतीक थे। वे विश्व की तत्कालीन

वैज्ञानिक प्रगति से अच्छी तरह परिचित थे। वे नयी सामाजिक चेतना का प्रसार करना चाहते थे। वे काव्य में रीतिवादी प्रवृत्ति के विरोधी थे। उन्होंने 'सरस्वती' के माध्यम से नवजागरण की उस परम्परा को आगे बढ़ाया जिसका बीजांकुर 1857 की क्रान्ति में हुआ था और भारतेन्दु ने जिसे पूरी शक्ति से समर्थन दिया था। उन्होंने ब्रजभाषा के स्थान पर खड़ी बोली को प्रश्रय दिया और गद्य तथा पद्य की भाषा की एकता की अनिवार्यता पर बल दिया। द्विवेदीजी के प्रगतिशील चिंतन के सूत्रों की गहराई में जाकर पहचानते हुए डॉ. शर्मा ने यह भी लक्षित किया है कि वे स्मृतियों की व्यवस्था को देशकाल-सापेक्ष मानते थे और दार्शनिक चिंतन के क्षेत्र में बृहस्पति और चार्वाक की विवेकवादी परम्परा के कायल थे। डॉ. शर्मा का निश्चित मत है—साहित्य में जो रीतिविरोधी क्रांति शुरू हुई, उसका पहला चरण है द्विवेद्वी युग और उसी का विकास छायावाद और प्रगतिवाद में होता है। ये तीनों युग एक-दूसरे से भिन्न हैं साथ ही एक-दूसरे के पूरक भी हैं। द्विवेदी युग की भूमिका आधुनिक साहित्य का मार्ग प्रशस्त करने वाली अग्रदल की भूमिका है।[1]

आचार्य रामचन्द्र शुक्ल, डॉ. शर्मा के आदर्श समीक्षक हैं। वे उन्हें इसलिए महत्त्व देते हैं कि उन्होंने हिन्दी की सैद्धान्तिक आलोचना को एक ठोस दार्शनिक आधार दिया, रस की अलौकिकता का निषेध किया, जीवन और साहित्य के भावों में बुनियादी अन्तर स्वीकार नहीं किया, भावों को उनके आधार से अलग करके नहीं देखा, लोकहृदय में लीन होने की दशा को ही रसदशा माना, रीति-ग्रन्थों और उनकी सीमा में बँधे समीक्षकों का विरोध किया। प्रेम की अपेक्षा करुणा को अधिक महत्त्व दिया और लोक-रक्षा के विधान में उसकी महत्त्वपूर्ण भूमिका को पहचाना, साम्राज्यवादी उत्पीड़न का विरोध किया, अंग्रेजी साहित्य की व्यक्तिवादी एवं प्रगतिविरोधी प्रवृत्तियों से हिन्दी लेखकों को सावधान किया, काव्य में करुणा-प्रेरित भावों के विधान में ही सौन्दर्य देखा, परोक्ष सत्ता के प्रति प्रेम की अभिव्यक्ति करने वाले साम्प्रदायिक रहस्यवाद का विरोध किया, वस्तुओं और विचारों की गतिशीलता पर बल देते हुए सौन्दर्य एवं मंगल के गत्यात्मक स्वरूप को सराहा और इतिहास के अध्ययन की एक व्यवस्थित पद्धति कायम की। डॉ. शर्मा को आचार्य शुक्ल के विचार ही नहीं, उनकी तार्किक विवेचन शैली, उनकी भाषा-नीति और उनका व्यक्तित्व भी प्रिय है। वे लिखते हैं—"उनकी शैली, तार्किक विवचेन के लिए उपयुक्त होने के साथ आवश्यकतानुसार आवेशपूर्ण और अलंकारिक भी है और उसकी एक विशेषता जीवन का संचित अनुभव प्रगट करने वाली वाक्यावली है। शब्द-चयन में उर्दू के प्रचलित शब्दों से उन्हें परहेज नहीं है। उनका व्यक्तित्व एक सहृदय और विनोदी साहित्य-प्रेमी और संसार-प्रेमी मनुष्य का है, पुस्तकसेवी संन्यासी का नहीं। उनकी निर्भीकता, दृढ़ता, गहन अध्यवसाय और आत्मविश्वास का गुण उनके काव्यसिद्धान्तों और साहित्यालोचन की ही तरह हिन्दी-प्रेमियों के लिए शिक्षाप्रद और प्रेरणादायक है।"[1]

प्रेमचंद भी डॉ. शर्मा के प्रिय लेखक हैं। वे उन्हें इसलिए प्रिय हैं कि उन्होंने जनता को अपनी कला का शक्तिस्रोत माना है। वे इस बात के प्रमाण हैं कि जनता से अलग रहकर महान् साहित्य की रचना नहीं की जा सकती। वे गिने-चुने लेखकों में हैं, जिनकी रचनाओं से बाहर के साहित्यप्रेमी हिन्दुस्तान को पहचानते हैं। उन्होंने अपनी रचनाओं द्वारा "साम्राज्यवादियों द्वारा फैलाये गये भ्रमों को छिन्न-भिन्न कर दिया।" उनका साहित्य तत्कालीन हिन्दुस्तान और उसके स्वाधीनता-आन्दोलन का प्रतिबिम्ब है। उन्हें जीवन के विविध क्षेत्रों का विस्तृत ज्ञान था और वे समस्याओं को यथार्थ रूप में प्रस्तुत करते थे। वे महाजनी सभ्यता के विरोधी थे। वे जनता को लूटने वाली उन सभी ताकतों को पहचानते थे, जो धर्म और देशसेवा का मुखौटा लगाकर जनता को चूसती रहती हैं। वे "भारतीय जनता की उज्ज्वल भविष्य की पेशगी थे।"[2] वे सच्चे अर्थों में युग-निर्माता थे। प्रेमचन्द की मुक्तकंठ से प्रशंसा करते हुए डॉ. शर्मा ने लिखा है—"प्रेमचन्द की आवाज सुनकर हमें अपने देश और जनता पर गर्व होता है, उस जातीय संस्कृति पर गर्व होता है, जिसे प्रेमचन्द सँवार रहे थे। प्रेमचन्द की आवाज उस समय उठी थी जब पहले महायुद्ध में मानवध्वंसी तोपों की गड़गड़ाहट हवा में गूँज रही थी। आज भी जब विश्व पर तीसरे महायुद्ध के बादल छाये हुए हैं, उस स्वाधीनता संग्राम के सैनिक की वाणी विश्वशांति की रक्षा के लिए जनता का आह्वान करती है। प्रेमचन्द की आवाज भारत की अजेय जनता की आवाज है। इसलिए प्रेमचन्द आज भी हमारे साथ हैं।"[3]

डॉ. शर्मा की निराला सम्बन्धी समीक्षा उनके समीक्षक-व्यक्तित्व के चरम उत्कर्ष की साक्षी है। तीन खण्डों में 'निराला की साहित्य साधना' लिखकर डॉ. शर्मा ने 'निराला' का विस्तृत मूल्यांकन तो किया ही है, एक प्रकार से, अपना भी अक्षय कीर्ति-स्तम्भ तैयार किया है। 'निराला की साहित्य साधना' के दूसरे खण्ड में उनके साहित्य का व्यवस्थित मूल्यांकन किया गया है। इस मूल्यांकन में डॉ. शर्मा ने विषयवस्तु और कला दोनों को समान महत्त्व दिया है। 'विचारधारा', 'भावबोध', 'कला', 'गद्य साहित्य' और 'परम्परा' शीर्षकों के अन्तर्गत उन्होंने 'निराला' के साहित्य की विशद समीक्षा की है। सबसे महत्त्वपूर्ण बात यह है कि डॉ. शर्मा ने 'निराला' के काव्य-शिल्प का लगभग 179 पृष्ठों में सूक्ष्मातिसूक्ष्म विवेचन किया है। उन्होंने 'निराला' की कविताओं के उदाहरण देते हुए उनकी रचना-पद्धति का विश्लेषण किया है। स्थापत्य की सराहना की है। स्थापत्य के नियामक तत्त्वों—विवेक और स्वप्नदृष्टि—को लक्षित किया है। रूप, रस, गंध, स्पर्श और शब्द को ग्रहण करने वाली वृत्तियों के आधार पर उनकी कविताओं के मूर्त्त-विधान की व्याख्या की है तथा उनकी प्रतीक-योजना, श्लिष्ट-बिम्ब-रचना, अनुप्रास-प्रेम, ध्वनि-प्रवाह, स्वर-साधना, शब्द-योजना, छंद-विधान, अलंकरण, अर्थ-चमत्कार, गीति-रचना-कौशल आदि की विस्तृत समीक्षा की है। डॉ. शर्मा ने 'निराला' के गद्य को भी उचित महत्त्व दिया है।

'निराला' की गद्यशैली का विवेचन करते हुए उन्होंने उसमें छायावादी संस्कार एवं कल्पनाशीलता के तत्त्व लक्षित किये हैं। उसकी व्यावहारिक भंगिमा एवं सहजता को सराहा है और उसकी गति, रूपकत्व, तार्किकता, व्यंग्य-गर्भिता, अर्थ-वक्रता, नफ़ासत, प्रवाह, भाव-गाम्भीर्य तथा वाक्य-रचना कौशल की प्रशंसा करते हुए उसे 'निराला' के व्यक्तित्व का साक्षी सिद्ध किया है। 'निराला' के कवि-व्यक्तित्व की विशेषताओं को रेखांकित करते हुए डॉ. शर्मा ने कहा है–"निराला की रचना-प्रक्रिया का स्रोत है, उनका भावबोध। यह भावबोध उनकी विचारधारा से सम्बद्ध है, किन्तु उसका प्रतिबिम्ब नहीं है। 'निराला' का स्वाधीनता-प्रेम उनके साहित्य में अप्रत्याशित नये-नये रूपों में व्यक्त होता है। उनकी आस्था के प्रतीक अनेक हैं, उनका अधिष्ठान एक है। उनकी दार्शनिक मान्यताएँ अनेक अंतर्विरोधों को पार करती हुई नारी और प्रकृति के मोहक चित्रों के साथ साहित्य में व्यक्त होती हैं। नये मानवतावाद के प्रतिष्ठापक 'निराला' के साहित्य में मनुष्य वीर, क्रांतिकारी योद्धा, कवि, निरन्तर संघर्षशील, साथ ही अंतर्द्वन्द्व ग्लानि और पराजय से पीड़ित साधारण मनुष्य भी है। 'निराला' सौन्दर्य और उल्लास के कवि हैं, दुःख और मृत्यु के भी।"[1] 'निराला' के इसी कवि-व्यक्तित्व ने डॉ. शर्मा को आकृष्ट किया है और उन्होंने पूरी निष्ठा और श्रमपूर्वक 'निराला' की कलात्मक सफलता-असफलता का दिलचस्प इतिहास प्रस्तुत किया है।

'निराला' के बाद डॉ. शर्मा ने मुख्यतः तीन कवियों–'मुक्तिबोध', शमशेर और नागार्जुन का मूल्यांकन किया है। डॉ. शर्मा ने 'मुक्तिबोध' के काव्य का मूल्यांकन करते हुए उसके अंतर्विरोध को पहचाना है। उनकी दृष्टि में 'मुक्तिबोध' का काव्य उनके आत्मसंघर्ष का काव्य है। इस आत्मसंघर्ष की व्याख्या करते हुए वे कहते हैं–"उनके आत्मसंघर्ष के अनेक स्तर हैं। एक स्तर है निम्न वर्ग की भूमि को छोड़कर सर्वहारा वर्ग से तादात्म्य स्थापित करने का। दूसरा स्तर है–मन के दुःस्वप्नों-पापबोध, मृत्यु-चिंतन, असामान्य मानसिक स्थिति से निकलकर स्वयं को और संसार को वस्तुगत रूप में देखने का। तीसरा स्तर है अपनी काव्यकला को निरन्तर विकसित करने का।"[1] डॉ. शर्मा के अनुसार 'मुक्तिबोध' के काव्य में अस्तित्ववाद का लघु मानव भी है और रहस्यवाद का विराट् पुरुष भी। उन पर आरम्भ से ही भाववादी विचारकों का प्रभाव था। 1942 से उन्होंने मार्क्सवादी विचारधारा को अपनाया, किन्तु भाववाद के प्रभाव से मुक्त नहीं हो सके। उनके काव्य में लघुमानव और महामानव का अंतर्विरोध कभी समाप्त नहीं हुआ। इसीलिए उनके भीतर एक विकट आत्म-संघर्ष चलता रहा, जो उनकी मृत्यु के साथ ही समाप्त हुआ। उनकी कविता इसी अंतर्विरोध और आत्मसंघर्ष की कविता है।

शमशेर के सम्बन्ध में डॉ. शर्मा का निश्चित मत है कि उनका काव्य रीतिवादी, रूमानी, सौन्दर्यबोध और मार्क्सवादी विवेक के द्वन्द्व का काव्य है। शमशेर में यह

द्वन्द्व आरम्भ से ही पाया जाता है और वे इस द्वन्द्व को सार्थक संगति नहीं दे पाये। 'मुक्तिबोध' और शमशेर के आत्मसंघर्ष की तुलना करते हुए डॉ. शर्मा कहते हैं–'मुक्तिबोध' रहस्यवाद को लेकर बड़ी उलझन में पड़े थे, शमशेर में ऐसी कोई उलझन नहीं है। 'मुक्तिबोध' मनोविश्लेषण शास्त्र से प्रभावित होकर अंतर्मन की गुफा में ज्ञान की मणि और रत्न ढूँढ़ते थे और फिर इस आत्म-प्रवंचना पर झुँझलाते थे। शमशेर सजीले जिस्म के गुनगुनाने पर ऐसा रीझते हैं कि अँधेरे कुएँ या बावड़ी में उतरने की उन्हें फुरसत नहीं मिलती, लेकिन शमशेर उतने आत्ममुग्ध नहीं, जितने 'मुक्तिबोध' अस्तित्ववाद की ओर खिंचे और अपने पराये अनेक पापों का मैल मन से धोते रहे। शमशेर नयी कविता के उन तमाम लेखकों से अलग हैं जो अस्तित्ववाद से प्रभावित हैं। उनका आत्मसंघर्ष है, उत्तरछायावादी काव्य को लेकर?[2]

डॉ. शर्मा ने नयी कविता के सन्दर्भ में नागार्जुन के काव्यकला का भी मूल्यांकन किया है। वे यह स्वीकार करते हैं कि 'नयी कविता' के सन्दर्भ में नागार्जुन की चर्चा नहीं के बराबर हुई है, किन्तु उनका विश्वास है कि भविष्य में जब अस्तित्ववाद का सैलाब सूख जाएगा और किसानों-मजदूरों के बीच जन्म लेने वाले जनान्दोलन से सम्बन्धित कवियों को लोकप्रिय साहित्य और कलात्मक सौन्दर्य के बीच सन्तुलन स्थापित करने की समस्या होगी तो उन्हें नागार्जुन से ही मार्गदर्शन प्राप्त होगा। डॉ. शर्मा की दृष्टि में नागार्जुन का काव्य इसलिए महत्त्वपूर्ण है कि उसमें दृढ़ क्रान्तिभावना विद्यमान है। वह लोक-संस्कृति के निकट है। उसमें प्रखर राजनीतिक चेतना और गहरा व्यंग्य है। उसमें यथार्थ जीवन के वैविध्यपूर्ण मार्मिक चित्र हैं। उसमें रहस्यवाद और यथार्थवाद को लेकर किसी प्रकार का द्वन्द्व नहीं है। उसमें कथ्य के अनुकूल भाषा की सहज गति और लय को आधार बनाकर विविध प्रकार के प्रयोग किये गए हैं। डॉ. शर्मा को यह सन्तोष है कि आलोचकों ने चाहे नागार्जुन के विषय में कम लिखा हो, किन्तु कवियों ने उन्हें काव्य का विषय बना दिया है।

इतिहास-दृष्टि

डॉ. शर्मा ने उपर्युक्त कवियों की समीक्षा करते हुए तत्कालीन परिस्थितियों का भी विशद विवेचन किया है। इसी प्रकार आचार्य शुक्ल के विस्तृत मूल्यांकन-क्रम में भी प्रसंगानुसार उन्होंने हिन्दी साहित्य के विविध सन्दर्भों की चर्चा की है। अपने सैद्धान्तिक निबन्धों में भी इन्होंने इतिहास के अनेक नवीन प्राचीन सन्दर्भों को उद्धृत किया है। उनके इस विवेचन पर ध्यान दिया जाय तो सामान्यतः पूरे हिन्दी साहित्य और विशेषतः आधुनिक हिन्दी साहित्य के इतिहास के सम्बन्ध में उनके विचारों से भलीभाँति अवगत हुआ जा सकता है। डॉ. शर्मा की इतिहास-दृष्टि मार्क्सवादी है। वे इतिहास की भौतिकवादी व्याख्या प्रस्तुत करते हैं। द्वन्द्व-न्याय के आधार पर

सामाजिक विकास का विवेचन करते हैं। सामाजिक यथार्थ को महत्त्व देते हैं। प्रत्येक युग में जनता के स्वर को पहचानने की कोशिश करते हैं। सामन्ती और पूँजीवादी व्यवस्था में लिखे गये साहित्य की मूल प्रवृत्तियों का विश्लेषण करते हुए प्रगतिशील और प्रतिक्रियावादी तत्त्वों की अलग-अलग पहचान बताते हैं। प्रत्येक युग के अन्तर्विरोधों की व्याख्या करते हुए क्रान्तिकारी तत्त्वों को महत्त्व देते हैं। विचारों का मूल स्रोत वे सामाजिक जीवन में खोजते हैं। वे समाज और साहित्य दोनों को गतिमूलक मानते हैं, इसलिए साहित्य के मूल्यांकन के लिए विवेकपूर्ण ऐतिहासिक दृष्टि का होना आवश्यक समझते हैं। वे यह स्वीकार करते हैं कि वर्गयुक्त समाज में मानववादी कवियों में भी असंगतियों का पाया जाना स्वाभाविक है। इन असंगतियों के भीतर पहचानना यह चाहिए कि कवि की सहानुभूति किसे प्राप्त है? उसमें जीवन के प्रति उत्साह है या नहीं? मार्क्सवाद में पूरी आस्था रखते हुए भी डॉ. शर्मा अपने निर्णयों में संकीर्ण नहीं हैं। उन्होंने प्रत्येक युग के महत्त्वपूर्ण कवियों एवं साहित्यकारों की रचनाओं को परखकर उनमें सामाजिक जीवन की गतिमयता के लिए जितना पोषक और स्वास्थ्यकर है, उतने को पूरी शक्ति और विश्वास के साथ प्रस्तुत किया है। इसीलिए प्राचीन काल से लेकर आज तक के साहित्यकारों में उन्होंने कबीर, तुलसी, मीरा, भारतेन्दु, महावीरप्रसाद द्विवेदी, रामचन्द्र शुक्ल, प्रेमचन्द, वृन्दावन लाल वर्मा, 'निराला', 'प्रसाद', नरेन्द्र शर्मा, केदार, शमशेर, 'मुक्तिबोध', नागार्जुन आदि को महत्त्व देते हुए अपने सिद्धान्तों को व्यावहारिक स्तर पर पुष्ट किया है।

हिन्दी साहित्य के इतिहास के पूरे ढाँचे को बदलने में डॉ. शर्मा की भूमिका अद्वितीय है। आचार्य शुक्ल ने आदिकाल और मध्यकाल को अलग-अलग रखा है। डॉ. शर्मा दोनों को सामन्ती युग के अन्तर्गत स्वीकार करते हुए एक मानते हैं और कहते हैं–शुक्लजी का आदिकाल, वास्तविक मध्यकाल है, हिन्दी जनपदों के इतिहास का सामन्तकाल है।[1] उनकी दृष्टि में उसे एक प्रकार से रीतिकाल का प्रथम उत्थान कहा जा सकता है, क्योंकि अतिशयोक्तिपूर्ण कथन और चमत्कार प्रदर्शन की प्रवृत्ति इस काल में भी प्रबल थी। कवि अपने आश्रयदाताओं के प्रशंसक थे।

आचार्य शुक्ल ने जिसे 'पूर्व मध्यकाल' कहा है उसे डॉ. शर्मा लोकजागरण काल कहते हैं, क्योंकि इस काल में सामन्तीय ढाँचे के भीतर व्यापारिक पूँजीवाद के विकास के फलस्वरूप नये आर्थिक सम्बन्ध विकसित हो चुके थे और एक नयी सांस्कृतिक चेतना भक्त कवियों के माध्यम से जाग्रत हो चुकी थी। हिन्दी जाति का निर्माण हो चुका था। इसी काल से डॉ. शर्मा हिन्दी साहित्य के आधुनिक काल की शुरुआत मानते हैं। शुक्ल जी ने भारतेन्दु युग से आधुनिक युग का आरम्भ माना है। डॉ. शर्मा इसे लोकजागरण का दूसरा उत्थान मानते हैं। उनके अनुसार 1857 के स्वतन्त्रता संग्राम से हिन्दी-प्रदेश में नवजागरण का आरम्भ मानना चाहिए। इस स्वतन्त्रता संग्राम के समय जो राष्ट्रीय चेतना जाग्रत हुई थी, भारतेन्दु युग उससे सीधा जुड़ा

हुआ है। यह संग्राम किसानों के नेतृत्व में हिन्दू-मुसलमान दोनों के द्वारा पूरे देश को स्वतन्त्र कराने के लिए लड़ा गया था। बहादुरशाह के नाम पर पूरी व्यवस्था सैनिक पंचायत ने अपने हाथ में ले ली थी। आचार्य महावीरप्रसाद द्विवेदी का युग हिन्दी नवजागरण का युग है। द्विवेदीजी वैज्ञानिक विचार-पद्धति के समर्थक हैं। उनके युग में हिन्दी साहित्य में आधुनिक वैज्ञानिक चिन्तन की परम्परा सुदृढ़ हुई है। डॉ. शर्मा साहित्य की सापेक्षित स्वायत्तता के कायल होते हुए भी इसके इतिहास को सामाजिक विकास के साथ रखकर देखते हैं। इसीलिए सामन्तवादी सामाजिक ढाँचे के भीतर व्यापारिक पूँजीवाद के विकास के साथ आरम्भ होने वाले व्यापक सांस्कृतिक जागरण से ही वे आधुनिक काल की शुरुआत मान लेते हैं। डॉ. शर्मा ने पूरे भारतीय साहित्य के विकासक्रम में हिन्दी साहित्य के विकास का मूल्यांकन किया है। उनकी दृष्टि में भारतीय साहित्य की मौलिक धारा यथार्थवादी है। प्रगतिशील दृष्टि और यथार्थवादी चेतना को आधार बनाकर उन्होंने पूरी ऐतिहासिक परम्परा का मूल्यांकन किया है। उनके मूल्यांकन से हिन्दी साहित्य के इतिहास का एक नया ढाँचा उभरकर सामने आया है।

भाषा-चिन्तन

डॉ. शर्मा का भाषा सम्बन्धी कार्य भी कम महत्त्वपूर्ण नहीं है। उन्होंने सामाजिक विकास के सन्दर्भ में ही भाषा के विकास का अध्ययन करना उचित माना है। उनके अनुसार सामाजिक विकास के सन्दर्भ से कटकर भाषा के तत्त्वों का विवेचन एक तरह का रूपवाद है। भाषा में परिवर्तन क्यों होता है? सामाजिक सन्दर्भ से भाषा को अलग करके इस प्रश्न का उत्तर नहीं दिया जा सकता। डॉ. शर्मा विज्ञान के अध्ययन को अबतक की प्रचलित सभी पद्धतियों—विवरणात्मक भाषाविज्ञान, ऐतिहासिक भाषाविज्ञान, परिणामी भाषाविज्ञान, समाजी भाषाविज्ञान (सोशियोलिंग्विस्टिक्स) को किसी-न-किसी बिन्दु पर त्रुटिपूर्ण मानते हैं। आपकी दृष्टि में भाषा भी संस्कृति का एक अंग है। इसलिए उसके विकास का अध्ययन संस्कृति के विकास के आधार पर ही किया जाना चाहिए। आपकी मान्यता है—"भाषा का अध्ययन उसकी ध्वनि-प्रकृति भाव-प्रकृति और मूल शब्द-भण्डार को दृष्टि में रखकर करना चाहिए। आदिम साम्यवादी व्यवस्था से लेकर आधुनिक जातियों के निर्माण तक समाज के गठन में उसके ढाँचे में, वर्गों के परस्पर सम्बन्ध में, अन्य समाजों में संघर्ष या हेलमेल में जो परिवर्तन हुए हैं, वे सब भाषा में प्रतिबिम्बित होते हैं और उसका विकास निर्धारित करते हैं।"[1] आपने तर्क और उद्धरणों द्वारा यह स्पष्ट किया है कि भारोपीय परिवार की संस्कृत, ग्रीक, स्लाव आदि भाषाएँ वस्तुतः स्वतन्त्र कुलों की भाषाएँ हैं। इनमें जो सामान्य तत्त्व मिलते हैं, उनका आधार इन भाषाओं या इनसे मिलती-जुलती भाषाओं के बोलने वालों का परस्पर सम्पर्क है, न कि एक

आदिम भाषा से उनका जन्म। इसी दृष्टि से आपने भारत के प्राचीन भाषा परिवारों के साथ हिन्दी के सम्बन्धों की व्याख्या की है। आपने प्रतिपादित किया है कि आर्येतर भाषा-समुदायों के ज्ञान के बिना न तो भारतीय आर्य भाषाओं का विवेचन सम्भव है, न यूरोप की भाषाओं का। डॉ. शर्मा का भाषा-चिन्तन श्लाघ्य और महत्त्वपूर्ण है, उनकी वैज्ञानिकता के निर्णय का दायित्व भाषा-तत्त्वविदों का है।

मूल्यांकन

डॉ. शर्मा की विवेचन पद्धति पर भी आचार्य शुक्ल का प्रभाव स्पष्ट है। वे अपने मत को पूरी शक्ति और विश्वास के साथ दूसरों की परवाह न करते हुए प्रखर ओजस्वी स्वर में प्रस्तुत करते हैं। मतस्थापना के लिए प्रचुर तथ्याधार संकलित करते हैं। अपने विचारों को तर्कपूर्ण शैली में सोदाहरण सामने रखते हैं। आवश्यकतानुसार प्रतिपक्ष की मान्यताओं का खण्डन करते हैं। अपने प्रश्न को उभारने के लिए तुलनात्मक विवेचन के साथ ही व्यंग्य, विद्रूप और भर्त्सना से भी काम लेते हैं, किन्तु अन्त में अपने मत को ही प्रामाणिक मानकर दो टूक निर्णय करते हैं।

डॉ. शर्मा की स्थापनाओं से सर्वत्र सहमत होना आवश्यक नहीं है। भाववादी चिंतन के विरुद्ध उनकी धारणाएँ बद्धमूल हो चुकी हैं। वस्तुतः वस्तुवाद और भाषावाद का द्वन्द्व भी समाप्त होना चाहिए। अमूर्त्त तत्त्वों की कल्पना भी मूर्त्त के आधार पर ही की जाती है। गोचर जगत् के संघर्षों से ऊबकर ही मनुष्य, अगोचर और रहस्यमय लोक की कल्पना करता है। वह भी उसकी आकांक्षा की ही सृष्टि है। इसी प्रकार अमूर्त्त और अगोचर के साथ व्यक्तिगत सम्बन्ध स्थापित करने की आकांक्षा से ही वह उसे मूर्त्त कर लेता है। इसलिए दोनों सृष्टियाँ मानवीय ही कही जाएँगी। पदार्थवाद को महत्त्व इसलिए दिया जाता है कि इसके स्वीकार से सामाजिक व्यवस्था में परोक्ष सत्ता के हस्तक्षेप का आधार खत्म हो जाता है और सारी विषमता के कारण रूप में मनुष्य आ जाता है। तब किसी से यह नहीं कहा जा सकता कि गरीब और अमीर बनाने वाला कोई और है। ऐसी स्थिति में शोषित और पीड़ित वर्ग को न्याय के लिए संघर्ष करने का ठोस आधार मिल जाता है। यदि भाववादी चिंतक शुद्ध चैतन्य को सामाजिक भेदभाव का नियामक न मानकर शुद्ध मुक्त सर्वनिरपेक्ष तत्त्व मात्र प्रमाणित करें और सामाजिक भेद-स्तरों के सभी आयामों का मूल कारण मनुष्य को ही मानें, तो पदार्थवाद और भाववाद की दूरी व्यवहार के धरातल पर कम हो सकती है। वस्तुतः सामाजिक न्याय के मार्ग में पुनर्जन्म और कर्मसिद्धान्त की मान्यता विशेष रूप से बाधक हुई है। ईश्वर की सत्ता न मानने वाले दार्शनिक भी इससे मुक्त नहीं हो सके हैं। सभी भाववादी विचारक समताविरोधी रहे हों, ऐसा भी नहीं कहा जा सकता। आखिर कबीर जैसा क्रान्तिकारी भी भाववादी ही

था। ध्यान रखना होगा कि मनुष्य की सर्वश्रेष्ठता का घोष करने वाले व्यास पदार्थवादी नहीं थे। हाँ, यह अवश्य सत्य है कि हमारा व्यापक सरोकार गोचर और यथार्थ जगत् से ही है। जनसाधारण के सुख-दुःख, योग-क्षेम, जय-पराजय आदि का मूल स्रोत यथार्थ जगत् ही है। इसलिए जनसामान्य को केन्द्र में रखकर रचित साहित्य भी यथार्थ जगत् से ही सम्बद्ध होना चाहिए। यथार्थ जगत् की समस्याएँ समाज की स्थिति और व्यवस्था से जुड़ी हुई हैं। इसलिए ऐसी व्यवस्था जो सामान्यजन के हितों की उपेक्षा करने वाली हो, उसका विरोध होना चाहिए। यह विरोध कला और साहित्य के स्तर पर रचनात्मक तरीके से भी हो सकता है। डॉ. शर्मा ने इस तथ्य को पहचान कर ही साहित्य की गतिशील चेतना का विश्लेषण किया है। भारतेन्दु हरिश्चन्द्र, महावीरप्रसाद द्विवेदी, आचार्य रामचन्द्र शुक्ल, 'निराला' और प्रेमचन्द की कृतियों को प्रतिमान मानकर परवर्ती साहित्य की मूल्यवत्ता का निर्धारण ही इस बात का प्रमाण है कि बद्धमूल जीवन-दृष्टि के बावजूद डॉ. शर्मा का विवेक आग्रह-ग्रस्त नहीं है। उनसे सहमत न होनेवाले समीक्षक और विचारक भी उनकी उपेक्षा करके आगे नहीं बढ़ सकते। उनके विरोधी भी स्वीकार करते हैं कि अकेले डॉ. शर्मा ने हिन्दी आलोचना के क्षितिज को जितना विस्तार दिया है, वह हिन्दी लेखकों के सामूहिक प्रयत्न द्वारा भी सम्भव नहीं है। स्वीकार करना होगा कि डॉ. शर्मा का व्यक्तित्व विरल और अप्रतिम है।

आचार्य रामचन्द्र शुक्ल : डॉ. रामविलास शर्मा की दृष्टि में

आचार्य रामचन्द्र शुक्ल डॉ. शर्मा के आदर्श आलोचक हैं। उनके लिए कथा-साहित्य के क्षेत्र में जो स्थान और महत्त्व प्रेमचन्द का और कविता के क्षेत्र में 'निराला' का है, वही स्थान आलोचना के क्षेत्र में आचार्य रामचन्द्र शुक्ल का है। शुक्लजी से वे इतना प्रभावित हैं कि उन पर (आचार्य शुक्ल पर) उन्होंने अपने विचारों को समाहित करके 'आचार्य रामचन्द्र शुक्ल और हिन्दी आलोचना' नामक एक पूरी पुस्तक ही लिख डाली। पुस्तक लिखने का कारण स्पष्ट करते हुए उन्होंने लिखा है–"शुक्लजी ने न तो भारत के रूढ़िवाद को स्वीकार किया न पच्छिम के व्यक्तिवाद को। उन्होंने बाह्य-जगत् और मानव-जीवन की वास्तविकता के आधार पर नये सिद्धान्तों की स्थापना की और उनके आधार पर सामन्ती साहित्य का विरोध किया और देशभक्ति और जनतंत्र की साहित्यिक परम्परा का समर्थन किया। उनका यह कार्य हर देश-प्रेमी और जनवादी लेखक तथा पाठक के लिए दिलचस्प होना चाहिए। शुक्लजी पर पुस्तक लिखने का यही कारण है।" अपनी बात को आगे बढ़ाते हुए वे कहते हैं–"उनकी शैली तार्किक विवेचन के लिए उपयुक्त होने के साथ आवश्यकतानुसार आवेशपूर्ण और आलंकारिक भी है और उसकी एक विशेषता जीवन का संचित अनुभव प्रकट करने वाली वाक्यावली है। शब्द-चयन में उर्दू के प्रचलन से उन्हें परहेज नहीं है। उनका व्यक्तित्व एक सहृदय और विनोदी साहित्यप्रेमी मनुष्य का है, पुस्तकसेवी संन्यासी का नहीं। उनकी निर्भीकता, दृढ़ता, गहन अध्यवसाय साथ और आत्मविश्वास के गुण उनके काव्य-सिद्धान्तों और साहित्यालोचन की तरह हिन्दी-प्रेमियों के लिए शिक्षाप्रद और प्रेरणादायक हैं। "शुक्लजी की हिन्दी-आलोचना की महत्त्वपूर्ण देन को रेखांकित करने के लिए रामविलासजी ने अपनी पुस्तक को कुल 10 (दस) अध्यायों में विभजित किया है–

1. साहित्य और लोक-जीवन, 2. सन्त-साहित्य में योगियों की भूमिका, 3.जायसी का प्रेम-मार्ग, 4. भक्ति का विकास और सूरदास 5. गोस्वामी तुलसीदास, 6. दरबारी काव्य-परम्परा, 7. हिन्दी गद्य का विकास और भारतेन्दु काल, 8. नयी हिन्दी-कविता और 'छायावाद', 9. इतिहास जातीयता और साहित्य के रूप, 10. निबन्ध-रचनाशैली

और व्यक्तित्व। अन्त में क्रमशः 23 और 14 पृष्ठों के दो परिशिष्टों–1. राधाकृष्ण दास की जीवनी तथा कविताएँ, 2. आचार्य शुक्ल और ब्रजभाषा की परम्परा–में आचार्य शुक्ल की दो अन्य देनों को रेखांकित किया गया है। इस प्रकार पूरी पुस्तक 265 पृष्ठों में समाप्त हुई है। डॉ. शर्मा के पूरे मूल्यांकन की रूपरेखा प्रस्तुत करने के लिए यहाँ प्रत्येक अध्याय का संक्षिप्त विवेचन आवश्यक है।

पहला निबन्ध है–**'साहित्य और लोक-जीवन'**। इसमें डॉ. शर्मा ने शुक्लजी की विभिन्न रचनाओं–'चिन्तामणि भाग-एक', 'चिन्तामणि भाग-दो तथा 'रसमीमांसा'–से उदाहरण देकर यह प्रमाणित किया है कि शुक्लजी की दृष्टि में काव्य-रस मानव की लोकानुभूति से पृथक् कोई अलौकिक वस्तु नहीं है। डॉ. शर्मा के शब्द हैं–"शुक्लजी की मौलिक मान्यता यह है कि साहित्य के भावों और जीवन के भावों में बुनियादी अन्तर नहीं है। 'क्रोध', 'भय', 'जुगुप्सा' और करुणा की अनुभूति आनन्दमय होती है, वह यह नहीं मानते। वह स्पष्ट कहते हैं कि इनकी अनुभूति दुःखात्मक होती है। जो लोग कहते हैं कि आनन्द में भी आँसू आते हैं यानी करुण-रस से सुख के आँसू आते हैं, दुःख के नहीं, वे बात टालते हैं। करुणा-रस प्रधान नाटक के "दर्शक वास्तव में दुःख ही का अनुभव करते हैं।" (रसमीमांसा, पृ. 273) डॉ. रामविलास शर्मा–आचार्य रामचन्द्र शुक्ल और हिन्दी-आलोचना, पृ. 33 पर उद्धृत)।

डॉ. शर्मा यह मानते हैं कि शुक्लजी डारविन की विचारधारा से प्रभावित हैं, किन्तु वे यह भी लक्षित करते हैं कि अनेक अवसरों पर वे उससे अलग विचार भी व्यक्त करते हैं। वे कहते हैं– "वे (शुक्लजी) डारविन की विचारधारा से प्रभावित ही नहीं वरन् उसे सामाजिक क्षेत्र में स्वयं भी लागू करते हैं। यह एक दिलचस्प बात है कि माल्थस के प्रभाव से डारविन ने प्राणिजगत् में संघर्ष और योग्यतम के जीने का जो सिद्धान्त अपनाया था–माल्थस के प्रभाव से पूँजीवादी समाज की हिंसा को एक प्राकृतिक नियम मान लिया था–शुक्लजी के विवेचन में उसका अभाव है। स्पेंसर के आधार पर वे 'परस्पर साहाय्य की प्रवृत्ति' का जिक्र करते हैं जिससे विकास सम्भव हुआ है। "सब जीवों में श्रेष्ठ मनुष्य को इसी प्रवृत्ति के उत्कर्ष-साधन में–वसुधैव कुटुम्बकम् के भाव की प्राप्ति के प्रयत्न में–लगा रहना चाहिए।" इस प्रकार डारविन की एक कमजोर स्थापना को उन्होंने छोड़ दिया है। उन्होंने अनेक पुरानी जीव-योनियों के विनाश का कारण उनकी अक्षमता–अन्य जीवों की होड़ में पिछड़ जाना–नहीं माना। इसका कारण उन्होंने पृथ्वी के धरातल सम्बन्धी परिवर्तनों को माना है। यहाँ भी वे डारविन की कमजोर स्थापना से बचकर निकले हैं। जीव-योनियों में परिवर्तन के लिए जो वस्तु सबसे अधिक उत्तरदायी है, वह है–बाह्य प्रकृति या परिवेश। यहाँ वे डारविन की मूलधारा के समर्थक हैं। (आचार्य रामचन्द्र शुक्ल और हिन्दी-आलोचना, पृ. 19-20)। इस प्रकार डॉ. शर्मा ने प्रमाणित किया है कि आचार्य शुक्ल डारविन के विकासवाद से प्रभावित होते हुए भी उनकी कमजोर स्थापनाओं से बचते गये हैं।

इस संदर्भ में डॉ. शर्मा का निर्णय है–"इससे सिद्ध होता है कि शुक्लजी अपने युग के अत्यन्त जागरूक विचारकों में थे और उनका महत्त्व समझने में हम असफल रहे हैं।"(वही, पृ. 20)

डॉ. शर्मा की पुस्तक का दूसरा निबन्ध है–**'सन्त-साहित्य में योगियों की भूमिका'**। इस निबन्ध में उन्होंने आचार्य रामचन्द्र शुक्ल और पं. हजारी प्रसाद द्विवेदी के नाथपंथी योगियों और कबीर आदि निर्गुण सन्तों सम्बन्धी विचारों की विस्तार से तुलना की है और प्रतिपादित किया है कि आचार्य शुक्ल ने 'कबीर' के विषय में जो कुछ संक्षेप में कहा है वह अधिक सार्थक है जबकि द्विवेदीजी के विस्तृत विवेचन में अनेक अन्तर्विरोध हैं। वे कहते हैं–"कबीर पर सारी पुस्तकें एक तरफ और शुक्लजी के ये तीन वाक्य एक तरफ। कबीर का क्रान्तिकारी कार्य इस बात में है कि उन्होंने जनता के उस बड़े भाग को सँभाला जो नाथ पंथियों के प्रभाव से शुष्क पड़ता जा रहा था। कबीर की क्रांतिकारी भूमिका साधारण जनता को नाथपंथियों के प्रभाव से मुक्त करने में है न कि उनके पीछे चलने में। यह काम उन्होंने दार्शनिक क्षेत्र में किया। दूसरा काम उन्होंने यह किया कि मनुष्यत्व की सामान्य भावना के आधार पर उन्होंने निम्नवर्गों की सामाजिक चेतना को निखारा, उसे बल प्रदान किया। इस तरह उन्होंने जनसाधारण को सामन्ती अत्याचारों के विरोध में खड़ा होना सिखाया।" (आचार्य रामचन्द्र शुक्ल और हिन्दी आलोचना, पृ. 62)। निबन्ध ा के अन्त में अपने सम्पूर्ण विवेचन के सूत्र रूप में प्रस्तुत करते हुए डॉ. शर्मा कहते हैं–"सारांश यह है कि नाथपंथी योगियों और वज्रयानी सिद्धों की जीवन-विमुख विचारधारा के बारे में शुक्लजी की स्थापनाएँ सत्य हैं। शुक्लजी ने सन्त-साहित्य का विवेचन करते हुए धार्मिक संकीर्णता का परिचय नहीं दिया वरन् हिन्दुओं-मुसलमानों को मिलाने वाली, निम्नवर्गों में आत्मगौरव का भाव जगाने वाली उसकी भूमिका को पूरी तरह स्वीकार किया है। सन्त-साहित्य को महत्ता नाथपंथी योगियों से प्रभावित होने में नहीं है वरन् जनता को उनके प्रभाव से मुक्त करने में है। शुक्लजी की स्थापनाओं का खण्डन करने के इच्छुक विद्वान् उलटवासियों में फँस गये हैं और धर्म और नस्ल के आधार पर संस्कृति का मूल्यांकन करते हुए वैज्ञानिक आलोचना से दूर चले गए हैं।"–(आचार्य रामचन्द्र शुक्ल और हिन्दी आलोचना, पृ. 66)।

पुस्तक का तीसरा निबन्ध है–**'जायसी का प्रेम मार्ग'**। शर्मा जी ने इसमें आचार्य शुक्ल द्वारा लिखी गई जायसी के 'पद्मावत' की भूमिका की खुलकर प्रशंसा की है। वे कहते हैं–''शुक्लजी ने 'जायसी' की भूमिका लिखकर हिन्दी-साहित्य के इतिहास को और शृंखलाबद्ध किया, हमारे सांस्कृतिक इतिहास के ज्ञान को और समृद्ध किया। उन्होंने कबीर के समान 'जायसी' को हिन्दू-मुस्लिम एकता और व्यापक मानववाद का कवि माना। जायसी आदि को साम्प्रदायिक भावना से परखने वालों का उन्होंने खण्डन किया। उन्होंने इन प्रेम-मार्गी कवियों के लिए दावा किया कि वे रीतिकालीन

कवियों से श्रेष्ठ हैं। यथार्थवाद की भूमि से उन्होंने 'जायसी' का मूल्यांकन करके उर्दू-हिन्दी दोनों की दरबारी कविता की अस्वाभाविकता दिखलाई और 'जायसी' को मानव-सुलभ प्रेम का कवि घोषित किया।" अन्त में उन्होंने कहा—"यह भूमिका न केवल जायसी को समझने के लिए वरन् समूचे मध्यकालीन साहित्य के विकास को समझने के लिए बहुत सहायता देती है।" (आचार्य रामचन्द्र शुक्ल और हिन्दी-आलोचना, पृ. 83)।

पुस्तक का चौथा निबन्ध है—**'भक्ति का विकास और सूरदास'**। इसमें शुक्लजी की प्रशंसा करते हुए डॉ. शर्मा लिखते हैं—"धर्म के अध्ययन में शुक्लजी का क्रांतिकारी दृष्टिकोण इस बात में दिखाई देता है कि उन्होंने ईश्वर सम्बन्धी मनुष्य की कल्पना को विकासमान स्वीकार किया है। ईश्वर और धर्म को समझने के लिए उन्होंने सामाजिक विकास के अध्ययन का रास्ता अपनाया है। उनका दृष्टिकोण एक बुद्धिवादी और समाजशास्त्री का है, न कि रहस्यवादी और कल्पनावादी दार्शनिक का।" (वही, पृ. 84)। अन्त में डॉ. शर्मा ने आचार्य शुक्ल को हिन्दी-आलोचना के अगले विकास का उन्नायक मानकर उनकी आशंसा की है और कहा है—"भक्ति का विकास दिखाकर, लोकगीतों की परम्परा के संदर्भ में रीतिकालीन कवियों से भिन्न सूर के अध्ययन का जो मार्ग उन्होंने दिखाया है, वह हिन्दी-आलोचना के अगले विकास का भी मार्ग है, इसमें सन्देह नहीं।" (वही, पृ. 101)।

पुस्तक का पाँचवाँ निबन्ध है—**'गोस्वामी तुलसीदास'**। इसमें डॉ. शर्मा ने गोस्वामी तुलसीदास की आचार्य शुक्ल द्वारा लिखी आलोचना में लक्षित होने वाली अन्य अनेक विशेषताओं पर ध्यान न देकर अपने आलोचनात्मक दृष्टिकोण के अनुकूल शुक्लजी की वस्तुवादी दृष्टि को सराहा है और हिन्दी-आलोचना में **यथार्थवाद का संस्थापक** माना है। वे कहते हैं—"जगत् के वास्तविक दृश्य, जीवन की वास्तविक दशाएँ, भावों की व्यंजना में वास्तविकता का आधार आलोचना में शुक्लजी के ये मूलसूत्र हैं। संसार के प्रति उनका दृष्टिकोण मूलतः वस्तुवादी है। ये सूत्र उसी का स्वाभाविक परिणाम हैं। इसीलिए शुक्लजी को हिन्दी-आलोचना में यथार्थवाद का संस्थापक मानना उचित होगा।" डॉ. शर्मा ने शुक्लजी को यथार्थवाद का संस्थापक ही नहीं, मध्ययुग का सबसे बड़ा यथार्थवादी कवि भी माना है। उन्होंने कहा है—"मध्यकालीन समाजव्यवस्था में जनता की गरीबी, भुखमरी, महामारी आदि का वास्तविक चित्रण करने वाले तुलसी उस युग के सबसे बड़े यथार्थवादी कवि हैं, इसमें सन्देह नहीं।" (आचार्य रामचन्द्र शुक्ल और हिन्दी-आलोचना, पृ. 117)। अपनी आलोचना का उपसंहार करते हुए वे कहते हैं—"जैसे-जैसे हिन्दी-आलोचना के ऊपर से लक्षणग्रंथों का प्रभाव उठेगा और 'कला-कला के लिए' आदि वादों से वह मुक्त होगी, वैसे ही शुक्ल जी की स्थापनाओं का मूल्य हमारी निगाह में और भी बढ़ेगा और उन्हीं स्थापनाओं को विकसित करते हुए तुलसी का

और भी विस्तृत अध्ययन सम्भव होगा।" (आचार्य रामचन्द्र शुक्ल और हिन्दी-आलोचना, पृ. 121)।

पुस्तक का छठा निबन्ध है—**'दरबारी काव्य परम्परा'** शुक्लजी ने जिसे रीतिकाव्य कहा है उसे ही डॉ. शर्मा ने दरबारी काव्य कहा है। आचार्य शुक्ल ने इस काव्य की सीमाओं का उल्लेख करते हुए कहा है—"इस रस (शृंगार रस) का सारा वैभव कवियों ने नायिका भेद के भीतर दिखाया। रसग्रंथ वास्तव में नायिका भेद के ही ग्रंथ हैं जिनमें दूसरे 'रस' पीछे से संक्षेप में चलते कर दिये गये हैं। नायिका शृंगार रस का आलम्बन है। इस आलम्बन के अंगों का वर्णन एक स्वतंत्र विषय हो गया और न जाने कितने ग्रंथ केवल नख-शिख वर्णन के लिखे गये। इसी प्रकार उद्दीपन के रूप में षट् ऋतु वर्णन पर भी कई अलग पुस्तकें लिखी गयीं। विप्रलम्भ सम्बन्धी 'बारह मासे' भी कुछ कवियों ने लिखे। रीतिग्रंथों की इस परम्परा द्वारा साहित्य के विस्तृत विकास में कुछ बाधा भी पड़ी। प्रकृति की अनेकरूपता, जीवन की भिन्न-भिन्न चिन्त्य बातों तथा जगत् के नाना रहस्यों की ओर कवियों की दृष्टि नहीं जाने पायी। वह एक प्रकार से बद्ध और परिमित सी हो गयी। उसका क्षेत्र संकुचित हो गया। वाग्धारा बँधी हुई नालियों में ही प्रवाहित हाने लगी जिससे अनुभव के बहुत से गोचर और अगोचर विषय रससिक्त होकर सामने आने से रह गये। दूसरी बात यह हुई कि कवियों की व्यक्तिगत विशेषता की अभिव्यक्ति का अवसर बहुत ही कम रह गया। कुछ कवियों के बीच भाषा-शैली-पदविन्यास, अलंकार-विधान आदि बाहरी बातों का भेद हम थोड़ा-बहुत दिखा सकें, पर उनकी आभ्यन्तर प्रकृति के अन्वीक्षण में समर्थ उच्च-कोटि की आलोचना की सामग्री बहुत कम पा सकते हैं। (हिन्दी साहित्य का इतिहास, पृ. 131)। इस पर शुक्लजी के विवेचन की दाद देते हुए डॉ. शर्मा ने लिखा है—"शुक्लजी से हम सीखते हैं कि रीतिकालीन काव्य का विवेकपूर्ण विवेचन करते हुए किस तरह भारतीय चिन्तन के प्रगतिशील तत्त्वों को पहचानना चाहिए। किस तरह उन्हें वर्तमान युग में पुष्ट और विकसित करना चाहिए, किस तरह पच्छिम के मनोविज्ञान और साहित्य के पतनशील रुझानों का विरोध करना चाहिए, किस तरह उनके वैज्ञानिक और प्रगतिशील तत्त्वों को अपनाना चाहिए। शुक्लजी के आलोचना-साहित्य का अध्ययन हिन्दी साहित्य को अवांछित प्रभावों से मुक्त करने के लिए अब भी एक महान् साधन है।" (आचार्य रामचन्द्र शुक्ल और हिन्दी-आलोचना', पृ. 143) तात्पर्य यह कि आचार्य शुक्ल का संग्रह और त्याग का विवेक आज भी हमारे लिए अनुकरणीय है। डॉ. शर्मा जैसे अधीक और मान्य आलोचक का उपर्युक्त वाक्य निश्चय ही ध्यान देने योग्य है।

पुस्तक का सातवाँ निबन्ध है—**'हिन्दी गद्य का विकास और भारतेन्दु काल।'** इस निबन्ध में डॉ. शर्मा ने आचार्य शुक्ल की स्थापनाओं का पूरा समर्थन किया है। शुक्लजी की प्रमुख स्थापनाएँ निम्नलिखित हैं—

1. शुक्लजी ने हिन्दी-भाषा और हिन्दी गद्य के विकास को उस समाज के विकास के साथ देखने-समझने की कोशिश की है, जिसकी भाषा हिन्दी है। चाहे भाषा का इतिहास हो चाहे साहित्य का, समाज से अलग करके हम उसे नहीं देख सकते। (आचार्य रामचन्द्र शुक्ल और हिन्दी-आलोचना, पृ. 144)
2. शुक्लजी ने अंग्रेजों के इस प्रचार का तर्कसंगत खण्डन किया कि उन्होंने कलकत्ते में हिन्दी गद्य का पौधा लगाया था। (आचार्य रामचन्द्र शुक्ल और हिन्दी-आलोचना, पृ. 151
3. भारतेन्दु ने भाषा को सँवारने, उसका रूप स्थिर करने में बहुत बड़ा काम किया है, लेकिन इससे भी बड़ा काम उन्होंने यह किया कि साहित्य को नवीन मार्ग दिखाया। (वही, पृ. 159)
4. शुक्लजी ने हिन्दी गद्य के विकास की स्वाभाविक परम्परा पर जोर दिया है। उन्होंने सिद्ध किया कि हिन्दी गद्य न तो उर्दू से अरबी-फारसी के शब्द निकाल कर और उनकी जगह संस्कृत के शब्द डालकर गढ़ा गया है, न वह अंग्रेजों की कृपा का फल है, उन्होंने भारतेन्दु और उनके समकालीन लेखकों के गद्य की यह विशेषता बतलाई है कि उसका आधार बोलचाल की भाषा है जिसमें फारसी के प्रचलित शब्दों का बहिष्कार नहीं किया गया है न उसमें संस्कृत पदावली की भरमार है। (वही, पृ. 163)

हिन्दी गद्य के विकास के सम्बन्ध में ऊपर लिखी गयी सभी बातें आचार्य शुक्ल की हैं। डॉ. शर्मा ने इनका पूरा समर्थन किया है।

आठवाँ निबन्ध है–**'नयी हिन्दी कविता और छायावाद'**। इस निबन्ध में डॉ. शर्मा ने आचार्य शुक्ल कीं 'छायावाद' की समीक्षा की सीमाओं का भी उल्लेख किया और उनकी सही पकड़ को दाद भी दी। आचार्य शुक्ल ने कई जगह 'छायावाद' को शैली मात्र कहा और कहीं-कहीं उसकी विषयवस्तु में 'रहस्यवाद' देखा।

डॉ. शर्मा ने इन मान्यताओं का विरोध किया। उन्होंने कहा 'छायावाद' को इन दो अर्थों तक सीमित नहीं किया जा सकता। 'छायावाद' हिन्दी-साहित्य की रोमांटिक धारा है। वह मूलतः रीतिकालीन कविता का विरोधी है। वह एक मानववादी धारा है जिसका एक कमजोर पक्ष रहस्यवाद भी है। आज अनन्त की ओर दौड़ने और अति लाक्षणिक शैली के व्यवहार से हिन्दी के समर्थ कवि बच रहे हैं, यह बात शुक्ल जी की आलोचना का समर्थन करती है (आचार्य रामचन्द्र शुक्ल और हिन्दी-आलोचना, पृ. 180)। अपने निबन्ध का अंत करते हुए डॉ. शर्मा कहते हैं–शुक्लजी ने 'छायावादी' कवियों की लोकजीवन सम्बन्धी कविताओं का समर्थन किया। साहित्य में अगोचर के बदले गोचर जगत् पर बल दिया, 'छायावादी' कविता का लोकगीतों की परम्परा से सम्बन्ध जोड़ते हुए, सच्ची रोमांटिक भाव-भूमि पर आगे बढ़ने का सुझाव दिया। उनका यह विवेचन हिन्दी-आलोचना के लिए ही नहीं, हिन्दी कविता

की प्रगति के लिए भी बहुत उपयोगी है। (आचार्य रामचन्द्र शुक्ल और हिन्दी-आलोचना, पृ. 183)

नौवाँ निबन्ध है–**'इतिहास, जातीयता और साहित्य के रूप'**। सबसे पहले 'इतिहास' की चर्चा की जाय। हिन्दी का पहला व्यवस्थित इतिहास आचार्य शुक्ल ने लिखा है। यद्यपि यह इतिहास हिन्दी शब्द-सागर की भूमिका के रूप में लिखा गया था। एम.ए. कक्षा के हिन्दी छात्रों की आवश्यकता की पूर्ति भी इससे हो जाती थी। इतिहास के लिए जितनी सामग्री शुक्लजी चाहते थे, उसका भी अभाव था। फिर भी शुक्लजी ने हिन्दी-साहित्य का पहला व्यवस्थित इतिहास लिखा। इसके विषय में डॉ. शर्मा कहते हैं–"शुक्लजी अपने समय में तो इतिहास-लेखन में दिग्विजयी हुए ही थे, उसके बाद भी उनका काल-विभाजन या हिन्दी-साहित्य की मुख्य धाराओं का विभाजन–बहुत कुछ अपने मूल रुप में कायम है। कुछ लोगों ने जोर बहुत लगाया लेकिन शुक्लजी की कायम की हुई व्यवस्था टस-से-मस न हुई। वीरगाथा, निर्गुण, सगुण भक्ति, प्रेम कथानक, रीतिकाव्य, भारतेन्दु युग, छायावाद आदि का सिलसिला अब भी चला आता है।" (आचार्य रामचन्द्र शुक्ल और हिन्दी-आलोचना, पृ. 186)

डॉ. शर्मा का दसवाँ निबन्ध है–**'निबन्ध-रचना शैली और अभिव्यक्ति'**। आचार्य शुक्ल के मनोवैज्ञानिक निबन्ध–उत्साह, करुणा, लोभ और प्रेम आदि प्रसिद्ध हैं। ये निबन्ध पश्चिम के मनोवेत्ताओं के विवेचन से अलग हैं। इन निबन्धों को लिखते हुए शुक्लजी ने साहित्य में इनके प्रयोग शील के निर्माण में इनकी भूमिका, लोक-जीवन में इनकी स्थिति तथा रस की दृष्टि से इनके महत्त्व को ध्यान में रखा है। शुक्लजी का ध्यान सदैव लोक-हित को महत्त्व देने की ओर था। शुक्लजी को उद्धृत करते हुए डॉ. शर्मा कहते हैं–"श्रद्धा से क्या सिद्ध होता है? यही कि "जिन कर्मों के प्रति श्रद्धा होती है उनका होना संसार को वांछित होता है।" (वही., पृ. 215)

शुक्लजी ने लिखा है–मनुष्य के हृदय में भाव क्यों पैदा होते हैं। उनका सम्बन्ध किसी शुद्ध आत्मा या अशुद्ध माया नाम की वस्तु से है या इनका स्रोत मनुष्य के सामाजिक व्यवहार, उसके भौतिक जीवन में ढुँढ़ना चाहिए? शुक्लजी का कहना है–"संसार सागर की रूपतंरगों से ही मनुष्य की कल्पना का निर्माण और इसी की रूप-गति से उसके भीतर विविध भावों या मनोविकारों का विधान हुआ है"–रसात्मक बोध के विविध रूप। (चिन्तामणि, भाग एक, पृ. 242)। इस पर डॉ. शर्मा की टिप्पणी है–"मनुष्य के भावों का विधान संसार की रूप-गति में हुआ है। उनका आधार मनुष्य का भौतिक जीवन है उससे अलग हम शुद्ध आत्मा की तरह विशुद्ध भावों या (इंस्टिक्ट की कल्पना नहीं कर सकते। बहुत-से पश्चिमी विचारों कों इंस्टिक्ट–यानी अपरिवर्तनशील मूल भाव–आत्मा का ही पर्यायवाची है। शुक्लजी के लिए ऐसे

अपरिबर्तनशील भावों की सत्ता नहीं है। भावों की सत्ता अनुभूति पर निर्भर है और अनुभूति विषय-वस्तु के बिना, बाह्य जगत् के बिना नहीं होती''। (आचार्य रामचन्द्र शुक्ल और हिन्दी-आलोचना, पृ. 209)

शुक्लजी के 'व्यक्तित्व' का विवेचन करते हुए डॉ. शर्मा ने कहा है–''दृढ़ता, आत्मविश्वास और निर्भीकता शुक्लजी के विशेष गुण हैं, लाख विरोधी प्रचार हो, वह अपने सिद्धान्तों पर अडिग रहे। 'रहस्यवाद' की भारतव्यापी धूम होने पर उन्होंने उसका विरोध करना नहीं छोड़ा। भारतीय अध्यात्मवाद की विश्व में डुग्गी पिटने पर भी उन्होंने वास्तविक जगत् का सूत्र नहीं छोड़ा, इस जगत् के चित्रण को भारतीय साहित्य की मूल विशेषता बतलाया और अध्यात्म शब्द को साहित्य के मैदान के बाहर निकाल देने को कहा। अंग्रेजी और संस्कृत की धाक की परवाह न करके उन्होंने इन भाषाओं के साहित्य में उन्हें जो कमजोरियाँ दिखीं उनका भी खुलकर विवेचन किया। इन सब कामों के लिए उन्हें बल मिलता था, हिन्दी जनता से, हिन्दी के तरुण विद्यार्थियों से, उच्च वर्गों की अवज्ञा और अपमान से, वाल्मीकि, भवभूति और तुलसी की परम्परा से, संसार की बढ़ती हुई स्वाधीनताप्रेमी मानवता से और अपने विशाल हृदय से।'' (आचार्य रामचन्द्र शुक्ल और हिन्दी-आलोचना, पृ. 225)। कहना न होगा कि आचार्य शुक्ल के व्यक्तित्व की इतनी सारी विशेषताओं का एक जगह उल्लेख अन्यत्र दुर्लभ है। अपने समस्त विवेचन का अन्त करते हुए डॉ. शर्मा कहते हैं–''शुक्लजी ने अपने निबन्धों द्वारा हिन्दी के काव्यशास्त्र को एक नया मनोवैज्ञानिक और दार्शनिक आधार दिया। इस आधार पर उन्होंने साहित्य की प्रगति-विरोधी धाराओं का खण्डन किया और संस्कृत-हिन्दी की प्रगतिशील परम्परा का समर्थन किया। उनकी शैली तार्किक विवेचन के लिए उपयुक्त होने के साथ आवश्यकतानुसार आवेशपूर्ण और आलंकारिक भी है और उसकी एक विशेषता जीवन का संचित अनुभव प्रकट करने वाली वाक्यावली है।'' (आचार्य रामचन्द्र शुक्ल और हिन्दी-आलोचना, पृ. 228)

पुस्तक के अन्त में दो परिशिष्ट हैं। **'परिशिष्ट'** एक में **'राधाकृष्ण दास की जीवनी तथा कविताएँ** हैं। यह परिशिष्ट काफी बड़ा है–कुल 22 पृष्ठों का। दूसरा **'परिशिष्ट'** है–**'आचार्य शुक्ल और ब्रजभाषा की परम्परा'**। पहले परिशिष्ट में राधाकृष्ण दास की जीवनी और कविताएँ तो हैं ही उसमें भारतेन्दु परिवार के अर्न्तविरोध भी उजागर हुए हैं। 'भारतेन्दु' के बाद उनके परिवार में साहित्य-सृजन का वातावरण नहीं रह गया था। राधाकृष्ण दास 'भारतेन्दु' के फुफेरे भाई थे। किन्तु उनकी भाँति साहित्य को समर्पित न थे। उनके परिवार का वातावरण भी अब बदल गया था। गोकुलचन्द्र राधाकृष्ण दास को व्यवसाय में लगाना चाहते थे। राधाकृष्ण दास कभी-कभी परिस्थितियों से ऊपर उठकर साहित्य भी रचते थे। डॉ. शर्मा कहते हैं–"शुक्लजी राधाकृष्ण दास की प्रशंसा करते हैं कि इतना दबाव

होने पर भी वह साहित्य रचना से विमुख न हुए। पहरा चौकी रहने पर भी वे कुछ न कुछ लिख ही डालते थे''। (वही, पृ. 234) यहाँ हमारा उद्देश्य शुक्लजी द्वारा लिखी हुई राधाकृष्ण दास की जीवनी देना नहीं है। हम सिर्फ यह दिखाना चाहते हैं कि डॉ. शर्मा ने शुक्लजी द्वारा लिखी इस जीवनी को किस दृष्टि से देखा है।

दूसरा परिशिष्ट है–'आचार्य शुक्ल और ब्रजभाषा की परम्परा'। वस्तुतः यह शिव प्रसाद सिंह के शोध-प्रबन्ध–**'सूरपूर्व ब्रजभाषा काव्य'** की डॉ. शर्मा द्वारा की गयी समीक्षा है। डॉ. शर्मा ने प्रमाण देकर सिद्ध किया है कि शिवप्रसाद सिंह की कोई स्थापना नितान्त नयी नहीं है। सबके सूत्र आचार्य शुक्ल के इतिहास में विद्यमान हैं। डॉ. शर्मा ने लिखा है–"डॉ. शिवप्रसाद सिंह ने एक ओर शुक्लजी के मत को गलत ढंग से प्रस्तुत किया जिससे उनके अनुसंधान की मौलिकता सिद्ध हो ; दूसरी ओर भक्ति और भाषा दोनों ही की पुरानी कड़ियाँ ढूँढ़ते हुए उन्होंने शुक्लजी की ही स्थापनाओं को दोहराया है और इस दोहराने में अपने एकांगी और असन्तुलित दृष्टिकोण के कारण उनकी अनेक महत्त्वपूर्ण स्थापनाओं को छोड़ भी दिया है।–(आचार्य रामचन्द्र शुक्ल और हिन्दी-आलोचना, परिशिष्ट दो, पृ. 265)।

निराला की साहित्य-साधना—डॉ. रामविलास शर्मा

डॉ. शर्मा इसके पूर्व की अपनी आलोचनात्मक कृतियों में आलोच्य कवि या लेखक की 'विचारधारा' के उद्घाटन पर ही विशेष बल देते रहे हैं। 'निराला की साहित्य-साधना' उनकी पहली कृति है जिसमें उन्होंने निराला की **विचारधारा** का उद्घाटन तो किया है किन्तु इसके साथ उनके **भावबोध** और **कलाबोध** का भी विस्तृत विवेचन किया है।

विचारधारा के अन्तर्गत उन्होंने अंग्रेजी राज और भारतीय जनता, राजा, जमींदार, किसान; द्विज और शूद्र, नारी की स्वाधीनता, शास्त्र और रूढ़िवाद, राष्ट्रीय एकता और मुसलमान, भाषा और राष्ट्र, जातीयता और हिन्दी, गाँधीवाद, छायावाद, वेदान्त और भारतीयता, वेदान्त और विकासवाद, ब्रह्म और प्रकृति, सामाजिक परिवर्तन और साहित्य, हिन्दी-साहित्य : आन्तरिक संघर्ष, आदि विषयों पर विचार किया है।

यहाँ डॉ. शर्मा ने उपर्युक्त विषयों पर जो कुछ कहा है उन सब पर विचार करना आवश्यक नहीं है। बतौर बानगी हम दो-तीन विषयों में उनके विचार प्रस्तुत करना चाहेंगे। 'अंग्रेजी राज और भारतीय जनता' शीर्षक उनके निबन्ध को उद्धृत करते हुए वे कहते हैं—"भारत के अनेक पूँजीपति—उनके प्रतिनिधि उदारपंथी (लिबरल) राजनीतिज्ञ—सोचते थे कि अंग्रेजों के सहयोग से भारत का उद्योगीकरण संभव है। इनके विपरीत 'निराला' का विचार था कि अंग्रेजों ने भारत को गुलाम बनाया है इसलिए है कि यहाँ से कच्चा माल खरीद कर विलायत ले जायँ, वहाँ से तैयार माल लाकर यहाँ बेचें। उनकी नीति भारत को खेतिहर उपनिवेश बनाकर रखने की है, यहाँ के उद्योग धंधों को विकसित करने की नहीं। 'निराला' जी ने लिखा : "महात्मा जी के आन्दोलन के बाद से इंग्लैंड के व्यवसायी भारत से खूब सजग रहते हैं। और, ये पूँजीपति ही चूँकि प्रकारान्तर से इंग्लैंड के विधाता हैं इसलिए ये इतने उदार होंगे कि अपनी भलाई भूलकर भारत की भलाई का खयाल करेंगे, यह बिल्कुल भ्रांत धारणा है।" (निराला की साहित्य साधना, पृ. 14) एक अन्य उदाहरण देकर हम इस प्रसंग को समाप्त करना चाहेंगे।

निराला का एक अन्य निबंध है—'जवाहरलाल नेहरू और समाजवाद'।

यह 'सुधा', दिसम्बर, 29 की संपादकीय के रूप में छपा है। इसमें 'निराला' ने लिखा है—"शताब्दियों के बाद भारत नयी करवट लेगा। इस महान् ऐतिहासिक परिवर्तन में युवा शक्ति का नेतृत्व करेंगे जवाहरलाल नेहरू। उस समय अधिकांश प्रगतिचेता साहित्यकारों और युवकों को नेहरू से ऐसी ही आशा थी। लाहौर कांग्रेस में उनके भाषण से विस्तृत उद्धरण देते हुए 'निराला' ने उनके व्यक्तित्व के बारे में लिखा, 'वह नम्र तथा स्फटिक की तरह स्वच्छ हैं, और उनकी सत्यवादिता संदेह से परे है। उनके हाथों से जाति के स्वार्थ की किसी प्रकार हानि नहीं हो सकती''—('निराला की साहित्य-साधना', पृ. 87)।

उपर्युक्त उद्धरणों से साफ प्रकट होता है कि 'निराला' एक पत्रकार के रूप में कितने सजग थे। उन्हें ब्रिटिश कूटनीति की कितनी गहरी समझ थी। आश्चर्य होता है कि 'राम की शक्तिपूजा' की रचना करने वाला कवि निराला यही है।

भावबोध के अन्तर्गत 'निराला' ने 'स्वाधीनता प्रेम', 'क्रांति की आकांक्षा', 'नया मानवतावाद' 'नवनिर्माण और विनाश', 'प्रकृतिपूजा', 'माया और ब्रह्म', 'आकाश और धरती', 'काम चेतना', 'ऋतुचक्र', 'आत्म-प्रवंचना', 'मोहभंग : विकृति', 'हास्य और करुणा', 'संघर्ष', 'अन्तर्द्वन्द्व', और 'मृत्यु' का निरूपण किया है। इन पन्द्रह विषयों में प्रत्येक का निरूपण न यहाँ सम्भव है न जरूरी। इसलिए हम यहाँ नमूने के तौर पर 'नया मानवतावाद' और 'काम चेतना' के विवेचन को उद्धृत करना चाहेंगे।

'नया मानवतावाद' में 'निराला' ने इस बात पर बल दिया है कि "उनके साहित्य के केन्द्र में वह मनुष्य है जो श्रम करता है, सम्पत्ति और सुख के साधनों से वंचित है, विषम परिस्थितियों से जूझता है, गिरता है, फिर आगे बढ़ता है। 'निराला' हिन्दी साहित्य में मनुष्य की कर्मठता, वीरता, धैर्य, आन्तरिक द्वन्द्व, उसकी अपार जिजीविषा के चित्रकार हैं।"

'काम चेतना' का निरूपण डॉ. शर्मा लगभग आठ पृष्ठों में विस्तार से करते हैं। वे अनेक कविताएँ उद्धृत करते हैं जिनमें काम चेतना लक्षित होती है। वे कहते हैं—"निराला के लिए सौन्दर्य और प्रेम का वर्णन पूरा नहीं होता जब तक पुरुष और नारी के शारीरिक मिलन की ओर किसी न किसी रूप में संकेत न किया जाय। जुही की कली भी आखिर आँखें खोल ही देती है; चकित चितवन चारों ओर फेर कर, प्रिय के संग रंग खेलकर हँसती और खिल उठती है। जुही का प्रेमी पवन है; शेफालिका का प्रेमी आकाश है। अन्य कविताओं में मनुष्य का मन आकाश पार करना चाहता है, यहाँ आकाश सुरभिमय समीर लोक पार करना चाहता है। सुरभि की व्यंजना वही है जो अन्य कविताओं में। प्रवृत्ति मार्ग में नायक योगियों की सिद्धि चाहता है।" (निराला की साहित्य-साधना, पृ. 204)।

'निराला' की 'कला' का निरूपण डॉ. शर्मा ने 176 पृष्ठों में पूरे मनोयोग से किया है। इसके अन्तर्गत उन्होंने—वक्तृत्वकला, स्वगत, संवाद, कविता का नक्शा, स्थापत्य,

स्वप्नदृष्टि, रूप-रस-गंध, प्रतीक-योजना, संश्लिष्ट बिम्ब, अनुप्रास प्रेम, ध्वनि प्रवाह, सघोष अल्पप्राण, स्वर साधना, तत्सम-तद्भव कवित्वपूर्ण शब्दावली, मौलिक शब्द-योजना, नियम-भंग, अभिनव प्रयोग, अलंकरण, अर्थ-चमत्कार, मुक्तछन्द, मात्रिक छन्द, गीत और लोकसंगीत, छायावाद-यथार्थवाद, का निरूपण पूरे विस्तार से किया है। यहाँ हम डॉ. शर्मा द्वारा निरूपित 'निराला' की **'स्वप्नदृष्टि'**, **'संश्लिष्ट बिम्ब'**, **'अभिनव प्रयोग'**, तथा **'गीत और संगीत'** के कुछ अंश उद्धृत करना चाहेंगे।

'निराला' की स्वप्न दृष्टि के सम्बन्ध में डॉ. शर्मा कहते हैं—"निराला में परोक्ष को प्रत्यक्षवत् देखने की अद्भुत प्रतिभा है। यह प्रतिभा यथार्थ बोध की विरोधी हो, यह आवश्यक नहीं। 'निराला' के स्वप्न में जहाँ बिखराव नहीं है, दृष्टिकोण केन्द्रबद्ध है, केन्द्र पार्श्वभूमि से संलग्न है, पार्श्वभूमि से हटकर केन्द्र इधर-उधर घूमता नहीं है, वहाँ उनकी निर्माण-कला अनुपम है।" अपने कथन को पुष्ट करते हुए वे 'राम की शक्तिपूजा' का संदर्भ प्रस्तुत करते हैं। वे कहते हैं—"राम की शक्तिपूजा में 'निराला' सीता को राम की स्मृति में रखते हैं। उन्हें सामने लाकर राम को केन्द्रभूमि से हटाते नहीं हैं। महावीर की आकाश-यात्रा पार्श्वभूमि का चित्र है, केन्द्र से पूर्णतः सम्बद्ध। उसकी प्रतीक-व्यंजना पर ध्यान दें तो वह वास्तव में राम के मन की वैसी ही आकाश-यात्रा है जैसी तुलसीदास की। 'राम की शक्तिपूजा' में 'निराला' जो सपना देखते हैं उसमें उनकी निगाह राम से अलग हटने नहीं पाती। आरंभिक अंश के बाद राम जहाँ बैठ जाते हैं, वहाँ से उठने का नाम नहीं लेते। अद्भुत स्थिरता है राम की इस अचल मूर्ति में। फिर भी 'राम की शक्तिपूजा' की-सी सक्रियता निराला की किसी अन्य कविता में नहीं है। इस सक्रियता का चित्रण वह वातावरण को गतिशील दिखाकर—संमुद्र की लहरों, आकाश के अन्धकार, उनचासों पवन की चंचलता के द्वारा करते हैं; जो युद्ध हो चुका है, उसके स्मरण से, महावीर की आकाशयात्रा से, राम के अन्तर्द्वन्द्व से और षट्चक्रों पर कुंडलिनी के चढ़ने से करते हैं। सक्रियता चाहे राम के भीतर हो, चाहे बाहर, राम कवि की दृष्टि के सामने से ओझल नहीं होने पाते।

संश्लिष्ट बिम्ब—डॉ. शर्मा ने निराला काव्य के संश्लिष्ट बिम्बों का विवेचन लगभग 8 पृष्ठों में किया है। एक संदर्भ में वे कहते हैं—"निराला का इन्द्रिय बोध साधारण नहीं, उसकी अनेक विशेषताएँ ध्यान देने योग्य हैं। साधारणतः जिस तरह आलोचना में घ्राण-बोध, रूप-बोध, शब्द-बोध, आदि तरह-तरह के बोध मूर्तिविधान के विश्लेषण में गिनाये जाते हैं, वह गिनती बहुत सीमित रूप में उपयोगी है। निराला काव्य से उस तरह अलग-अलग इन्द्रियबोध गिनाना, भ्रामक भी हो सकता है। कारीगरों से भिन्न प्रतिभाशाली कवियों की विशेषता यह है कि उनकी चेतना इन्द्रियबोध के स्तर पर **संश्लिष्ट रूप से कार्य करती है**, एक प्रकार का बोध नहीं, अनेक प्रकार के बोध

सक्रिय हो उठते हैं। 'गीतिका' से एक उदाहरण देते हुए डॉ. शर्मा कहते हैं—"सुख के भय काँपती प्रणय-वलय वन श्री चारुतरा।" (गीतिका पृ. 49)।

यहाँ प्रणय-वलय को सुख के भय से काँपते दिखाया गया है। सुख और भय दो भिन्न अनुभूतियाँ हैं। यहाँ दोनों को एक में संश्लिष्ट करके प्रस्तुत किया गया है। इस तरह के जाने कितने चित्र 'निराला' की छोटी-छोटी कविताओं में बिखरे पड़े हैं। डॉ. शर्मा ने 'निराला' की विभिन्न काव्य-कृतियों से इन्हें उदाहृत किया है।

अभिनव प्रयोग—अलक-पलक और झलक निराला के ये तीन प्रिय शब्द हैं और कभी-कभी एकसाथ आते हैं। यथा—अलक-पलक में छिपी झलक (गीतिका, पृ.31)।

डॉ. शर्मा कहते हैं—इनके (इन तीनों शब्दों के) लिंग-वचन के अनुसार निराला इनका कौन-सा रूप स्थिर करते हैं, यह व्याकरण पर नहीं, संदर्भ विशेष में कलात्मक औचित्य पर निर्भर है। तात्पर्य यह कि कविता की पंक्तियों को रचते समय निराला की दृष्टि पारम्परिक व्याकरण का अनुसरण नहीं करती, वह कलात्मक औचित्य को दृष्टि में रखती है। ऐसी स्थिति में उनके प्रयोग अभिनव तो हो ही जाएँगे।

गीत और संगीत—डॉ. शर्मा ने लक्षित किया है कि निराला के **परिमल** के बाद रचे गए गीतों के प्रत्येक चरण में होली की धुन गूँजती है। 'नयनों के डोरे लाल गुलाल भरे खेली होली'—हिन्दी का सर्वश्रेष्ठ होली गीत है। लय की मादकता, पदावली की कोमलता, श्रृंगार भाव की मधुरता ने उसमें अनुपम सौन्दर्य पैदा किया है। कहीं यति भंग नहीं, अन्त्यानुप्रास सब दुरुस्त हैं। निराला लोकगीतों का अनुकरण नहीं करते। उनकी धुन, चित्रण का ढंग, शब्द-योजना, वातावरण अपनाते हुए उन्हें अपने साहित्य के कलात्मक स्तर तक उठा ले आते हैं। 'खुले अलक मुँद गये पलक दल, श्रमसुख की हद होली'—यह पद-योजना लोकगीतों की परिधि के बाहर की है। उसमें निराला की अपनी कला का चमत्कार है। (निराला की साहित्य-साधना, पृ. 440)।

ऊपर, डॉ. शर्मा ने 'निराला' की काव्य-कला का जो विस्तृत विवेचन किया है, उसकी थोड़ी सी बानगी मात्र प्रस्तुत की गयी है। इससे पता लग जाता है कि उन्होंने कितनी तन्मयता से डूबकर निराला की काव्य-कला की बारीकियों का विवेचन किया है।

डॉ. शर्मा ने 'निराला' की गद्य-रचनाओं के वैशिष्ट्य का भी निदर्शन किया है। किन्तु यहाँ हमारा उद्देश्य उनके काव्यालोचन की बारीकियों की बानगी प्रस्तुत करने तक ही सीमित था।

निराला की विचारधारा

विचारधारा—डॉ. रामविलास शर्मा ने 'निराला' की विचारधारा का अध्ययन—'अंग्रेजी राज और भारतीय जनता', राजा, जमींदार, किसान, द्विज और शूद्र, नारी की स्वाधीनता, शास्त्र और रूढ़िवाद, राष्ट्रीय एकता और मुसलमान, भाषा और राष्ट्र, जातीयता और हिन्दी, गाँधीवाद, छायावाद, नेहरू और समाजवाद, वेदान्त और भारतीयता, ब्रह्म और प्रकृति, सामाजिक परिवर्तन और साहित्य, हिन्दी-साहित्य आन्तरिक संघर्ष—आदि शीर्षकों के अन्तर्गत रखकर किया है। जिन निबन्धों के आधार पर डॉ. शर्मा ने ये शीर्षक रखे हैं वे 'सुधा' में 1929 ई. से लेकर 1934 तक सम्पादकीय टिप्पणियों के रूप में प्रकाशित हुए थे। बाद में इन्हें 'प्रबन्ध प्रतिमा' में संगृहीत किया गया था। आज निश्चय ही बहुत-से प्रश्न अप्रासंगिक हो गये हैं, किन्तु बहुतों की प्रासंगिकता सन्देह से परे है। उदाहरण के लिए नारी की स्वाधीनता, शास्त्र और रूढ़िवाद, राष्ट्रीय एकता और मुसलमान, भाषा और राष्ट्र, जातीयता और हिन्दी, गाँधीवाद, छायावाद, नेहरू और समाजवाद, वेदान्त और भारतीयता, वेदान्त और विकासवाद, सामाजिक परिवर्तन और साहित्य, हिन्दी-साहित्य आन्तरिक संघर्ष, आदि। यह अवश्य है कि कुछ की प्रासंगिकता धूमिल हो गयी है और कुछ की नहीं। उदाहरण के लिए 'द्विज और शूद्र' की समस्या को लीजिए आज यह भेद कम हो गया है किन्तु मिटा नहीं है। 'निराला' ने इसका सम्बन्ध सामन्तीय व्यवस्था से जोड़ा है। उनका मानना है कि जहाँ सामन्तीय व्यवस्था जितनी दृढ़ रही है, वहाँ 'शूद्र' और 'द्विज' का भेद भी अधिक दृढ़ रहा है। सामन्त द्विजों के आधार थे। शूद्रों का दमन करते थे। शूद्र श्रम करते थे और सामन्त उसका लाभ उठाते थे। डॉ. शर्मा ने लक्षित किया है कि मध्यकालीन भक्ति-आन्दोलन शूद्रों द्वारा उठाया गया क्रांतिकारी कदम था। बहुसंख्यक सन्त और भक्त शूद्र थे या नीची जाति के थे। इस आन्दोलन ने वर्ण व्यवस्था को तहस-नहस कर दिया। यह माना गया कि जो हरि का भक्त है वही हरि को प्रिय है। जो हरि को प्रिय है वही सच्चा मनुष्य है। जातिगत उच्चता मनुष्यता का पर्याय नहीं है। कहना न होगा कि निराला द्वारा द्विज और शूद्र की समस्या को सामन्तीय व्यवस्था के अभिशाप के रूप देखना डॉ. शर्मा के प्रगतिशील

विचारों के सर्वथा अनुकूल है। जहाँ तक नारी की स्वाधीनता का प्रश्न है, यह स्वीकार करना होगा कि मध्यकाल की तुलना में आज की नारी अधिक स्वाधीन है। अब वह वे सारे कार्य कुशलतापूर्वक सम्पन्न करती है, जो पुरुष करते हैं किन्तु अभी भी गाँवों में ऊँची जातियों की स्त्रियाँ घर की चारदीवारी के बाहर नहीं निकल पातीं। उनकी शिक्षा का औसत भी अपेक्षाकृत कम है। 'शास्त्र और रूढ़िवाद' का सम्बन्ध आज भी कायम है। शास्त्रों की दुहाई देकर ही सामाजिक रूढ़ियों का समर्थन किया जाता है। 'राष्ट्रीयता और मुसलमान' का प्रश्न जटिल है, आज भी मुसलमानों को सन्देह की दृष्टि से देखा जाता है। मुसलमान कितना भी देशभक्त हो, उस पर पूरा विश्वास नहीं किया जाता। भाषा और राष्ट्र का प्रश्न बड़ा ही जटिल है। आज भी हमारे देश की कोई एक राष्ट्रभाषा नहीं है। हिन्दी राज-भाषा है किन्तु सारे प्रशासकीय कार्य अंग्रेजी में सम्पन्न होते हैं। बांग्ला, गुजराती, मराठी, उड़िया, तथा दक्षिण भारत की सभी भाषाएँ राष्ट्रीय भाषाएँ मानी जाती हैं। 'जातीयता और हिन्दी' एक विचारणीय विषय है। 'भारतेन्दु' ने हिन्दी को जातीय भाषा कहा था। जातीयता को वे राष्ट्रीयता का पर्याय मानते थे। अब इसे सन्देह की दृष्टि से देखा जाता है। 'गाँधीवाद, छायावाद' पर विचार करते हुए डॉ. शर्मा ने लिखा है–"सन् 20 से 36 तक का समय हिन्दी-साहित्य में 'छायावाद' का उत्कर्ष काल है। 'जुही की कली' से लेकर 'राम की शक्तिपूजा' तक निराला की सबसे प्रसिद्ध छायावादी काव्य-कृतियाँ इसी अवधि की हैं। इस अवधि में जिस व्यक्ति ने भारतीय राजनीति और भारतीय जनता के सामाजिक चिन्तन पर सबसे गहरा असर डाला वह महात्मा गाँधी थे। इसमें सन्देह नहीं कि छायावादी काव्य प्रवृत्ति पर गाँधी के व्यक्तित्व का गहरा प्रभाव है। गाँधी देशप्रेमी ही नहीं सम्पूर्ण मानवता के हितचिन्तक थे। 'छायावाद' भी कल्पना-प्रियता, प्रतीकात्मकता, लाक्षणिकता, और उपमानों की अमूर्तता तक ही सीमित नहीं है। उसकी अन्तर्धारा भी मानवतावादी है। 'निराला' ने अवश्य उसकी सीमाओं का अतिक्रमण किया है। लेकिन उनकी कविताओं का मूलस्वर भी मानवतावादी है। भिखारी, वह तोड़ती पत्थर आदि कविताएँ प्रमाण हैं कि 'निराला' का स्वर प्रगतिशील था। उन्होंने 'सुधा' की एक सम्पादकीय टिप्पणी में लिखा है–"क्रान्ति साहित्य की जननी है। नवीनता तभी पैदा होती है और साहित्य का रथ कुछ आगे बढ़ता है। इसे जीवन भी कहते हैं। ॠतु के बदलने पर जिस तरह पृथ्वी एक नये रूप में सजती है, उसी तरह क्रांतिजन्य नवीनता से साहित्य।" (सुधा, फरवरी, 1935)।

'जवाहरलाल नेहरू और समाजवाद' निबन्ध में डॉ. शर्मा ने 'सुधा' में प्रकाशित टिप्पणियों के आधार पर यह प्रमाणित किया है कि 'नेहरू' का व्यक्तित्व अन्तर्विरोधों से भरा था। कांग्रेस के भीतर उन्हें समाजवाद का समर्थक माना जाता था। युवक उनसे क्रांतिकारी कदम उठाने की आशा करते थे किन्तु जब-जब जनता ने उनसे क्रांतिकारी कदम उठाने की आशा की उन्होंने निराश किया। वे नारा समाजवाद का देते थे किन्तु

जमींदारों और पूँजीपतियों के विरुद्ध ठोस कदम नहीं उठाते थे। 'सुधा' में 'निराला' की टिप्पणी को ज्यों का त्यों उद्धृत करते हुए डॉ. शर्मा कहते हैं—"शताब्दियों के बाद भारत नयी करवट लेगा। इस महान् ऐतिहासिक परिवर्तन में युवाशक्ति का नेतृत्व करेंगे जवाहरलाल नेहरू। उस समय अधिकांश प्रगतिचेता साहित्यकारों और युवकों को नेहरू से ऐसी ही आशा थी। लाहौर-कांग्रेस में उनके भाषण से विस्तृत उद्धरण देते हुए निराला ने उनके व्यक्तित्व के बारे में लिखा, "वह नम्र तथा स्फटिक की तरह स्वच्छ हैं, और उनकी सत्यवादिता संदेह के परे है। उनके हाथों से जाति के स्वार्थ की किसी प्रकार की हानि नहीं हो सकती।" (सुधा, फरवरी 30) किन्तु इस आशावादिता के बावजूद डॉ. शर्मा का अनुभव है—"किन्तु नेहरू ने न तो अभी, न आगे फिर कभी, महात्मा गाँधी और सरदार पटेल से अलग संघर्ष का कोई कार्यक्रम जनता के आगे रखा। निराला इस समय अवध के किसान आन्दोलन को सतर्क दृष्टि से देख रहे थे, अपने जिले में वह स्वयं इस आन्दोलन में भाग ले रहे थे। उन्होंने निष्कर्ष निकाला कि कांग्रेस के नेतृत्व में सशक्त जमींदार-विरोधी आन्दोलन चलाया नहीं जा सकता।" (निराला की साहित्य-साधना, पृ. 88)।

'वेदान्त और भारतीयता' निबन्ध में डॉ. शर्मा ने लक्षित किया है कि 'निराला' की वेदान्त की व्याख्या पारम्परिक नहीं है। उन्होंने जिस उद्देश्य से यह व्याख्या की है उसे स्पष्ट करते हुए वे कहते हैं, "देश-प्रेम की भावना उन्हें सिखाती थी कि पुरानी और जर्जर व्यवस्था को मिटा दिया जाय, इस देश को आधुनिक शक्ति सम्पन्न राष्ट्र बनाया जाय जिसमें अन्य समुन्नत देशों की तरह साहित्य और विज्ञान का विकास हो। इस भावना से प्रेरित होकर उन्होंने वेदान्त की भिन्न प्रकार की व्याख्या भी प्रस्तुत की।" (निराला की साहित्य-साधना, पृ. 104)।

'वेदान्त और विकासवाद' 'निराला' का यह निबन्ध अत्यन्त महत्त्वपूर्ण है। इसमें उन्होंने प्रतिपादित किया है कि अगोचर 'ब्रह्म' का प्रतिपादन ही वेदान्त नहीं है। गोचर सृष्टि का प्रतिपादन भी वेदान्त है। इस दृष्टि से वे कहते हैं—"इस सृष्टि में 'ज्ञान' के साथ अज्ञान, धर्म के साथ अधर्म, पाप के साथ पुण्य जुड़ा हुआ है। इन दोनों के संघर्ष से ही प्रगति सम्भव है।" इसी क्रम में वे आगे कहते हैं—"संघर्ष के बिना प्रगति नहीं, संघर्ष होता है विरोधी गुणों में। जहाँ सृष्टि है, वहाँ ज्ञान के साथ अज्ञान है, वही प्रगति है।" निराला के उपर्युक्त कथन पर टिप्पणी करते हुए डॉ. शर्मा कहते हैं—"यह निराला का विरोधजन्य गतिवाद है—द्वन्द्व सिद्धान्त—जिसे वह दर्शन साहित्य और राजनीति में लागू करते हैं।" (निराला की साहित्य-साधना, पृ. 105)।

'ब्रह्म और प्रकृति' निबन्ध में 'निराला' ने 'ब्रह्म' और 'प्रकृति' के सम्बन्ध को स्पष्ट किया है। वे कहते हैं—"माया प्रवंचना मात्र नहीं है। वह ब्रह्म से अभिन्न है, शक्ति है, यह संसार उसी का खेल है। वह उतना ही व्यापक है जितना 'ब्रह्म'। 'ब्रह्म' को सच्चिदानन्द; सच्चिदानन्द की व्यापकता से 'माया' को अलग नहीं किया जा सकता। 'ब्रह्म' यदि

सूर्य है तो माया उसकी किरणें हैं। कठिनाई तब पैदा होती है जब दार्शनिक सूर्य को उसकी किरणों से अलग करके देखना चाहता है, जब वह सच्चिदानन्द से ब्रह्म के समान व्यापक शक्ति को निकालकर, केवल 'ब्रह्म' को पाना चाहता है।

'सामाजिक परिवर्तन और साहित्य' लम्बा निबन्ध है। करीब साढ़े नौ पृष्ठों का इससे निराला की व्यापक साहित्य-दृष्टि का परिचय मिलता है। इसमें जो विशेष बात कही गई है वह है साहित्य की व्यापकता की पुष्टि। इस निबन्ध के विषय में डॉ. शर्मा का कथन है–"निराला की टिप्पणी साहित्य को क्रांति से अलग नहीं रखती, न वह साहित्य को मजदूर आन्दोलन की तात्कालिक आवश्यकताओं तक सीमित करती है। वह साहित्य में प्रकृति वर्णन, कला के उत्कर्ष, साथ ही श्रमिक जनता की आशा-आकांक्षाओं और संघर्षों के चित्रण का समर्थन करती है।'' यहाँ प्रश्न उठता है, साहित्य और राजनीति का परस्पर क्या सम्बन्ध है? निराला राजनीति को साहित्य से निकालते नहीं हैं किन्तु साहित्य को अधिक व्यापक मानते हैं। लिखा है, "साहित्य का राजनीति के साथ उतना ही सम्बन्ध है जितना साहित्य का उसके शाखा-साहित्य से। इससे अधिक महत्त्व एक साहित्यिक कार्यकर्ता उसे देगा तो साहित्य के सार्वभौमिक विचार से वह लक्ष्य से च्युत कहा जाएगा। एक साहित्यिक की दृष्टि में किसी भी समय राजनीतिक की महत्ता साहित्य की महत्ता से ज्यादा नहीं रही। (सुधा, अक्टूबर 30) इसी दृष्टि से वह समाज में राजनीतिज्ञ और साहित्यकार के महत्त्व को तौलते हैं।" (निराला की साहित्य-साधना, पृ. 130)।

सारांश यह कि 'निराला' की साहित्य-दृष्टि एकपक्षीय नहीं है। वह व्यापक और सार्वभौम है। अकारण ही डॉ. शर्मा 'निराला' के प्रशंसक नहीं हैं। निराला के सम्बन्ध में वे कहते हैं–"निराला ने हिन्दी, बांग्ला, संस्कृत, अंग्रेजी में बहुत कुछ पढ़ा था, जो पढ़ा था, उसे खूब घोखा था। उनपर शंकराचार्य और विवेकानन्द की विचारधारा का ही नहीं, उनके काव्य का, उनकी भावधारा का भी प्रभाव है। 'निराला' में वाल्मीकि, भवभूति और कालिदास की प्रतिध्वनियाँ हैं। वह जो कुछ पढ़ते हैं, रचना के लिए कलाकार की दृष्टि से उसका उपयोग करने के लिए।" (भूमिका, पृ. 2)।

डॉ. रामविलास शर्मा की समीक्षा के बीज-शब्द

किसी आलोचक की समीक्षा-दृष्टि को समझने और परखने के लिए उसके जीवन-दर्शन और विचारधारा का ज्ञान, उसके द्वारा किया गया समीक्ष्य-वस्तु का चयन, उसकी विवेचन-पद्धति और मूल्यांकन तथा उसके समीक्षा के आधार तत्त्वों—कला, सौन्दर्य, शिल्प, शैली आदि की व्याख्या का अनुशीलन तो आवश्यक है ही, इन सबके साथ उसके द्वारा प्रयुक्त पारिभाषिक शब्दावली का विवेचन भी आवश्यक है। किसी भी समीक्षक द्वारा व्यावहारिक मूल्यांकन क्रम में प्रयुक्त पारिभाषिक शब्दावली भी उसकी दृष्टि, विवेक और प्रवृत्ति की परिचायिका होती है। आलोचक पारिभाषिक शब्दावली का चयन कई स्रोतों से करता है। कुछ शब्द वह परम्परा से ग्रहण करता है; कुछ अपनी सम-सामयिक समीक्षा से लेता है; कुछ उन महान देशी-विदेशी समीक्षकों से ग्रहण करता है जिनकी चिन्तनपद्धति और विचारधारा से वह प्रभावित होता है और कुछ शब्द वह स्वयं समीक्ष्य-वस्तु के विवेचन-क्रम में अपने विवेक से गढ़कर प्रयुक्त करता है। किन्तु ये सभी शब्द उसकी समीक्षा-दृष्टि का प्रतिनिधित्व नहीं करते, क्योंकि अनेक शब्दों का प्रयोग वह दूसरों के मतों को उद्धृत करते हुए उनसे असहमति व्यक्त करने के लिए करता है। समीक्षक-विशेष की समीक्षा-दृष्टि का प्रतिनिधित्व करने वाले शब्द वे होते हैं, जिनको केन्द्र में रखकर वह अपने निर्णय को प्रासंगिक और युक्तियुक्त बनाता है, जो उसके द्वारा समीक्ष्य प्रवृत्तियों, कृतियों, रचनाकारों के मूल्यांकन क्रम में बार-बार सामने आते हैं और जिनका प्रयोग किये बिना वह अपनी बात ठीक से व्यक्त नहीं कर पाता। यहाँ हम डॉ. शर्मा की समीक्षा में प्रयुक्त बीज-शब्दों का उल्लेख करते हुए उनके आधार पर उनकी समीक्षा-दृष्टि को समझने की कोशिश करेंगे।

हिन्दी आलोचकों में डॉ. शर्मा सबसे अधिक आचार्य शुक्ल से प्रभावित हैं। उनके मूल्यांकन के सहारे डॉ. शर्मा ने हिन्दी साहित्य के पूरे विकास का मूल्यांकन किया है। इसलिए डॉ. शर्मा की समीक्षा में सबसे अधिक वे शब्द प्रयुक्त हुए हैं जो आचार्य शुक्ल के यहाँ पहले से विद्यमान हैं। ये सभी शब्द डॉ. शर्मा की समीक्षा-दृष्टि के परिचायक नहीं हैं किन्तु इनका उल्लेख इसलिए आवश्यक है कि इनको आधार

बनाकर डॉ. शर्मा अपने समीक्षा-कर्म में प्रवृत्त हुए हैं। ये शब्द हैं—**व्यक्तिवाद, भाववाद, वस्तुवाद, अनुभूति, आत्मगत, वस्तुगत, रसानुभूति, विकासवाद, रसग्राहिका शक्ति, कलावाद, रीतिवाद, लोक सामान्य-भूमि, व्यक्ति-वैचित्र्यवाद, साधारणीकरण, भाव-व्यापार, इन्द्रियबोध, मूर्तिविधान, कल्पनावाद, यथार्थवाद, सौन्दर्यबोध, सौन्दर्यशास्त्र, आत्मवाद, रहस्यवाद, अध्यात्मवाद, प्रतिक्रियावाद, अभिव्यंजनावाद, रूप-विधान, अप्रस्तुतविधान, भावभूमि, विभावन-व्यापार, अर्थमीमांसा, अर्थग्रहण, बिम्बग्रहण, लोक-हृदय, लोकमंगल, चमत्कारवाद, प्रकृत काव्य-भूमि, प्रतीक-योजना, अलंकार, विधान, संश्लिष्ट काव्यवस्तु, लाक्षणिक वैचित्र्य, बुद्धि व्यवसायात्मक ज्ञान, इतिवृत्तात्मक शैली, काव्य-दृष्टि, विरुद्धों का सामंजस्य** आदि। इनमें से कुछ शब्दों के प्रयोग में डॉ. शर्मा ने संदर्भगत अनौचित्य लक्षित किया है; कुछ के पाश्चात्य आधार की ओर संकेत करते हुए यह बताया है कि शुक्लजी ने कैसे पाश्चात्य विचारकों का आधार लेते हुए अपने को उनसे अलग कर लिया है और बहुसंख्यक शब्दों के उचित और सटीक प्रयोग की सराहना की है। कुछ शब्द ऐसे भी हैं जिनके आधार पर डॉ. शर्मा ने अपने प्रयोग गढ़े हैं। आचार्य शुक्ल की **भावप्रेरित वक्रता** के वजन पर डॉ. शर्मा ने **भावप्रेरित प्रतीक योजना** का प्रयोग किया है। डॉ. शर्मा ने **रस, भाव, विभाव, साधारणीकरण, अलंकार** आदि परम्परागत पारिभाषिक शब्दावली के संस्कार आचार्य शुक्ल से ही ग्रहण किये हैं। आचार्य शुक्ल के समस्त निर्णयों से डॉ. शर्मा सहमत नहीं हैं और उपर्युक्त शब्दों में से अनेक शब्दों का प्रयोग डॉ. शर्मा ने आचार्य शुक्ल को उद्धृत करते हुए किया है, वे डॉ. शर्मा की निजी समीक्षा-दृष्टि के परिचायक नहीं हैं। यह अवश्य है कि इन शब्दों के प्रयोग और समझ से डॉ. शर्मा की समीक्षा समृद्ध हुई है और हिन्दी साहित्य के पूरे विकास को वे अपने सामने रख सके हैं।

डॉ. शर्मा द्वारा प्रयुक्त पारिभाषिक शब्दावली का दूसरा स्रोत नयी कविता के संदर्भ में प्रयुक्त सम-सामयिक समीक्षकों की शब्दावली है। यह शब्दावली भी उनकी दृष्टि का प्रतिनिधित्व नहीं करती। इसमें से बहुसंख्यक शब्दों का प्रयोग उन्होंने असहमति व्यक्त करते हुए किया है। यह उनकी समीक्षा के पूर्वपक्ष का प्रतिनिधित्व करती है। इसके आधार पर डॉ. शर्मा ने नयी कविता के पाश्चात्य वैचारिक आधार को स्पष्ट किया है। वे शब्द हैं—**आधुनिकताबोध, संत्रास, अनास्था, महामानव, लघुमानव, अति यथार्थवाद, देहबोध, देहरस, दायित्वबोध, नव रहस्यवाद, अस्तित्वाद, द्वन्द्व, तनाव, अमूर्तन, तथ्य और सत्य, सह-अनुभूति, अर्थ की लय, सपाट बयानी, आत्मविसर्जन, प्रयोगवाद, आत्मग्रस्तता, आत्मसंवेदन, यांत्रिक भौतिकवाद, फैंटेसी, इम्प्रेशननिष्ट, उपचेतन का साधारणीकरण, व्यक्तित्व का रूपान्तरण, एस्थेटिक इमोशन, रेजिमेंटेशन, अस्मिता, आत्मनिर्वासन** (सेल्फ एलिएनेशन), **आत्मविभाजन** तथा इसी परम्परा के कुछ और शब्द। इन शब्दों का प्रयोग डॉ. शर्मा ने या तो अन्य

समीक्षकों का मत उद्धृत करते हुए किया है या अज्ञेय, मुक्तिबोध, शमशेर आदि कवियों का भटकाव निदर्शित करने के लिए किया है। अनेक अवसरों पर उन्होंने विस्तार से इनके यूरोपीय उद्गम स्रोत का भी उल्लेख किया है और यह भी स्पष्ट किया है कि जिस विचारधारा का ये प्रतिनिधित्व करते हैं, वह स्वस्थ और प्रगतिशील नहीं है। कई स्थलों पर उन्होंने यह भी बताया है कि नयी कविता के संदर्भ में प्रयुक्त होने वाले **आधुनिकताबोध, दायित्वबोध, यथार्थबोध, सेल्फ एलिएनेशन** आदि शब्दों का मार्क्सवादी समीक्षा में वही अर्थ नहीं है जो तथाकथित नयी समीक्षा में प्रचलित है। अनेक अवसरों पर उन्होंने आधुनिक कविता के ऐतिहासिक विकास का विस्तार से उल्लेख करते हुए कुछ पारिभाषिक शब्दों के प्रयोग का इतिहास भी प्रस्तुत किया है। सबसे बड़ी बात यह है कि डॉ. शर्मा ने इन शब्दों के मूल में विद्यमान आत्मगत चिन्तन और वस्तुगत चिन्तन के वैचारिक द्वन्द्व को बराबर ध्यान में रखा है।

डॉ. शर्मा द्वारा प्रयुक्त पारिभाषिक शब्दावली का तीसरा स्रोत है उनका मार्क्सवादी चिन्तन, विस्तृत साहित्यानुशीलन और भारतीय लोक-संस्कृति का गहन बोध। उनकी समीक्षा दृष्टि का प्रतिनिधित्व करने वाले बीज-शब्द मुख्यतः इसी स्रोत से आये हैं। कुछ शब्द ऐसे अवश्य हैं जो आचार्य शुक्ल की समीक्षा से गृहीत हैं किन्तु डॉ. शर्मा के समीक्षा विवेक के इतने अनुकूल हैं कि उनके बिना उनका काम नहीं चलता। सब मिलाकर जिन शब्दों को डॉ. शर्मा की समीक्षादृष्टि का प्रतिनिधि कहा जा सकता है वे निम्नलिखित हैं।

यथार्थवाद, वैज्ञानिक दृष्टि, प्रगतिशील तत्त्व, जनसंस्कृति, वर्ग-आधार, जातीय संस्कृति, विचारधारा, वैज्ञानिक भौतिकवाद, जनवाद, आस्था, वस्तुवाद, इन्द्रियबोध, भावबोध, मानवतावाद, जातीय गठन, लोक-जागरण, जन-जागरण, नव-जागरण, आधुनिकता, यथार्थबोध, द्वन्द्वात्मक पद्धति, सापेक्ष-स्वाधीनता, वक्तृत्व कला, ध्वनिप्रवाह, संश्लिष्ट बिम्ब, नवमानवतावाद, ट्रैजिडी आदि। इन शब्दों के अतिरिक्त आचार्य शुक्ल की समीक्षा से गृहीत कुछ शब्द भी डॉ. शर्मा की समीक्षा के बीज शब्द बन गये हैं। वे शब्द हैं—**मूर्तिविधान, प्रतीक-योजना, अप्रस्तुत विधान, विभाव, साधारणीकरण, विरुद्धों का सामंजस्य** आदि। जिस एक शब्द को डॉ. शर्मा ने सर्वाधिक महत्त्व दिया है वह है—**यथार्थ**। इस शब्द के आगे और पीछे अन्य शब्दों को जोड़कर उन्होंने कई शब्द गढ़ लिए हैं। **यथार्थवाद, यथार्थ-चित्रण, यथार्थ जीवन, यथार्थबोध, यथार्थ का बढ़ाव, यथार्थवाद की बुलंदी, क्रांतिकारी यथार्थवाद, नया यथार्थवाद, आलोचनात्मक यथार्थवाद, संश्लिष्ट यथार्थ** आदि अनेक प्रयोग उनकी समीक्षा में देखे जा सकते हैं। डॉ. शर्मा ने प्रेमचन्द की समीक्षा सबसे पहले की थी। डॉ. शर्मा द्वारा उनकी रचना के महत्त्व के स्वीकार का मूल आधार है—उनकी कला का यथार्थवादी होना। **'सेवासदन'** प्रेमचन्द का पहला महत्त्वपूर्ण और चर्चित उपन्यास है। इसमें **सुमन** के माध्यम से भारतीय नारी की पराधीनता की समस्या को

उभारा गया है। सुमन के पिता कृष्ण चन्द्र की मृत्यु के बाद उसके मामा उसके ब्याह की चिन्ता में वर देखने के लिए गाँवों में जाते हैं। उस समय गाँवों में जो हलचल मच जाती थी उसका प्रेमचन्द द्वारा किया गया पूरा चित्रण उद्धृत करने के बाद डॉ. शर्मा टिप्पणी करते हैं–**हिन्दी उपन्यासों में यह एक नया यथार्थवाद है जिसे प्रेमचन्द जन्म दे रहे थे** (प्रेमचन्द और उनका युग, पृ. 33)।

प्रेमचन्द के **प्रेमाश्रम** का महत्त्व प्रतिपादित करते हुए डॉ. शर्मा कहते हैं–"प्रेमचन्द की कला इस बात में है कि वे हिन्दुस्तानी के बदले हुए किसान का चित्र खींच सके हैं। घटनाएँ साधारण हैं, लेकिन उनसे वह अपने पात्रों का पुरानापन और नयापन, उनको पीछे ठेलने वाली और आगे बढ़ाने वाली विशेषतायें प्रकट करते हैं। पहाड़ की तस्वीर खींचना आसान है। नदी के बहाव को चित्रित करना मुश्किल। प्रेमचन्द ने यथार्थ के बहाव को पकड़ लिया है।" (प्रेमचन्द और उनका युग, पृ. 54)। **निर्मला** की प्रशंसा में डॉ. शर्मा कहते हैं–कहानी अपने निर्मम तर्कसंगत परिणाम की तरफ अविराम गति से बढ़ती जाती है। उन्होंने कहानी लिखने में यथार्थवाद को पूरी तरह निबाहा है। यह **क्रान्तिकारी यथार्थवाद** नहीं है; निर्मला और मंसाराम में काफी निष्क्रियता है; सुमन की तरह वे अन्याय का प्रतिकार करने नहीं बढ़ते। फिर भी **यथार्थवाद** को लाने और पुष्ट करने में निर्मला का महत्त्वपूर्ण स्थान है। (वही, पृ. 62)। **गबन** के सम्बन्ध में डॉ. शर्मा का कहना है–निर्मला के बाद गबन हिन्दी साहित्य के **यथार्थवाद** में एक और आगे बढ़ा हुआ कदम है। वह जीवन की असलियत की छानबीन और गहराई से करता है (वही, पृ. 69)। **कायाकल्प** की कमजोरी उसका चमत्कारों से भरा हुआ भाग है, यह बताने के बाद डॉ. शर्मा कहते हैं–इस उपन्यास के जोरदार हिस्से वे हैं जहाँ प्रेमचन्द ने हाड़-मांस के आदमियों के इस जीवन पर दृष्टि केन्द्रित करके उनके चरित्र की अच्छाइयों-बुराइयों को चित्रित किया है इससे पता चलता है कि प्रेमचन्द की कलम की ताकत **यथार्थ जीवन** आँकने से पैदा हुई थी। (वही, पृ.70)। कर्मभूमि में प्रेमचन्द की कला की परख करते हुए डॉ. शर्मा कहते हैं–प्रेमचन्द को **यथार्थ** का गहरा अनुभव भी प्राप्त था। इसलिए वह **यथार्थ** का शुष्क विवेचन नहीं करते, वह एक श्रेष्ठ कलाकार की तरह उसका मार्मिक चित्रण करते हैं। (वही, पृ. 89)। अपनी समीक्षा को समाप्त करते हुए वे एक बार फिर कहते हैं–कर्मभूमि में प्रेमचन्द का **यथार्थवाद** और बुलन्दी पर पहुँचा है। (वही, पृ. 15)। **युग-निर्माता प्रेमचन्द** शीर्षक छोटे से निबन्ध में डॉ. शर्मा कहते हैं–"वह एक **यथार्थवादी** कलाकार थे। वह जीवन की सच्चाई आँकना चाहते थे, जीवन के भ्रमों का खण्डन करना चाहते थे। **सेवासदन** से **गोदान** तक उन्होंने कथा-साहित्य में **यथार्थवाद** को इस तरह विकसित किया कि जिस तरह एक ही साहित्यकार बहुत कम कर पाता है।" (वही, पृ. 150)। प्रेमचन्द के ही नहीं भारतेन्दु युग के मूल्यांकन में भी डॉ. शर्मा यथार्थ को ही आधार बनाते हैं। भारतेन्दु के सम्बन्ध में

वे कहते हैं–**'प्रेम जोगिनी'** में भारतेन्दु यथार्थ के अधिक समीप आ गये हैं (भारतेन्दु युग और हिन्दीभाषा की विकास परम्परा, पृ. 47)। इसी क्रम में वे आगे कहते हैं **नील देवी** उनका ऐतिहासिक नाटक है परन्तु वह **यथार्थ** जीवन की ही एक आवश्यकता की पूर्ति के लिए लिखा गया है। (वही, पृ. 48)। **भारत दुर्दशा** के सम्बन्ध में डॉ. शर्मा की टिप्पणी है–''भारत दुर्दशा के पाँचवें अंक में प्रतीक व्यंजना को छोड़कर भारतेन्दु **यथार्थ** चित्रण की भूमि पर आ गये हैं। (भारतेन्दु युग और हिन्दी भाषा की विकास परम्परा, पृ. 50)। प्रताप नारायण मिश्र के कलिकौतुलक रूपक के विषय में डॉ. शर्मा का स्पष्ट मत है–यह एक **यथार्थवाद** नाटक है (वही, पृ 51)। भारतेन्दु युग के नाटकारों के सम्बन्ध में एक साथ निर्णय देते हुए डॉ. शर्मा कहते हैं–भारतेन्दु युग के अधिकांश नाटककार अपने पात्रों के अनुरूप ही संवाद की भाषा रखते थे, इससे इनका यथार्थवाद की ओर झुकाव प्रकट होता है (वही, पृ. 57)। बालकृष्ण भट्ट डॉ. शर्मा के प्रिय लेखक हैं। इनका एक मात्र कारण है उनकी दृष्टि की वैज्ञानिकता और यथार्थोन्मुखता। उनके उपन्यास 'सौ अजान एक सुजान' की दाद देते हुए डॉ. शर्मा कहते हैं–''**यथार्थ** चित्रण की यह वही भूमि है जिस पर बाद में प्रेमचन्द ने कथा साहित्य के विशाल प्रसाद का निर्माण किया।'' (वही, पृ. 45)। बालकृष्ण भट्ट और प्रेमचन्द के बीच महावीरप्रसाद द्विवेदी का साहित्यिक प्रदेय अत्यन्त महत्त्वपूर्ण है। उनके सम्बन्ध में डॉ. शर्मा कहते हैं–''द्विवेदी जी अंग्रेजी को शिक्षा का माध्यम बनाने के प्रबल विरोधी थे। वह **बुद्धिवाद** और **वैज्ञानिक विचार-पद्धति** के समर्थक थे और रहस्यवाद के विरोधी थे।'' (महावीरप्रसाद द्विवेदी और हिन्दी नवजागरण, भूमिका, पृ. 18)। इसी ग्रंथ में पृ. 159 पर डॉ. शर्मा बालकृष्ण भट्‌ट, महावीरप्रसाद द्विवेदी, रामचन्द्र शुक्ल, जयशंकर प्रसाद, प्रेमचन्द और निराला के माध्यम से गतिशील साहित्य धारा के सम्बन्ध में कहते हैं–"हिन्दी साहित्य की मुख्यधारा यथार्थजगत् की ओर उन्मुख है।'' कहना न होगा कि डॉ. शर्मा द्विवेदी जी के समग्र चिन्तन को किसी भी मार्क्सवादी विचारक के चिन्तन से अधिक वैज्ञानिक और प्रगतिशील मानते हैं।

कवियों की आलोचना करते समय भी डॉ. शर्मा मुख्यतः उनके रचना की यथार्थवादी भूमि की ही तलाश करते हैं। **तुलसी** के सम्बन्ध में वे अपने विचार व्यक्त करते हुए कहते हैं–''मध्यकालीन समाज व्यवस्था में जनता की गरीबी, भुखमरी, महामारी आदि का वास्तविक चित्रण करने वाले तुलसी उस युग के सबसे बड़े **यथार्थवादी** कवि हैं, इसमें सन्देह नहीं है।'' (आचार्य रामचन्द्र शुक्ल और हिन्दी आलोचना, पृ. 906) निराला के सम्बन्ध में उनका कहना है–''उनका मूर्ति विधान खंड-सत्य प्रस्तुत न करके मानव प्रकृति का संश्लिष्ट यथार्थ गहराई से चित्रित करता है।'' (निराला की साहित्य-साधना, पृ. 336)। समग्र दृष्टि से विचार करते हुए वे कहते हैं–''कुल मिलाकर **यथार्थवादी** प्रवृत्ति सन् 36 के बाद निराला काव्य

में दृढ़ होती है।'' (वही, पृ. 448)। अणिमा से लेकर सांध्यकली तक निराला काव्य में यथार्थवादी धारा का व्यापक विकास है जिसमें प्रकृति, नारी, जनजीवन, दुःख और मृत्यु को देखने और चित्रित करने की पद्धति बदली हुई है। (वही, पृ. 450)। इसके बाद वे कहते हैं–''निराला नये पत्ते की रचनाओं में जिस तरह का **यथार्थवाद** प्रतिष्ठित कर रहे थे, उसका पूर्ण विकास उनकी कविता में नहीं, गद्य में है। (वही, पृ. 451)। गद्य में यह विकास है अवश्य किन्तु वहाँ भी वह यकायक विकसित नहीं हुआ है क्योंकि वहाँ भी आरंभिक कृतियों में **छायालोक** भी है। यथार्थ का उभार **छायालोक** को कमजोर करके होता है। इसे लक्षित करते हुए वे कहते हैं–''अलका में छायालोक कमजोर है किन्तु **यथार्थवाद** पूरी ताकत से उभर कर नहीं आया।'' (वही, पृ. 464)। देवी : चतुरी चमार में जो यथार्थवादी धारा अप्सरा-अलका के छायालोक में धुँधली थी, वह यहाँ पूरी शक्ति से **यथार्थ की धरती** पर प्रवाहित है। (वही, पृ. 469)। 'कुल्ली भाट' के सम्बन्ध में निर्णय देते हुए डॉ. शर्मा कहते हैं–''रेखाचित्र, संस्मरण, आत्मचरित, जीवन चरित, लघु उपन्यास, अनेक विधाओं के तत्त्व लेकर रची हुई कुल्ली भाट की कथा हिन्दी के **यथार्थवादी** साहित्य के विकास में नई कड़ी साबित हुई है।'' (वही, पृ. 447)। डॉ. शर्मा की दृष्टि में मुक्तिबोध अस्तित्ववाद, रहस्यवाद और मार्क्सवाद का समन्वय करने वाले कवि हैं। उनकी मूल समस्या का निदर्शन करते हुए डॉ. शर्मा कहते हैं–''मुक्तिबोध प्रयास करते हैं कि वह निज को बहलाना बन्द करें, विवेक की आँखों से **यथार्थ** को देखें। यथार्थ को बदलने की समस्या और स्वयं को बदलने की समस्या मुक्तिबोध के लिए एक-दूसरे से गुँथी हुई है।'' (नयी कविता और अस्तित्ववाद, पृ. 136)। शमशेर में भी डॉ. शर्मा **यथार्थ** की तलाश करते हैं किन्तु वे पाते हैं कि यथार्थ नहीं, स्वप्न है, **स्वप्न** में रूमानी रंग गहरा है, **यथार्थ** का स्पर्श कम है। (वही, पृ. 184)।

नयी कविता के संदर्भ में नागार्जुन की काव्य कला की समीक्षा करते हुए डॉ. शर्मा कहते हैं–''और कवियों में जहाँ छायावादी कल्पनाशीलता प्रबल हुई है, नागार्जुन की छायावादी काव्य-शैली कभी की खत्म हो चुकी है। अन्य कवियों में रहस्यवाद और यथार्थवाद को लेकर द्वन्द्व हुआ है, नागार्जुन का व्यंग्य और पैना हुआ है, क्रांतिकारी और आस्था और दृढ़ हुई है, उनके यथार्थ-चित्रण में अधिक विविधता और प्रौढ़ता आई है।'' (वही, पृ. 140)। रचनात्मक साहित्य में ही नहीं आलोचना के आधार-तत्त्व की तलाश करते हुए भी डॉ. शर्मा यथार्थ को ही महत्त्व देते हैं। आचार्य शुक्ल को वे इसीलिए महत्त्व देते हैं कि वे हिन्दी-आलोचना में **यथार्थवाद** के संस्थापक हैं। वे कहते हैं–''जगत् के वास्तविक दृश्य, जीवन की वास्तविक दशाएँ, भावों की व्यंजना में वास्तविकता का आधार–आलोचना में शुक्ल के ये मूल-सूत्र हैं। संसार के प्रति उनका दृष्टिकोण मूलतः **वस्तुवादी** है; ये सूत्र उसी का स्वाभाविक परिणाम हैं। इसीलिए शुक्ल जी को हिन्दी-आलोचना में **यथार्थ** का संस्थापक मानना उचित

होगा।" (आचार्य रामचन्द्र शुक्ल और हिन्दी-आलोचना, पृ. 104)। आचार्य शुक्ल द्वारा जायसी की गयी आलोचना की दाद देते हुए वे कहते हैं—"यथार्थ की भूमि से उन्होंने जायसी का मूल्यांकन करके उर्दू-हिन्दी दोनों की दरबारी कविता की अस्वाभाविकता दिखलाई और जायसी को मानव-सुलभ-प्रेम का कवि घोषित किया।" (वही, पृ. 82)।

डॉ. शर्मा के अनुसार यथार्थवादी दृष्टिकोण का जनवादी दृष्टि और लोक-संस्कृति से जुड़ना स्वाभाविक है। आचार्य शुक्ल के संदर्भ में ही वे कहते हैं—"आलोचना में वह जिस **यथार्थवादी** और **जनवादी** दृष्टिकोण की प्रतिष्ठा कर रहे थे, उसके अनुसार लोक-संस्कृति की ओर उनका ध्यान जाना ही चाहिए था।" (वही, पृ. 96)।

शुक्लजी के साहस की प्रशंसा करते हुए वे कहते हैं—"यह साहस शुक्लजी ही में था जो उन्होंने भारतीय काव्य के लिए यह दावा किया—भारतीय कवियों की मूल प्रवृत्ति वास्तविकता की ओर ही रही है।" आचार्य शुक्ल के इस दावे को दृष्टि में रखकर डॉ. शर्मा यह निष्कर्ष निकालते हैं—"भारतीय साहित्य की सबसे शक्तिशाली और मौलिक धारा **यथार्थवाद** की ओर उन्मुख रही।" (वही पृ. 103)।

'यथार्थ' और 'यथार्थवाद' डॉ. शर्मा की आलोचना के केन्द्र में यों ही नहीं हैं। यह उनकी आलोचना का बीज-शब्द इसलिए है कि एक ओर वह **रहस्यवाद, नव रहस्यवाद, मायावाद, रीतिवाद, कलावाद, अतीन्द्रिय कल्पनावाद, व्यक्तिवाद, चमत्कारवाद, परोक्षवाद** आदि का विरोध करता है; दूसरी ओर **वस्तुवाद, लोकवाद, विवेकवाद, बुद्धिवाद, वैज्ञानिक दृष्टिकोण, जनवाद, लोक-संस्कृति, इन्द्रियबोध, स्वाभाविक भाव व्यंजना,** और **मूर्तिमत्तवाद** आदि का समर्थन। डॉ. शर्मा की आलोचना-दृष्टि का प्रतिनिधित्व करने वाले प्रायः सभी शब्द इसके आलोक से दीप्त हैं।

डॉ. शर्मा का एक निबन्ध है—**विज्ञान और यथार्थवाद**। इसमें वे कहते हैं—"साहित्य के विकास के लिए प्रौद्योगिकी से अधिक आवश्यक है वैज्ञानिक विचारधारा। इस विचारधारा के प्रसार से निःसंदेह साहित्य में **यथार्थवाद** का विकास हुआ।" (हिन्दी जाति का साहित्य, पृ. 121)।

आचार्य शुक्ल यथार्थ को इसीलिए महत्त्व दे सके कि उनकी दृष्टि वैज्ञानिक थी। वैज्ञानिक दृष्टि भौतिक जगत् को वास्तविक मानती है। भौतिक जगत् सत्य है तो इन्द्रिय बोध सत्य है। डॉ. शर्मा के अनुसार "बाह्य जगत् का **इन्द्रियबोध** और मनुष्य के मन का **भावजगत्** एक ही **यथार्थ** के दो पक्ष हैं जो एक दूसरे से पूर्णतः स्वतन्त्र न होकर परस्पर सम्बद्ध हैं।" (आस्था और सौन्दर्य पृ. 31)।

जब मनुष्य का भावजगत यथार्थ के साथ जुड़ा हुआ है तो उसका सौन्दर्यबोध भी यथार्थ से जुड़ा हैं। डॉ. शर्मा के अनुसार **विचारधारा के साथ भावधारा भी है, भावधारा के साथ इन्द्रियबोध है**, इन सबके साथ **हमारा सौन्दर्यबोध** है जो कथा के गठन से लेकर वाक्य रचना तक मूर्तिविधान से लेकर छन्दयोजना तक प्रकट होता है।" (आस्था

और सौन्दर्य, पृ. 170)।

मनुष्य के मन का भावजगत् या मानव चेतना यदि यथार्थ जगत् या भौतिक जगत् का ही एक पक्ष है तो यह स्वीकार किया जा सकता है कि मनुष्य के विचार उसकी सामाजिक स्थिति को प्रतिबिम्बित करते हैं अर्थात् मनुष्य के विचार उसकी वर्ग गत-स्थिति के द्योतक हैं। डॉ. शर्मा इसे पूरी तरह सत्य नहीं मानते। वे कहते हैं–"किन्तु मानव-चेतना में यह क्षमता है कि वह इस सामाजिक स्थिति से ऊपर उठ सके, चिन्तन की भौतिक सीमाओं से ऊपर उठकर अपेक्षाकृत स्वतन्त्र स्तर पर विकसित हो सके।" (आस्था और सौन्दर्य, पृ. 34)।

इस मूल समस्या–मनुष्य की चेतना और उसके विचार सामाजिक परिवेश का प्रतिबिम्ब हैं या उस परिवेश से अपेक्षाकृत स्वतन्त्र होने की क्षमता भी उनमें है–का समाधान करते हुए वे कहते हैं–"इसका उत्तर यही हो सकता है कि वे अपेक्षाकृत स्वतंत्र भी हैं।" (वही, पृ. 35)।

मनुष्य की चेतना और उसके विचारों के सम्बन्ध में डॉ. शर्मा का यह **सापेक्ष स्वाधीनता** का सिद्धान्त अत्यन्त महत्वपूर्ण है। यह ध्यान देने की बात है कि **सापेक्ष स्वाधीनता** के इस सिद्धान्त से विचारों का वर्गगत आधार समाप्त नहीं हो जाता है। पहली बात तो यह है कि यह स्वाधीनता पूरी नहीं है और दूसरे यह है नहीं भी है। इसीलिए डॉ. शर्मा प्रत्येक रचनाकार की **विचारधारा** को परखना आवश्यक समझते हैं। यह **विचारधारा** भी उनकी समीक्षा-दृष्टि का प्रतिनिधित्व करने वाला शब्द है। यह आकस्मिक नहीं है कि डॉ. शर्मा प्रत्येक कवि और साहित्यकार की रचना के मूल में विद्यमान उसकी **विचारधारा** को लक्षित करना आलोचना कर्म का अनिवार्य तत्त्व मानते हैं। समस्त मध्यकालीन भक्त कवियों की रचनाओं के मूल में वे दो प्रकार की **विचारधाराएँ** लक्षित करते हैं। एक वह जो जगत् को मिथ्या मानती है और दूसरी वह जो जगत् को सत्य मानती है। वे यह भी लक्षित करते हैं कि एक सीमा तक तुलसी पर भी जगत् को मिथ्या मानने वाली विचारधारा का प्रभाव था। दूसरी ओर कबीर भी शुद्ध निर्गुणवादी नहीं थे। डॉ. शर्मा कहते हैं–"रहस्यवाद के प्रभाव के कारण बहुत से विद्वान मध्यकालीन साहित्य में विचारधाराओं के संघर्ष को समझने में प्रायः असमर्थ रहे हैं। उन्होंने मत-मतान्तरों के पेंचदार विवेचन में इस मूल संघर्ष को भुला दिया है। ये दो विचारधाराएँ कौन सी थीं? एक विचारधारा संसार को मिथ्या समझने की थी, दूसरी उसे सत्य समझने की थी।" (आचार्य रामचन्द्र शुक्ल और हिन्दी-आलोचना, पृ. 90)।

इसी क्रम में वे आगे कहते हैं–"सूर और तुलसी पर मायावाद का बिल्कुल असर न हुआ हो, यह बात नहीं है। उन पर उसका भी असर है, लेकिन उससे उनकी मूल प्रवृत्ति कुंठित नहीं होती और वह मूल प्रवृत्ति मायावाद का प्रतिषेध है। शुक्ल जी ने कबीर को इस धारा से प्रायः बाहर रखा है, लेकिन कबीर ने भी शुद्ध निर्गुणवाद का

बहुत जगह विरोध किया है।" (वही, पृ. 91)।

डॉ. शर्मा इन विचारधाराओं के **वर्ग-आधार** की ओर भी संकेत करते हैं। वे कहते हैं—"यह समाज ऐसा था, जिसमें नये व्यापारी वर्ग को बढ़ती के साथ-साथ कारीगरों, जुलाहों और किसानों में मुक्ति की आकांक्षा बढ़ रही थी। हर सामन्ती समाज में पुरोहितों ने जनता को परलोक के लिए जीना, इस लोक के जीवन के दुःखों का कारण अपने पापों में ढूँढ़ना सिखाया है। जीवन की अस्वीकृति के विरोध में सामन्ती शिकंजा जरा ढीला होने पर, जब जनता को साँस लेने का अवकाश मिला, तब उसने जीवन में अपनी आस्था प्रकट करना शुरू किया।" (वही, पृ. 96)।

इससे प्रकट है कि सामान्य जनता की भावनाएँ भक्ति-साहित्य के माध्यम से व्यक्त हुई हैं और संसार का मिथ्यात्व तथा शुद्ध निर्गुणतत्त्व प्रतिपादन और प्रचार को सामन्ती समाज का समर्थन प्राप्त रहा है। 'नयी कविता' के **वैचारिक** आधार पर विचार करते हुए वे कहते हैं—"लेकिन आप समझ लीजिए कि छायावादी और नयी कविता की रचना-प्रक्रिया में जो भेद किया जाता है उसके पीछे एक दर्शन है। वह दर्शन नामवर सिंह को अज्ञेय से, अज्ञेय को सार्त्र से, सार्त्र को किर्केगार्ड से, किर्केगार्ड को यूरोप के अनेक भाववादी दार्शनिकों से प्राप्त हुआ है। इन सबके चिन्तन की विशेषता यह है कि वे मनुष्य की चेतना से स्वतन्त्र किसी भी वस्तु की सत्ता स्वीकार नहीं करते। मूँदहु आँखि कतहुँ कछु नाहीं। आँख खोलने पर भी जो दिखाई दे, वह केवल तथ्य है। सत्य वह जिसे आपका मन कहे कि सत्य है। इसलिए सत्य वस्तुगत नहीं होता, सदा आत्मगत होता है।" (नयी कविता और अस्तित्वाद, पृ. 51)।

यहाँ यह सम्भव नहीं है कि हम डॉ. शर्मा द्वारा प्रत्येक कवि की विचारधारा के निदर्शन को उद्धृत करें। हम इतना ही कहना चाहते हैं कि वे प्रत्येक रचनाकार की **विचारधारा** को लक्षित अवश्य करते हैं और यह स्पष्ट कर देते हैं कि वह **वस्तुगत** है या **आत्मगत**।

डॉ. शर्मा की आलोचना में आने वाले उनके प्रिय शब्द हैं—**जनवाद, जन-संस्कृति, जातीय-संस्कृति, लोक-संस्कृति** आदि। ये सभी शब्द एक ही चिन्तन सरणि से जुड़े हैं। डॉ. शर्मा को जनता की शक्ति पर अटूट विश्वास है। वे यह मानते हैं कि एक दुनिया, सामन्तों, पूँजीवादियों और साम्राज्यवादियों की है और दूसरी दुनिया सामान्य जनता—किसानों, श्रमिकों, कारीगरों, आदि की है। इन दोनों स्तरों पर रहने वालों की चेतना और सौन्दर्यबोध में अन्तर स्वाभाविक है। इनके स्वार्थ भी अलग-अलग हैं। डॉ. शर्मा यह भी मानते हैं कि भारत में अंग्रेजों के साम्राज्यवाद को यहाँ के सामन्तवाद से पोषण और शक्ति मिल रही थी। उनकी यह दृढ़ धारणा है कि सामन्त-विरोधी क्रांति के बिना भारत का साम्राज्य विरोधी आन्दोलन सफल नहीं हो सकता। सामन्त-विरोधी क्रांति के लिए भारत की गरीब जनता और निम्नतम जातियों का संगठित होना आवश्यक है। उन्होंने यह लक्षित किया है कि **हिन्दी भाषी जनता**

की अपनी एक विशिष्ट सांस्कृतिक पहचान है। ठीक इसी तरह बांग्ला, मराठी आदि भाषा-भाषियों की भी एक विशिष्ट जातीय पहचान है। इन जातियों का निर्माण वे व्यापारिक पूँजीवाद के अभ्युदय—लगभग तेरहवीं शताब्दी—से मानते हैं। सामन्तों और निम्नवर्गीय जातियों के बीच में व्यापारी वर्ग के आने से सामन्ती ढाँचे में शिथिलता आयी और निम्न वर्गीय जातियों में सामन्त विरोधी स्वर उभरा। इस प्रकार **हिन्दी-जाति** के निर्माण के साथ जन-शक्ति के उभार का सहज सम्बन्ध है। इसीलिए वे **जनवाद, जनसंस्कृति** और **लोकसंस्कृति** को विशेष महत्त्व देते हैं। हिन्दी की जातीय चेतना और जन चेतना एक नहीं है। हिन्दी-जाति के साहित्य में भक्ति साहित्य और रीति-साहित्य दोनों आते हैं। रीति-साहित्य सामन्तवादी परिवेश की उपज है। भक्ति-साहित्य का मूल स्वर जनात्मक है। उसमें **जन चेतना** और जन संस्कृति के तत्त्व विद्यमान हैं। **निराला** के सम्बन्ध में विचार करते हुए डॉ. शर्मा ने लिखा है—"यहाँ वह जाति, जातीयता, जातीत्व आदि शब्दों का प्रयोग किसी प्रदेश के निवासियों, उनकी भाषा और संस्कृति की विशेषताओं के लिए करते हैं।" (निराला की साहित्य-साधना, पृ. 69)। 'जातीयता और हिन्दी-शीर्षक परिच्छेद के अन्तर्गत वे कहते हैं—"भारत में अनेक भाषाएँ बोली जाती हैं। इन भाषाओं के अपने-अपने प्रदेश हैं। इन प्रदेशों में रहने वाले लोगों को जाति की संज्ञा दी जाती है। वर्ण व्यवस्था वाली जाति-पाँति से इस जाति का अर्थ बिल्कुल भिन्न है।" (वही, पृ. 67)।

डॉ. शर्मा को यह शब्द इतना प्रिय है कि उन्होंने 'हिन्दी-जाति का साहित्य' शीर्षक एक पुस्तक ही लिख डाली है। सामान्य जनता के साथ डॉ. शर्मा का मानसिक तादात्म्य है। इसीलिए वे जनवादी साहित्य और जनवादी संस्कृति के हिमायती हैं। सन्त-साहित्य को वे जनवादी साहित्य मानते हैं। उन्होंने लिखा है—"सन्त-साहित्य एक जनवादी सांस्कृतिक आन्दोलन था। उसका आधार सामन्ती अत्याचार से पीड़ित जनसाधारण की मुक्ति-कामना थी।" (आचार्य रामचन्द्र शुक्ल और हिन्दी-आलोचना, पृ. 71)।

डॉ. शर्मा इस तथ्य से भी परिचित हैं कि कुछ लोग जनवाद का छद्म ओढ़कर अपने हितों की रक्षा करते हैं। प्रेमचन्द की रंगभूमि में एक पात्र हैं—राजा महेन्द्र प्रताप। वे कहते हैं—"यों मैं स्वयं जनवादी हूँ और उस नीति का हृदय से समर्थन करता हूँ, पर जनवाद के नाम पर जो अशान्ति फैली हुई है, उसका मैं घोर विरोधी हूँ। ऐसे जनवाद से, धनवाद, एकवाद सभी वाद अच्छे हैं।" (प्रेमचन्द और उनका युग, पृ. 79)।

जिस **जनवाद** से **धनवाद** और **एकवाद** भी अच्छे होंगे वह **जनवाद** कैसा होगा? इसे समझा जा सकता है। प्रगतिशील आलोचना भक्ति आन्दोलन के जनवादी स्वरूप को स्पष्ट करना चाहती है। डॉ. शर्मा का कहना है कि "वह आन्दोलन किस तरह

ऊँच-नीच का भेद मिटाकर मनुष्य मात्र को एक करने वाला है, यह शुक्लजी के विवेचन से भी स्पष्ट है।" (आचार्य रामचन्द्र शुक्ल और हिन्दी-आलोचना, पृ. 94)।

डॉ. शर्मा **जन-संस्कृति** और **लोक-संस्कृति** को एक मानते हैं। जायसी के सम्बन्ध में शुक्लजी का हवाला देते हुए वे कहते हैं—"यह सही है कि शुक्लजी ने प्रेम तत्त्व और माधुर्यभाव की भारतीय पृष्ठभूमि का उल्लेख किया है। और जायसी के मूलाधार जन-संस्कृति के तत्त्वों की ओर भी संकेत किया है।" (वही, पृ. 183)। सूर के सम्बन्ध में विचार करते हुए वे फिर शुक्लजी के उसी संदर्भ का हवाला देते हुए कहते हैं—"जायसी के सम्बन्ध में हम देख चुके हैं कि मध्यकालीन कवियों के अध्ययन में शुक्लजी ने लोक-संस्कृति के प्रभाव का उल्लेख किया था।" (वही, पृ. 96)। पृष्ठ 83 की **जन-संस्कृति** पृष्ठ 96 पर **लोक-संस्कृति** बन गयी है। इससे जाहिर है कि डॉ. शर्मा दोनों में कोई तात्त्विक भेद नहीं मानते। जिस लोक-संस्कृति को डॉ. शर्मा मध्यकालीन कवियों में आचार्य शुक्ल के हवाले से देखते हैं उसे वे आधुनिक कवियों में नागार्जुन में देखते हैं। वे कहते हैं—"उनकी कविताएँ लोक-संस्कृति के इतना नजदीक हैं कि उसी का एक विकसित रूप मालूम देती हैं।" (नयी कविता और अस्तित्ववाद, पृ. 140)।

डॉ. शर्मा के दो अन्य प्रिय शब्द हैं—**लोकजागरण** और **नवजागरण** इन दो शब्दों के माध्यम से उन्होंने हिन्दी-साहित्य के इतिहास में नयी स्थापनायें की हैं। हिन्दी नवजागरण को ही दृष्टि में रखकर उन्होंने **भारतेन्दु काल** और **द्विवेदी काल** का मूल्यांकन किया है। उनके अनुसार द्विवेदी काल हिन्दी नवजागरण का तीसरा चरण है। डॉ. शर्मा की मान्यता है कि जिस सामाजिक इकाई में नवजागरण के कार्य सम्पन्न होते हैं उसे हम जाति की संज्ञा देते हैं (भारतेन्दु हरिश्चन्द्र और हिन्दी नव जागरण की समस्याएँ, पृ. 21)। **नवजागरण** का सम्बन्ध **आधुनिकता** से है। डॉ. शर्मा यह मानते हैं कि बाहरवीं-तेरहवीं शती में सामन्तवादी ढाँचे की छाया में व्यापारिक पूँजीवाद का विकास भारत में हो चुका था। इस व्यापारिक पूँजीवाद ने **हिन्दी-जाति** का निर्माण किया। जाति निर्माण के साथ **नवजागरण** की प्रक्रिया शुरू हुई। हिन्दी भक्ति-काव्य इसी **नवजागरण** की देन है। यह नवजागरण एक प्रकार का लोकजागरण था। **लोकजागरण और हिन्दी-साहित्य** की भूमिका में वे लिखते हैं— कबीर, जायसी, सूर और तुलसी का युग लोकजागरण का युग है। इसकी शुरुआत वे विद्यापति और खुसरो से मानते हैं। **नवजागरण** आधुनिकता का लक्षण है, इसलिए हिन्दी-साहित्य के भक्तिकाल को **आधुनिक काल** कहना चाहिए। इस लोकजागरण में प्रेमगर्भित मानवीय एकता की भावना प्रबल थी। मानव मूल्यों पर बल दिया गया। कबीर, जायसी, सूर, तुलसी आदि कवि **मानववादी** थे। यह मानववाद सामन्तीय सामाजिक मूल्यों के लिए एक चुनौती था। सामन्तीय ढाँचे में दरबारी या **रीतिवादी** कविता लिखी जाती है। भक्तिकालीन **लोकजागरण** के समय

सामन्तीय ढाँचा टूटा नहीं था। इसलिए दरबारी और रीतिवादी कविता भी लिखी जा रही थी। इस काल का मुख्य अन्तर्विरोध निर्गुण और सगुण या शूद्र और द्विज का नहीं **भक्ति** और **रीति** का है। भक्ति और रीति ये दो अलग-अलग काल-खण्ड नहीं साथ-साथ प्रवाहित होने वाली प्रवृत्तियाँ हैं। 1857 ई. का स्वतंत्रता संग्राम हमारा जातीय-राष्ट्रीय संग्राम है। हिन्दी-प्रदेश में नवजागरण का आरंभ यहीं से मानना चाहिए। भारतेन्दु हरिश्चन्द्र का युग इसकी दूसरी मंजिल है। भक्तिकालीन **लोकजागरण** और 1857 ई. से आरम्भ होने वाला **नवजागरण** जातीय चेतना के विकास की दृष्टि से एक-दूसरे से सम्बद्ध हैं। डॉ. शर्मा लेनिन का हवाला देते हुए कहते हैं–''लेनिन ने लिखा है प्रत्येक जाति के भीतर दो जातियों का अस्तित्व होता है, प्रत्येक जातीय संस्कृति में दो जातीय संस्कृतियाँ होती हैं। लेनिन ने जातीय संस्कृति के वर्गीय आधार और वर्गीय स्वरूप को स्पष्ट करते हुए लिखा है कि प्रत्येक जातीय संस्कृति में जनवादी और समाजवादी तत्त्व मौजूद होते हैं, भले ही वे अल्प विकसित रूप में हों, क्योंकि प्रत्येक जाति में श्रमजीवी और शोषित जनता होती है, जिसके जीवन की परिस्थितियों से जनवाद और समाजवाद की विचारधारा पैदा होती है।'' (भारतेन्दु हरिश्चंद्र और हिन्दी नवजागरण की समस्याएँ, पृ. 30)। उपर्युक्त कथन पर ध्यान देने से यह निष्कर्ष निकलता है कि जब-जब साहित्य में जातीय चेतना का उन्मेष होता है, तब-तब **जनवादी** स्वर उभरकर सामने आता है। इसीलिए भक्तिकाल और भारतेन्दु काल दोनों में **जनवादी** स्वर स्पष्ट लक्षित होता है।

डॉ. शर्मा की व्यावहारिक समीक्षा का चरम उत्कर्ष **निराला की साहित्य-साधना** में देखा जा सकता है। इस कृति में उनकी समीक्षा के प्रायः सभी **बीज-शब्द** प्रयुक्त हुए हैं। डॉ. शर्मा ने 129 पृष्ठों में निराला की **विचारधारा** का विवेचन किया है और उसके बाद लगभग 113 पृष्ठों में **भावबोध** का निर्देशन किया है। **कला** का विवेचन उन्होंने 178 पृष्ठों में किया है। यहाँ पहली बार हम डॉ. शर्मा को **कला** का विवेचन पूरे मनोयोग से करते हुए देखते हैं। यहाँ यह द्रष्टव्य है कि निराला के **यथार्थबोध** से उनकी कला चेतना पूरी तरह नियंत्रित है। निराला संसार को यथार्थ मानते हैं। इसलिए वे इसके सौन्दर्य को ज्ञानेन्द्रियों के माध्यम से पूरी शक्ति से ग्रहण करते हैं। सौन्दर्य ग्रहण करने में उनका **इन्द्रियबोध** सजग है। डॉ. शर्मा लिखते हैं–''निराला की काव्य कला की नियामक हैं उनकी वृत्तियाँ, रूप-रस-गंध-स्पर्श-शब्द के संसार को ग्रहण करने की विधि, इस संसार के प्रति उनके **भावबोध** की प्रक्रिया। कविता की विषय-वस्तु और कला यहाँ मिल जाती है।'' इसी क्रम में वे आगे कहते हैं–''कला में **मूर्ति-विधान** है, शब्दों का **ध्वनि-प्रवाह** है, गठन और संरचना है।'' डॉ. शर्मा यह भी लक्षित करते हैं कि ''निराला काव्य में मूर्ति-विधान किस प्रकार का है, यह उसी गोचर संसार की ग्रहण-प्रक्रिया पर निर्भर हैं।'' (निराला की काव्य-साधना, पृ. 313)।

इन्द्रियबोध गोचर जगत् का है और इसी गोचर संसार की ग्रहण प्रक्रिया पर मूर्ति-विधान निर्भर है। अर्थात् प्रधानता **वस्तु** की है, पूरा स्थापत्य या शिल्प वस्तु से नियंत्रित है। डॉ. शर्मा कहते हैं—"शब्दों का ध्वनि-प्रवाह अपने में गोचर अनुभव है; नियंत्रण, उसकी गति, उसकी गहराई उन्हीं वृत्तियों के आश्रित है जिनसे निराला का संसार बोध नियमित है।" (वही, पृ. 313)।

डॉ. शर्मा ने निराला की **प्रतीक-योजना, संश्लिष्ट बिम्ब-विधान, अनुप्रास-प्रेम, ध्वनि-प्रवाह, शब्द-योजना, अलंकार, अर्थ-चमत्कार, छन्द-योजना** आदि पर अलग-अलग विचार किया है और उनकी मौलिकता का निदर्शन किया है। यह सब कुछ गोचर-जगत् की अनुभूमियों को मूर्त करने की प्रक्रिया का ही अंग है। डॉ. शर्मा यह कहना नहीं भूलते कि "निराला की प्रतीक योजना यथार्थवादी मूर्ति-विधान की विरोधी नहीं, उसी के आश्रित होकर सार्थक होती है।" (निराला की साहित्य-साधना, पृ. 329)। इसी प्रकार **बिम्ब-विधान** के सम्बन्ध में वे कहते हैं—"उनका मूर्ति-विधान खंड सत्य प्रस्तुत न करके मानव-प्रकृति का संश्लिष्ट यथार्थ गहराई से चित्रित करता है।" (वही, पृ. 336)।

तात्पर्य यह कि चाहे प्रतीक योजना हो चाहे संश्लिष्ट बिम्ब-विधान या मूर्ति-विधान की कोई अन्य पद्धति, **यथार्थ का नियमन** प्रत्येक स्थिति में है। डॉ. शर्मा ने **निराला** के मूल्यांकन में **रस, अलंकार, छन्द** जैसी परम्परागत शब्दावली का भी प्रयोग किया है। इस शब्दावली का प्रयोग वे नागार्जुन के मूल्यांकन में भी करते हैं। इससे यह प्रकट होता है कि यदि कवि की प्रवृत्ति या वैशिष्ट्य-निदर्शन के लिए आवश्यक हो तो परम्परागत शब्दावली का भी प्रयोग किया जा सकता है। हाँ, यह शर्त अवश्य है कि पारम्परिक प्रतिमान **यथार्थ की सहज भूमि पर प्रतिष्ठित हों**। डॉ. शर्मा की समीक्षा के दो महत्त्वपूर्ण शब्द और हैं जो हमारा ध्यान खींचते हैं एक **ट्रैजेडी** और दूसरा **औदात्य**। निराला में ये दोनों हैं। डॉ. शर्मा मानते हैं कि निराला दुःख, संघर्ष और मृत्यु के कवि हैं। इसी संदर्भ में वे आगे **पैथेटिक** और **ट्रैजिक** इन दो शब्दों का अन्तर स्पष्ट करते हैं और कहते हैं—"काव्य की श्रेष्ठता उसके **ट्रैजिक** होने में है, **पैथेटिक** होने में नहीं। जहाँ संघर्ष है, परिवेश का विरोध सशक्त है, उससे टक्कर लेने वाले व्यक्ति का मनोबल दृढ़ है वहाँ उदात्त स्तर पर मानव-करुणा व्यक्त होती है। वही ट्रैजेडी है।" (वही, पृ. 239)।

कहना न होगा कि निराला में ये सारी विशेषताएँ हैं और **ट्रैजेडी** के श्रेष्ठ कवि हैं। निराला **औदात्य** के कवि भी हैं। ट्रैजेडी में उदात्त स्तर पर करुणा व्यक्त होती है। इसके अतिरिक्त **निराला** की **वक्तृत्वकला** में भी **औदात्य** है। डॉ. शर्मा के अनुसार "सम्राट एडवर्ड अष्टम के प्रति उदात्त शैली में निराला का अन्यतम भाषण है।" (निराला की साहित्य-साधना, पृ. 270)। ध्यान देने की बात है कि प्रेमचन्द की अन्यतम कृति **गोदान** भी एक ट्रैजिक रचना है। होरी की ट्रैजेडी तभी शुरू हो

गयी थी जब उसने भोला की गाय खरीदने का विचार किया था। (प्रेमचन्द और उनका युग, पृ. 243)। डॉ. शर्मा **द्वन्द्वात्मक चिंतन पद्धति** को बहुत महत्त्व देते हैं। काव्य में उदात्त तत्त्व के व्याख्याता लोंगिनुस की **द्वन्द्वात्मक चिन्तन पद्धति** को डॉ. शर्मा ने रीतिवादी साहित्यशास्त्रियों और नवीनता के व्यक्तिवादी अनुसन्धान कर्ताओं दोनों के लिए मननीय कहा है। (आस्था और सौन्दर्य, पृ. 44)। इसी प्रकार डॉ. शर्मा 'ऋग्वेद के नासदीय सूक्त की तर्क पद्धति में भी डायलेक्टिक्स या 'द्वन्द्ववाद' देखते हैं। वे कहते हैं, "इसका अर्थ यह है कि जिसे डायलेक्टिक्स या द्वन्द्ववाद कहते हैं उसकी शुरुआत ऋग्वेद में हो चुकी थी। यह ऋग्वेद का असाधारण महत्त्व है।" (इतिहास दर्शन, पृ. 278)।

इस प्रसंग को समाप्त करने के पहले हम यह स्पष्ट कर देना चाहते हैं कि हमारा यह दावा कतई नहीं है कि डॉ. शर्मा के विशाल समीक्षा-साहित्य की समस्त विशेषताओं को कुछ थोड़े से शब्दों के माध्यम से समझा जा सकता है, लेकिन हम यह अवश्य कहना चाहेंगे कि प्रत्येक विचारक और समीक्षक के चिन्तन की कोई धुरी अवश्य होती है। जिस तरह वाल्मीकीय रामायण का **बीजभाव करुणा** है, जिस तरह आचार्य शुक्ल की समीक्षा का मूल आधार लोकमंगल है उसी तरह **डॉ. शर्मा की समीक्षा का बीज-शब्द यथार्थ और यथार्थवाद** है। डॉ. शर्मा यथार्थ को वास्तविकता का पर्याय मानते हैं। वे इसकी शास्त्रीय परिभाषा में नहीं उलझते। कुछ संदर्भों में उन्होंने इसके पहले **क्रांतिकारी, आलोचनात्मक, समाजवादी,** विशेषण अवश्य लगाए हैं किन्तु इन शब्दों के विश्लेषण में प्रवृत्त नहीं हुए हैं। यदि शब्द में अर्थ बिम्ब प्रस्तुत करने की क्षमता है और वह इन्द्रियबोध को मूर्त कर सकता है और साहित्य के भाव जगत् के एक छोर पर विचार और बौद्धिक चिन्तन तथा दूसरे छोर पर इन्द्रियबोध और मूर्तिमत्ता है तो बीज-शब्द के सहारे विचार और चिन्तन की धुरी को लक्षित किया जा सकता है। यह तो प्रकट है कि डॉ. शर्मा मार्क्सवादी विचारक हैं। ऐतिहासिक भौतिकवाद के व्याख्याता हैं। पदाथार्थवादी और भौतिकवादी हैं किन्तु हिन्दी-साहित्य के पूरे विकास को रेखांकित करते समय वे पूरी परम्परा और विरासत को किस तरह समेटते हैं किस तरह रूढ़ियों के अम्बार के भीतर से प्रगतिशील तत्त्वों को रेखांकित करते हैं? किस तरह मुख्य और गौण अन्तर्विरोधों की व्याख्या करते हैं? किस तरह सांस्कृतिक इतिहास के भीतर विचारधाराओं की टकराहट लक्षित करते हैं? किस तरह यांत्रिक और वैज्ञानिक भौतिकवाद को स्पष्ट करते हैं? किस तरह संघर्ष चेतना को अवरुद्ध करने वाली व्याख्याओं के छद्म का उद्घाटन करते हैं? किस तरह उपेक्षित रचनाकारों के जीवन-संघर्ष को उजागर करते हुए उनके मूल्यवान प्रदेयों की प्रासंगिकता प्रमाणित करते हैं? और यह सब करते हुए उनके सामने किस तरह की कठिनाइयाँ आती हैं? यह सब देखने के लिए उनके द्वारा अत्यन्त सूझबूझ के साथ प्रयुक्त किए गए पारिभाषिक शब्दों की छानबीन अत्यन्त आवश्यक है। यदि

डॉ. शर्मा **भौतिकवाद** और **अध्यात्मवाद** इन दो शब्दों के सहारे मध्यकाल की व्याख्या करते तो सारा भक्ति-साहित्य महत्त्वहीन हो जाता। उन्होंने जगत् के मिथात्व का प्रतिपादन और उसका निषेध करने वाली विचारधाराओं की टकराहट के माध्यम से इस काल की व्याख्या की। जगत् के मिथ्यात्व का निषेध करने वाली विचारधाराओं को यथार्थवादी बताया। और बड़ी सूझ-बूझ के साथ प्रगतिशील चेतना को लक्षित और रेखांकित किया। यह सूझ-बूझ उनके पूरे समीक्षा कर्म में विद्यमान है। तात्पर्य यह कि यदि सूझ-बूझ और विवेक के साथ डॉ. शर्मा द्वारा प्रयुक्त पारिभाषिक शब्दों की छानबीन की जाये तो कुछ बीज-शब्दों के सहारे उनकी समीक्षा-दृष्टि को सही संदर्भ में समझा जा सकता है।

उपसंहार

डॉ. रामविलास शर्मा ने अपना समूचा जीवन इतिहास, साहित्य, संस्कृति, आलोचना तथा भारतीय एवं यूरोपीय साहित्य-शास्त्र के अध्ययन में लगा दिया। मार्क्सवादी होते हुए भी वे मात्र मार्क्स की तर्क-पद्धति के कायल थे, उनकी सभी स्थापनाओं के नहीं। प्रस्तुत कृति में उनके व्यक्तित्व के विविध आयामों के उद्‌घाटन का अच्छा प्रयास किया गया है।

❑❑❑